Cronotopías:

mediación de espacios identitarios a comienzos del siglo XX en Puerto Rico

Nashieli Marcano

Locus Rackets Hypnotic 4, mixed media on canvas, 54 x 54 inches. Courtesy of the artist and LMAKgallery, New York. © 2012 Nayda Collazo-Llorens

ISBN: 1-930744-89-7
© Serie *Nuevo Siglo*, 2019
INSTITUTO INTERNACIONAL DE
LITERATURA IBEROAMERICANA
Universidad de Pittsburgh
1312 Cathedral of Learning
Pittsburgh, PA 15260
(412) 624-5246 • (412) 624-0829 fax
iili@pitt.edu • www.iilionline.org

Colaboraron con la preparación de este libro:

Composición y diseño gráfico: Erika Arredondo
Correctores: Agustín Abreu Cornelio, Jesús Eduardo Morales y Gustavo Quintero

Índice

Agradecimientos 9

Nota 11

Introducción 15

Capítulo 1

Miguel Meléndez Muñoz: el cronotopo de la carretera en el mapeo afectivo de la ruralía de Puerto Rico

Meléndez Muñoz y su propuesta de mundo 27
La Carretera Central y la transformación de espacios sociales rurales 35
El cronotopo de la carretera 42
El mapa afectivo de Meléndez Muñoz 47
    Los afectos y la espera 51
El auto-extrañamiento 56
    Auto-extrañamiento a través del distanciamiento teatral 57
    Auto-extrañamiento a través del espiritismo 69

Capítulo 2

Ramón Juliá Marín: los campos y el poder colonial en *Tierra adentro* (1910) y *La gleba* (1911)

El campo, el *habitus* y los capitales 77

El campo literario de Juliá Marín 79
    La posición del autor 81
    El Modernismo y la autonomización 84
Las tertulias y las posiciones posibles 89
    La sociabilidad y la supresión amistosa 90
    La tertulia política y la dificultad del consenso 94
    El contertulio y la modernidad 95
Los tiznaos y la rebelión de su *habitus* 98
La cárcel o el "teatro de la vida" 102
    El teatro de la vida 103
    La cárcel de la vida 106
Abandono y ruina del campo 108
    La carretera y otras vías 110
    La central azucarera 112
    El renombramiento de las calles 114
    El abandono y el *habitus* de la mujer 116
    El voyerismo como borradura y como ruina 118
Conclusiones 122

Capítulo 3

Modernidad y ansiedad en *Mancha de lodo* (1903), de José Elías Levis

Ponce: la capital alterna…y nerviosa 127
    La ansiedad de la pérdida 130
    La ansiedad risible ante la modernidad 131
La confluencia de sensaciones y la nerviosidad 137
    La modernización y los estímulos 137
    El *sensorium* 138
    La ansiedad como experiencia estética 140
    La iluminación profana 142
    La música y la arquitectura 147
Las ansiedades del autor-*flâneur* 150
    Vivir entre-siglos, entre-guerras y entre-estéticas 150
    Crear el lenguaje 152

"Contener la ciudad" de Ponce 154
Captar y dominar la inquietud de la multitud 157
Carré: el espíritu tranquilo 160
  Ennobleciendo la ciudad 160
  La agitación de la materia 161
  La tranquilidad de Carré 164
  La paternidad como "control de daños" del sistema nervioso ponceño 166
Pucha: la ansiedad determinista y capitalista 168
  La sexualidad y la honorabilidad 168
  Naturalismo, capitalismo e intoxicación de los nervios 172
  Ansiedad de lejanía y de proximidades 174
Conclusiones 177

Capítulo 4

La mediación alterna de Luisa Capetillo

Anarquismo en Capetillo 183
Acercamiento geo-anarquista al espacio puertorriqueño 190
  La re-naturalización del espacio y la anulación de la propiedad privada 190
  El tríptico tierra, sol y mar en el *Estado de la Naturaleza* 196
El ensayo como forma 202
  El ensayo, las aperturas identitarias y la *vita activa* 202
  "La verdad nos hará libres": la escritura natural y su acercamiento a la verdad 205
  La pensadora fuera-de-escena y su mirada natural 209
  La lectura del drama 212
  El ensayo como pensamiento digresivo 216
Las leyes naturales y la lucha femenina 224
  El sexo, el honor, el matrimonio y el divorcio en las primeras décadas del siglo XX 224
Conclusiones 234

Epílogo 237

Bibliografía 251

A mis hijos, Adrik y Chandan

Agradecimientos

Mi aporte en este trabajo hubiese sido difícil sin el apoyo de personas e instituciones que han hecho posible que esta tesis se realice. A mi director de tesis, el catedrático y amigo Juan Duchesne-Winter, quien me arrojó luz sobre la naturaleza de mi estudio y quien orientó mis inquietudes con mucho entusiasmo. Como experto en crítica literaria y con su mirada perspicaz, Juan ha sido crucial a la hora de encontrar vías alternas para un acercamiento a la literatura puertorriqueña.

A Erika Arredondo, Jesús Eduardo Morales, Gustavo Quintero y Luis Jaime Ariza Tello por hacer este proyecto posible. Le extiendo las gracias a mis compañeros Frederic Gleach y Vilma Santiago-Irrizary de la Universidad de Cornell por proveerme las fotografías de su colección, y a Frederic por la labor de escanearlas y procesarlas. Estoy muy agradecida en particular de la artista visual, Nayda Collazo-Lloréns, por aceptar incluir una de sus obras en la portada de Cronotopías. Su trabajo invita al vaivén, a la hiperactividad, a los encuentros y desencuentros. Por su apoyo, mi agradecimiento a mi colega y catedrático de Converse College, Mirko Hall. Y a mis colegas profesores, bibliotecarios, libreros y economistas que han hecho esta investigación posible: Francisco Cabanillas de la Universidad de Bowling Green State, Darlene Hall y René Grullón de Libros de Barlovento, y en especial, a Víctor Torres, instrumentales en la búsqueda de material periodístico en Puerto Rico.

Quiero reconocer también el apoyo incondicional que he tenido por parte de mi familia, quien ha entendido y compartido la alegría que este paso supone para mí.

"Military road" through the mountains. Detail from real-photo lithographic postcard c. 1905, A.C. Bosselman, NY (attr.). Colección de fotografías de Gleach/Santiago-Irizarry.

Nota

El presente trabajo explora en qué medida el conjunto de los autores seleccionados articula una posición discursiva de mediación con respecto al nuevo régimen colonial norteamericano establecido a partir del año 1898, al tiempo que produce variantes diferentes y conflictivas con respecto a un discurso de identidad y representación en el cual se destaca la reconfiguración del espacio. El punto de partida es el cambio de paradigmas suscitado por el desplazamiento del poder colonial de España hacia Estados Unidos al final del siglo XIX. La modernidad, para la sociedad *nuestra americana*, asume una forma singular: implica simultáneamente movimiento e inmovilidad, disolución de fronteras y nuevas demarcaciones de las mismas; es, además, expresión de una lucha por producir una localidad y, a la vez, situarse en el sistema planetario; es apertura y clausura de espacios. El análisis que se propone se sustenta en un acercamiento geopoético a escrituras nacionales de comienzos del siglo XX en Puerto Rico, con el que se busca establecer las interpretaciones (la mediación) de los letrados frente a los desplazamientos, las ubicaciones y la homogenización de la cartografía puertorriqueña, así como de sus habitantes, bajo la ocupación norteamericana.

Road cut through the mountains near Utuado. Detail from real-photo lithographic postcard c. 1920s (mailed Oct. 1927), Waldrop Photographic Co., San Juan. Colección de fotografías de Gleach/Santiago-Irizarry.

A partir de una lectura de las obras de Miguel Meléndez Muñoz (1884-1966), Ramón Juliá Marín (1878-1917), José Elías Levis (1871-1942) y Luisa Capetillo (1879-1922) se explora cómo en su época se interpretan y se registran los cambios de espacios emblemáticos de Puerto Rico (campo, ciudad, ingenios azucareros, centrales cafetaleras, barrios populares y, en especial, la carretera). Igualmente, se estudia cómo los referentes de la escritura puertorriqueña de las primeras décadas del siglo XX oscila entre las nociones de *espacio* y *lugar*. Se procura poner de presente aquellos espacios grises en los que se fundan las actitudes de los autores frente a la modernidad (vista tanto como *espacio-movimiento* o como *lugar-ubicación*).

#16 View on the east side of Plaza Las Delicias, Ponce, PR. Detail from real-photo lithographic postcard c. 1910, Otero & Sobrino, Ponce. Colección de fotografías de Gleach/Santiago-Irizarry.

Finalmente, se explora cómo los letrados intentan redefinirse, construir nuevos podios de enunciación y mantenerse activos en un campo de poder dominado por fuerzas absentistas. El *corpus* seleccionado permite dar cuenta de cómo estos literatos, denominados por Juan Duchesne-Winter *intermediarios de la diferencia*, apenas sí comienzan a gestar un nacionalismo puertorriqueño de marca culturalista, populista y en cierta medida patriarcal. Una interrogante orienta el estudio: ¿cuáles fueron las mediaciones, las negociaciones, los desplazamientos y los ajustes que los autores mencionados registraron en sus escritos frente a los cambios políticos, económicos y culturales experimentados en Puerto Rico en la primera mitad del siglo XX?

Introducción

El año 1898 registra la intervención de Cuba y Puerto Rico, el endeudamiento de República Dominicana y una notoria resistencia a la metrópolis del Norte en la mayor parte de América Latina. En las Antillas, las consecuencias económicas, políticas y culturales del expansionismo imperial de Estados Unidos amenazan con un futuro incierto, pero también generan espacios en los que se producen expresiones literarias de cuestionamiento y de resistencia frente al ascenso de la máquina capitalista y utilitaria estadounidense. Mientras José Martí (1853-1895) y Ramón Emeterio Betances (1827-1898) presienten este ominoso destino desde antes de la invasión, Rubén Darío (1867-1916) pone en duda la primacía de la industrialización encabezada por los anglosajones americanos en *El triunfo de Calibán* (1898), y Enrique Rodó critica fuertemente el utilitarismo creciente de Estados Unidos en *Ariel* (1900). No cabe duda de que el martinismo, el arielismo y el rubendarianismo son para los escritores puertorriqueños respuesta a las influencias culturales y político-culturales norteamericanas que ante sus ojos amenazan con desplazar el mundo modelado por el colonialismo español en el que, para mal o para bien, se han forjado una identidad cultural y una posición social. El periódico puertorriqueño *La Democracia* expresa su solidaridad tanto con España como con América Latina de esta manera:

> ¿Cómo lamentar el paulatino descenso de nuestra raza, que hoy ve mermado el jugo de sus venas, porque derrochó la savia generosa por todos los ámbitos del mundo? No obstante, algo grandioso nos reserva el porvenir. Cuando vemos la América –ese oasis futuro de los pueblos viejos– con sus inmensos ríos, sus selvas vírgenes y sus ciudades nacientes; cuando contemplamos el semillero de repúblicas que desde la sierra Madre hasta el cabo de Hornos hablan el idioma español, aún queda aliento para la fe y sube, del alma a los labios, un himno de esperanza. España podrá ser vencida, podrá arrebatarle el sajón sus últimas colonias; pero el espíritu de España flotará siempre sobre América, la sangre y el genio ibero se perpetuarán, trasmitiéndose eternamente de padres a hijos [...]. (Astol 2)

Sobre el concepto de la "gran familia puertorriqueña" en su libro *La clase obrera y el proceso político en Puerto Rico* (1974), el sociólogo e historiador Ángel Quintero Rivera argumenta que la sustitución del mundo semi-feudal, patriarcal y mercantil español por uno de mercado abierto, dominado por corporaciones ausentistas norteamericanas, produce por un lado desarmonía, conflictos, desajustes y desplazamientos en la sociedad puertorriqueña, mientras por otro se abren nuevos espacios en los cuales se hace posible organizar una resistencia social (171). El nuevo sistema no deja de ser patriarcal, en el sentido amplio del concepto, pues para cumplir con sus intereses económicos y culturales en Puerto Rico los Estados Unidos establece en la isla una estructura colonial tutelar (Go), aprovechando la mediación de las élites políticas locales para instrumentar sus posiciones en un campo de poder multicultural. En nuestro caso (el de Puerto Rico), la administración territorial norteamericana se orienta a reconstruir la sociedad en los ámbitos económico, institucional, educativo, religioso e intelectual, imponiéndose un pragmatismo relacionado con un concepto de *nation building* que empieza a moldear "lo puertorriqueño" de maneras inusitadas, pero que no tiene casi nada que ver con la construcción de la nación en el sentido asumido por las naciones latinoamericanas emergentes tras las guerras de independencia.

Durante las primeras décadas del siglo XX prevalece un discurso aparentemente ambiguo que responde a la situación ambigua de todo mediador: en el terreno económico-político, pro-norteamericano, y en el socio-cultural, pro-hispanista, con la plétora de contradicciones que esta doble articulación implica. El efecto práctico de esta posición, nada sorprendente, es claro: afirmar que, dadas las grandes diferencias socioculturales existentes entre una población formada en el colonialismo español, y un aparato de poder de raigambre anglosajona, la élite puertorriqueña es indispensable para establecer la nueva hegemonía norteamericana en la isla, en la medida que ella instrumenta, en su labor de mediación y de traducción socio-cultural, la interpelación ideológica necesaria a toda hegemonía política. No todos los sectores de la élite dominante local asumen esta visión, pero sí lo hacen los sectores que aglutinan a los profesionales letrados vinculados con la literatura y a gran parte de los activistas de la educación y la cultura.

Aparte del hecho de que la economía cambia radicalmente al pasar de una sociedad semi-feudal a una dominada por las regulaciones flexibles del mercado del trabajo y del movimiento de capital, los proyectos de *Americanization*, que en su programa de *nation building* incluyen la reorganización administrativa total del Estado, la introducción de nuevos modelos de institucionalidad (y con ellos las nuevas formas de corromperlos), la educación en inglés, el incremento de las inversiones monopolistas —mayormente agrarias— e importantes obras de infraestructura vial, traen consigo nuevos modos de pensamiento, percepción y movimiento. Esta acelerada modernización provoca una reconfiguración de espacios y desplazamientos que, en términos baudelerianos, destaca "lo transitorio, lo fugitivo, lo contingente" ("Painter" 403). Para letrados como Felix Matos Bernier, mientras los esfuerzos políticos locales pierden fuerza el arte se adecúa exitosamente a una nueva configuración del espacio-tiempo y a la creación de un nuevo discurso identitario: "El ideal político parece muerto [...] En estos momentos, sólo podemos hablar de nuestros poetas, de nuestros literatos, de nuestros artistas. El arte no se estaciona. El arte no descansa jamás" (Matos Bernier 870). La intuición del letrado le permite reacomodarse en la nueva estructura y reformular su nuevo papel en el proyecto norteamericano.

Pero el campesino, quien ya se encontraba bajo la negligente tutela española y debe replantearse frente al "siglo americano" que proclama Stein, siente la presión de las fuerzas globales del mercado y tiene que subirse al vagón del nuevo acreedor mundial, que encuentra su momento de globalización con la guerra del 98. La presencia norteamericana, que se cristaliza en 1917, tiene como meta incorporar a los puertorriqueños al circuito de acumulación capitalista pero no a una ciudadanía política real.

Los espacios y los tiempos puertorriqueños adoptan símbolos y significados generados por los esfuerzos de los norteamericanos por legitimar su presencia, y éstos van reconfigurando las estructuras sociales de los isleños. Con el advenimiento de las prácticas capitalistas de las corporaciones ausentistas, los terrenos se cartografían y homogenizan de acuerdo con los nuevos flujos del capital. Al campesino se le desplaza de su tierra, como resultado de un acelerado proceso de desvalorización de la pequeña producción agrícola tradicional causado por el control estadounidense de los mercados (algo semejante, en su forma, a lo que hace el Tratado de Libre Comercio hoy en día con los campesinos mexicanos) y la adquisición de tierras por parte de corporaciones latifundistas dedicadas a monocultivos, mayormente azucareras y tabacaleras. El campesino laborante se convierte en caminante pues, ante el colapso de la tradicional y antigua red productiva y comercial agrícola de pequeña producción diversificada que lo sostenía, sólo le queda vender la tierra o entregarla a los acreedores, y emprender por caminos y carreteras el descenso a la ciudad y la migración. Sus opciones son pocas: llegar a espacios urbanos como Ponce y San Juan.

Sugar Cane & Mill. Detail from real-photo lithographic postcard c. 1920, Waldrop Photographic Co., San Juan. Colección de fotografías de Gleach/Santiago-Irizarry.

Con la nueva soberanía se propone construir un nuevo modelo del Ser puertorriqueño, con una identidad compleja, por un lado concebido a imagen y semejanza de los patrones culturales del Norte pero, por otro, subalternizado como sujeto colonial mediante procesos que combinan de manera conflictiva la racialización, la proletarización y la asimilación a valores de la clase media norteamericana. Dada la inexistencia de una población norteamericana en la isla (la presencia se manifiesta a través de corporaciones), y debido a que el poder colonial se ejerce por un limitado grupo de funcionarios y empresarios del continente, quienes reclutan intermediarios locales, ni el inglés ni la cultura anglosajona hegemonizaron la esfera pública, y mucho menos la sociedad puertorriqueña. Ésto explica por qué gran parte de la actividad intelectual, incluyendo la literaria, permaneció afiliada a las tradiciones latinoamericanas y no a las norteamericanas. Sólo durante las primeras décadas del siglo XX los puertorriqueños logran forjar una identidad única, diferente de las de España y los EE.UU., manteniendo siempre la lengua española como medio de registro vernáculo y público. A medida que los intereses locales se van manifestando y articulando a través del tiempo, también se van transformando las construcciones de *Americanization* y "americanización".

Interesa especialmente sopesar la manera en que los escritores aceptan los reajustes simbólicos y estructurales norteamericanos, valiéndose para ello de los esquemas culturales anteriores. Esto porque muchos de sus ideales democráticos tienen correspondencias con los norteamericanos, ya que durante los últimos años bajo la Corona española los puertorriqueños ya valoraban la idea de tener un auto-gobierno democrático. La opinión pública local se divide con respecto a la pérdida de la tutela de España pues, por un lado, los periódicos autonomistas como *La Democracia* no expresan rencor alguno hacia el antiguo régimen, mientras los lectores republicanos, fieles al periódico *El Águila*, repudian la idea de volver a un pasado colonial español y reciben con brazos abiertos a los EE.UU.

Luego de la invasión, y bajo la protección y el monitoreo de los EE.UU., se abriría una oportunidad para Puerto Rico de entrar al mercado global y florecer económicamente. Pero este florecimiento resulta desafiante para el letrado, quien se propone replantear sus visiones y mantenerse, así, como agente mediador válido tanto para la cultura puertorriqueña como para la norteamericana. El letrado de la época se auto-responsabiliza de mantener la *gran familia puertorriqueña* unida y de seguir fomentando un poder paternalista dentro de una estructura ya jerarquizada en función del nuevo soberano norteamericano pero que aún rinde pleitesía a España.

Walking the road near Arecibo. Detail from real-photo postcard c. 1920, T. E. Phipps, Ponce. Colección de fotografías de Gleach/Santiago-Irizarry.

En la primera parte de este trabajo se expondrán algunas de las más relevantes manifestaciones de mediación que registran las obras de Miguel Meléndez Muñoz, quien ya en *Lecturas puertorriqueñas* (1919) elabora la temática campesina. A través de sus *Cuentos de la Carretera Central* (1941) se estudia la función cronotópica de la carretera y de la figura del caminante. Nos interesan aquí las maneras en las que Meléndez Muñoz diseña su mapa afectivo en *Cuentos*, basándose en las relaciones establecidas en los nuevos espacios sociales demarcados por la carretera cronotópica. Acudimos al concepto de "mapa afectivo", de Jonathan Flatley, para lograr un mejor entendimiento sobre la creación de una nueva red de afectos, basados en afectos antiguos y residuales. Mientras los personajes de Meléndez Muñoz guardan luto por las promesas vacías de la modernidad, y sus identidades se generan con arreglo a sus experiencias de pérdida, se convierten en un colectivo de melancólicos que resisten a la modernidad e intentan rearticularla. La melancolía y la tristeza se convierten en atributos caracterizadores de la nacionalidad puertorriqueña, algo visto también en "el puertorriqueño dócil" de René Marqués (1919-1979) o en el "pueblo triste y enfermo" de Zeno Gandía (1855-1930).

A Ramón Juliá Marín, autor que durante mucho tiempo estuvo sometido casi al olvido por la crítica puertorriqueña, dedicamos la segunda parte. Se recurre a los conceptos de Bourdieu con referencia al *campo* y al *habitus*, ya que ayudan a visualizar las posiciones y las tomas de posición de los personajes en la obra novelística de Ramón Juliá Marín. Tales nociones se hacen pertinentes en la medida que permiten un enfoque sobre el ambiente construido, sobre el espacio y sobre las prácticas sociales de la vida cotidiana en el Puerto Rico pos-98. *Tierra adentro* (1910), y su secuela, *La gleba* (1911), son un *medium* valioso para realizar una lectura sobre los matices del comportamiento, la práctica, la agencia, la estructura y el *habitus* de un pueblo al que se le reemplaza bruscamente un *campo* colonial por otro. Teniendo como trasfondo histórico el paso del huracán San Ciriaco y la implantación de la Ley Foraker, se palpa la angustia moral y social de un puertorriqueño que se desubica y se desplaza en espacios desintegrados, marcados por la violencia, el desempleo, la prostitución y la adicción al alcohol. El profesional idealiza el *campo*, no para romantizar el paisaje sino para melancolizar las ruinas del mismo, así como de la clase hacendada y del campesinado, todos imposibilitados física e históricamente para volver a los "tiempos de España".

La tercera parte del presente trabajo se dedica a la movilidad delirante del puertorriqueño que expone la obra *Mancha de lodo* (1903), de José Elías Levis, quien promueve un tipo de "iluminación" del espacio urbano equivalente a un despertar social. Pasamos del espacio campestre al urbano, del campesino al obrero, del pasado idílico nostalgizado al presente moderno-decadente. El universalismo en Elías Levis no es una simple fuga de la actualidad regida por el régimen colonial norteamericano sino que opera bajo el proyecto de nación alterna, por el cual ha estado atravesando Ponce desde finales del siglo XVIII. Nos referimos a un pueblo que se forja –de acuerdo con Quintero Rivera, en su detallado estudio sobre Ponce– no a través del marco del súbdito colonial sino a través de la ciudadanía (52). Se forma una ideología de renovación social y urbanística moderna, en la cual la ruralía agro-exportadora se planta como base de la modernidad. Ponce, La capital alterna: sociología de la sociedad civil y la cultura urbana en la historia de la relación entre clase, "raza," y nación en Puerto Rico.

La novela de Levis muestra la presencia excesiva de una luz que ilumina, despierta e inicia "la obra de regeneración…la obra de libertad… la obra de iniciación" (101). Desde lejos, Ponce se divisa con un "nimbo blanco" que bien puede vislumbrar su sobrenaturalidad y su misticidad irradiante, o el determinismo que encierra al ponceño en su destino (sea paradisíaco o infernal). Pero ese despertar tendría su precio: la ansiedad por la pérdida y la incertidumbre. Este estado de zozobra llega ante la ruptura de la tradición, ante el miedo de romper el modelo de éxito que Ponce había seguido, y es motivo de frustración para la ciudadanía. En la novela, el ponceño deslumbrado experimenta con una modernidad que lo convence de creer en el capitalismo, la ciencia y el trabajo para resolver sus conflictos. Aquí se presenta la ansiedad como aspecto risible y como experiencia estética frente a la modernidad acelerada. La presencia de la electricidad alimenta una modernidad que se vive como confluencia de sensaciones y gran nerviosismo, convirtiéndose en la "iluminación profana" de Ponce, un espacio que reproduce el colonialismo en sus manifestaciones de desigualdad social y de opresión de género.

Como escritora y activista obrera, Luisa Capetillo ofrece otra posibilidad para el ser humano, otra forma de desplazamiento y de mediación, otro mecanismo para su liberación y su realización. En esta cuarta parte de nuestro trabajo, podemos ver cómo la ensayista muestra el drama moral y la ansiedad del puertorriqueño por su dislocación ante los cambios que la nueva soberanía produce. Como lectora obrera, unionista y exiliada, Capetillo camina, viaja, crea espacios nuevos de enunciación y muestra los cruces entre el sindicalismo y el feminismo en Puerto Rico. El anarquismo es para ella la forma natural de vida. En su visión libertaria y fraternal, la injusticia, la miseria, la desigualdad de sexos y la explotación se presentan como violación de las leyes naturales. Los gobiernos, el matrimonio, la propiedad privada, la lujuria, lo antihigiénico y el alcoholismo serán ejemplos de formas inarmónicas y antinaturales que despojan a los individuos de su humanidad. Sus escritos alumbran la tensión fuerte entre la naturaleza y la sociedad, entre la armonía natural y el individuo desnaturalizado por los mapas sociales cartografiados por el gobierno y la iglesia.

Workers at Central Aguirre. Lithographic postcard c. 1920s, Gonzalez Padin Co., San Juan. Colección de fotografías de Gleach/Santiago-Irazarry.

El discurso anarquista de Capetillo se centra en el comportamiento del ser humano de acuerdo con su propia naturaleza y en la libertad y la armonía como esencias. Según esta pensadora, la libertad le concede al humano una capacidad creativa que se concreta en la revolución, solamente alcanzable si se erradica toda formulación dogmática que atente contra ese potencial. Veremos en su estilo de escritura orgánica y digresiva, y en su postura ante las instituciones antinaturales de la autoridad –la propiedad privada y la explotación del obrero y de la mujer–, cómo Capetillo intenta conectar con lo que concibe como la verdadera naturaleza del ser humano.

Capítulo 1

Miguel Meléndez Muñoz: el cronotopo de la carretera en el mapeo afectivo de la ruralía de Puerto Rico

Meléndez Muñoz y su propuesta de mundo

Para entender cómo el intelectual puertorriqueño se inserta tanto en el discurso latinoamericanista como en el americanista, se deben explorar los procesos de creación de una "nación sin Estado". Además de afirmar que la invención de América es ya una construcción, Benedict Anderson, en su *Imagined Communities: Reflections on the Origin and Spread of Nationalism* (1983), también señala que es parcela exclusiva de aquellos *pioneros criollos* que defendieron la monarquía española. Si partimos de su premisa de que las naciones modernas son construidas de hecho por estos *pioneros criollos*, entonces podríamos cuestionar el concepto de "nación", en términos de su condición como artefacto o invención. En cuanto a la invención de una nación, Rafael Cuevas Molina, en su artículo "Nacionalismo, nación y continentalismo en América Latina" (2005), apunta lo siguiente:

> El nacionalismo sería, entonces, una forma de legitimar y mantener el poder, una especie de falsa conciencia que se imagina como proyecto por construir, para lo cual se inventa un pasado (evidenciando unos hechos, procesos y fenómenos, y devaluando, opacando, redimensionando otros). Esto nos autoriza a hablar de una construcción artificial que adquiere legitimidad a través de acciones y mecanismos puestos en marcha por el aparato de Estado que, de esa forma, estructura y legitima una identidad nacional de índole oficial. (10)

Contando sólo con el estado colonial de nuevo tipo, norteamericano, el letrado puertorriqueño en función de mediador tiene que inventar su propio pasado, ya que, como indica el antropólogo Ricardo Alegría, gran parte de los archivos históricos de la isla fueron trasladados a España y posteriormente a los Estados Unidos (40). Este desplazamiento de materiales históricos permite dar cuenta de una historiografía puertorriqueña con vacíos que le conducen a construir interpretaciones hechas en muchos casos al margen de la documentación existente sobre la historia de la isla. Una postura más reciente, la del ensayista Carlos Pabón, sugiere que en última instancia ya no es la veracidad de la idea de nación lo que toma relevancia sino cómo ésta se define y a qué apunta (*Nación postmortem* 287). En los *Cuentos de la Carretera Central* (1941), Meléndez Muñoz crea una posibilidad de mundo y su propio rol como posibilitador del mismo: "Y nuestra carretera central se iba asfaltando, ensanchando y modernizando sin historia. Porque no surgía su historiador, quien estudiara y recopilase con criterio historicista los documentos que existen sobre esta obra en el Departamento del Interior en viejos y olvidados archivos" (10). El autor no sólo reconoce aquí el método histórico como dispositivo para describir la realidad sino que, por la ausencia de un historiador, asume el papel de intermediario y de constructor de nación. A través de la cimentación narrativa de la Carretera Central, el autor crea un discurso que le permite recrear el mundo puertorriqueño y promover en el lector cierto entendimiento del modo de ser en dicho mundo. Esta infraestructura narrativa, que sirve como escenario para un particular discurso de nación, muestra además que la hermenéutica es ya un desplazamiento constructor de la realidad histórica, tal como una carretera con respecto al espacio geográfico.

El poder interpretativo del autor sobre el sistema concreto de la Carretera Central da lugar al movimiento en el texto, posibilita y fija la acción. Se puede trazar en este espacio parte de las experiencias del intelectual puertorriqueño bajo el "proyecto tutelar" de los Estados Unidos cuando busca imponer sus formas y sus ideas políticas en la isla. El movimiento (nuevo) que hace posible la carretera produce nuevos significados que Meléndez Muñoz va mediando y localizando. En la estructura colonial tutelar, la misma que aprovecha la mediación de las élites políticas locales, Meléndez Muñoz instrumenta su posición como productor de significados nacionales en un campo de poder multicultural, dada su articulación con dichas élites criollas en su carácter de mediador. Con su creación del "mundo del texto", se adhiere a la idea de un diseño tutelar y se sitúa en el terreno de una hegemonía de la mediación.

El texto, como propone Paul Ricœur, es aquel discurso fijado por la escritura, fijación constitutiva del texto mismo. Lo define como una propuesta de mundo que, a su vez, crea el "mundo del texto". Si, de hecho, la escritura se da a la labor de fijar un discurso y de asegurarle una fijación, sin importar la situación, entonces el mundo tendría que tomar distancia con respecto a una realidad supuestamente originaria, a un distanciamiento producido por el proceso mismo de la escritura que le ayudará al escritor, en este caso a Meléndez Muñoz, a encontrar un particular punto de origen y de llegada frente a la realidad puertorriqueña, una particular producción/regulación de distancia, tal como lo hace una carretera con un determinado espacio geográfico. En *Del texto a la acción* (1986), Ricœur examina la posibilidad de llegar a una auto-comprensión mediante el distanciamiento creado por la escritura:

> El mundo del texto del que hablamos no es, pues, el del lenguaje cotidiano; en este sentido, constituye un nuevo tipo de distanciamiento que se podría decir que es de lo real consigo mismo. Es el distanciamiento que la ficción introduce en nuestra captación de lo real. Lo hemos dicho: un relato, un cuento, un poema, tienen referente. Pero este referente está en ruptura con el del lenguaje cotidiano; mediante la ficción, mediante la poesía, se abren en la realidad cotidiana nuevas posibilidades de *ser-en-este-mundo*; ficción y poesía se dirigen al ser, no ya bajo la modalidad del *ser-dado* sino bajo la modalidad del *poder-ser*. (107-08)

Escritores como Meléndez Muñoz se embarcan en esta nueva propuesta de mundo y, en el proceso, tratan de capturar el malcomprendido mundo del campesino puertorriqueño. El distanciamiento se convierte para el autor en un proyecto melancólico que muestra los efectos/afectos de la modernidad, además de los espacios y las relaciones creadas y destruidas por ella. Meléndez Muñoz mide este distanciamiento en al menos tres modalidades: la primera, el acto de la escritura; la segunda, la recreación del mundo del campesino (un ser aislado y olvidado); y en tercer término, la retoma de la infraestructura de la Carretera Central (la vía principal en la isla) como un sistema nervioso simbólico, conector de historias y canal que le permite al discurso tener un flujo, una duración y una capacidad para articular la "estructura desvertebrada de nuestra vida social" (Meléndez Muñoz 142).

Meléndez Muñoz hace de su texto una entidad autónoma que le conduce a un estado de *Verfremdung*, una noción ricœuriana que alude a un distanciamiento objetivante. Este aislamiento no sólo le permite al texto sobrevivir, independientemente del contexto o la situación, sino que también lo objetiviza, provocando en el lector (y, antes, en el autor) un sentido de no-pertenencia a ese "mundo del texto" (Ricoeur, "Philosophical Hermeneutics and Theological Hermeneutics" 14). Dicha distancia se produce en la medida en que el autor se autoproclama actor intermediario entre el Estado y el pueblo (el sujeto colonial). Como figura autorizada, Meléndez Muñoz toma la batuta frente a algunos de los historiadores que le anteceden, quienes según él permitieron que la construcción de la Carretera Central se hiciera desapercibida:

> Cuando decido bautizar estos cuentos y (las) narraciones que siguen con el nombre que ha de llevar este libro como divisa de su existencia, pienso que debe precederlos, como introducción, un resumen de su historia, algunas acotaciones sencillas y sintéticas que se deriven de este hecho en la vida de nuestro pueblo. Pero no encuentro ni memorias, ni anales, ni crónicas de arranque histórico sobre la obra que ha de nominar esta recopilación de cuentos y apuntes literarios. (Meléndez Muñoz 10)

Meléndez Muñoz asume otra modalidad de distanciamiento proponiendo un nuevo mundo en sus cuentos, el mundo del campesino al borde de transformarse en un ser moderno. El autor necesita bien la tragedia o bien la historia épica que, tal y como lo propone el escritor martiniqués Édouard Glissant en *Poetics of Relation* (1965), expresaría la conciencia del ente caribeño (52). Para Meléndez Muñoz, el campesino es quien mejor representa la tragedia puertorriqueña. Como ser resignado, aislado, desplazado y digno de compasión, el campesino recrea el proceso de distanciamiento mientras que, al mismo tiempo, crea para Meléndez Muñoz la fuerza unificadora de una nación, el mito necesario para historizar al puertorriqueño.

Con la tercera modalidad de distanciamiento, la infraestructura de la Carretera Central, Meléndez Muñoz logra descontextualizar la realidad puertorriqueña y, al mismo tiempo, recontextualizarla:

> La Carretera Central y sus radiales serán las vías que realizarán la mayor extensión del progreso de la periferia al centro, de la *capital* a los pueblos de la isla, de aquella cabeza que ha de dirigir en el futuro su cuerpo, estimular y regir sus movimientos en todas sus actividades creadoras. (10)

El autor articula su narración mediante un mecanismo que, como parte de un proceso general similar a otras invenciones tales como el reloj de mano y la producción fordista en cadena, le sirve para crear y medir la distancia necesaria para poner en cuestión una serie de conflictos socio-culturales de comienzos del siglo XX, en momentos en los que se va resquebrajando la unión de la "gran familia puertorriqueña". Esta modalidad mide, además, el alcance de la disolución de muchos modos de vida involucrados en dichos conflictos, la extensión de las nuevas relaciones que se establecen, y la transformación del cuerpo campesino. La *Carretera Central* es el dispositivo hermenéutico de las relaciones que se van gestando y desintegrando durante el acelerado tránsito del régimen colonial hacia sus formas norteamericanizadas.

En Puerto Rico, catalogado como uno de los espacios geográficos del mundo con mayor densidad de carreteras por milla cuadrada, existe todo un imaginario sobre la carretera. La primera ruta oficial, construida en el siglo XVI, entre 1518 y 1521, fue el llamado "Camino de Puerto Rico". Conectaba el pueblo de San Germán con Caparra, la antigua capital de la isla. Cuando Caparra deja de existir, dicho camino se convierte en la conexión entre San Juan y el resto del territorio de la isla.

Además del "Camino de Puerto Rico", se diseñan y construyen otras rutas que conectan los pueblos con ríos y puertos, llamadas "caminos reales" por pertenecer a la Corona española (asunto que se aborda en el siguiente capítulo). En el siglo XVII, con amparo en la Real Cédula de Gracia, se estimula aún más el crecimiento económico y se logra el beneficio de una serie de concesiones relacionadas con la agricultura, la esclavitud y la inmigración. A finales del siglo XVIII, con el continuo aumento en la exportación de productos agrícolas (café, tabaco y caña de azúcar) y por efecto de la Trata Atlántica, nuevos pueblos se fundan, se produce un importante crecimiento poblacional (en especial, en el interior de la isla), y se plantea la necesidad de crear nuevas y más anchas vías de transporte y comunicación. Afirmada la apertura de Puerto Rico al mercado mundial, y tras la irrupción del capitalismo agrícola, el arqueólogo industrial Luis F. Pumarada O'Neill describe así los diálogos iniciales sobre la construcción de la primera carretera pavimentada:

> During the first decades of the 19th century, the Puerto Rican coastal plains became basically a sugar colony. The structural changes occurring concurrently with economic and population growth required more and better transportation facilities. In the 1820s the colonial government improved San Juan's communications with the interior of the island. Governor Miguel de la Torre took the first steps toward the construction of a highway heading south from San Juan to Rio Piedras; and opened a navigable channel to communicate the Cangrejos, San Jose and Piñones lagoons with the eastern part of the San Juan bay. (Sec E, 4)

Sólo a comienzos del siglo XIX se pavimenta la carretera, con lo que comienza a resolverse el problema generado por vagones y carruajes atascados tras el derrumbamiento de tierras causado por lluvias torrenciales. A mediados del siglo XIX se siguen construyendo secciones de la carretera y se aprueba, en 1859, el Plan General de Carreteras, que incluiría a todos los pueblos costeros y del interior de la isla. Dentro de este plan se halla el proyecto de construcción de la carretera central.

> Between 1875 and 1880, the Delegation of Public Works took over the existing municipal highways connecting Ponce, Juana Díaz, and Coamo and made them, officially, part of the Carretera Central. At that time, some of the drainage work had not been constructed and some stretches were not yet paved. The highway's bridges, crossing main rivers (Portugués, Bucaná, Inabón, Jacaguas, and Guayo), were temporary structures owing to the fact that plans existed to eventually change rivers' courses which were prone to flash flooding. The Ponce port road, where an iron truss bridge had been erected in 1876, became a part of the Carretera Central in 1880 [...]. By 1886, the Carretera Central with a length of 134 kilometers, 33 casillas de camineros and permanent bridges, had become an example of Spanish and Puerto Rican engineering. (Sec E, 7)

Ya en su época, Meléndez Muñoz asumía esta carretera como ente del escenario global, cuya capital (cabeza) y cuya isla entera (cuerpo) se unirían a través de la arteria pavimentada. Desde el principio, el autor muestra su preocupación por la carencia de historicidad en la construcción de una infraestructura que él llama "un acontecimiento sin historia. Y una historia que no se había escrito" (7). *Cuentos de la Carretera Central* nos lleva miméticamente a la redescripción, a la creación de una relación dialéctica y al acontecimiento. Ricœur define el acontecimiento como una acción que "se produce en el seno de una experiencia ya estructurada pero que incluye aperturas, posibilidades de juego, indeterminaciones. Captar una obra como acontecimiento es captar la relación entre la situación y el proyecto en el proceso de reestructuración" (102). La *Carretera Central*, como factor de distanciamiento y de aislamiento, le da entrada al lector al acontecimiento de la no-historia que se va hilvanando en la trama.

En los espacios sociales producidos y desintegrados por la construcción de la carretera sobreviene un estado de gran melancolía; en primer lugar, debido a la negligencia opresiva por parte del régimen español y, en segundo, por la aceleración del régimen capitalista moderno estadounidense. Veremos, tras los personajes de Meléndez Muñoz, un intento por crear un cuerpo colectivo de melancólicos en búsqueda de un modo propio de ser y de pertenencia en una situación de desarraigo (ya sea como posición, como disposición o como conjunto de realidades), marcada por la modernidad. En cuanto a esta noción de pertenencia, Gadamer alude a la relación ser-verdad del sujeto, en donde su comprensión del mundo representa un momento del ser. Para que el sentido de pertenencia ocurra, el ser del alma debe participar del ser verdadero (550-551). Dicho concepto, al que Gadamer llama *Zugehörigkeit*, logra ser un acto estético siempre y cuando el *Verfremdung* ricœuriano (distanciamiento objetivante) y el *Zugehörigkeit* (sentido de pertenencia) se encuentren cronotópicamente y creen el momento del ser. En el desplazamiento, en la manera como la carretera invade los espacios naturales, en el distanciamiento y en el aislamiento, se diseña un mapa afectivo que opera como dispositivo de auto-comprensión.

En lo que queda de este capítulo abordaremosnos, en primer lugar, este proceso de auto-comprensión a través de la creación, el choque y la disolución de espacios en los cuentos de Meléndez Muñoz. En *Production of Space* (1991), el filósofo y urbanista Henri Lefebvre establece una relación estrecha entre el espacio y las dinámicas sociales que se presentan en él. Su aproximación a la realidad urbana puede ser útil para los propósitos de este trabajo, ya que sus planteamientos sobre las formas espaciales, la política del espacio y la reproducción capitalista, pueden aplicarse a las problemáticas y las transformaciones que se dan en los espacios campestres de Puerto Rico en las obras que se comentan.

Los espacios creados bajo el régimen colonial traen sus contradicciones pues, mientras la carretera se concibe inicialmente como portadora del progreso, los cuentos la definen como factor que establece relaciones de pérdida, y de refuerzo de jerarquías y asimetrías sociales:

> Los grandes hacendados y altos funcionarios de la colonia poseían berlinas, *limousines y coupés*, grandes carrozas construidas a todo lujo. El *coupé* era un coche de verano ligero y elegante, de líneas estilizadas. Su caja o armazón era de mimbre. Su interior de cuero fino de colores vivos: rojo, escarlata o azul, o de pana gris, rosa, marrón o violeta. Esta variedad de carrozas, costosas y elegantes sí era para el uso exclusivo de potentados y grandes jerarcas, como los *Packard* y otras marcas de autos de gran valor, actualmente. El coche era el vehículo del pobre y de la clase media, como el *Ford*, el *Chevrolet*, etc., de hoy. (Meléndez Muñoz 28)

El vehículo como vara para medir expone posiciones y situaciones sociales, al tiempo que va creando un nuevo sistema de valoración del humano. Notamos, además, que el campesino no merece mención, ya que no posee vehículo. El mero proceso reseñado por Meléndez Muñoz, en el que se convierte a Puerto Rico en un espacio homogéneo, produce nuevas formas de diferenciación e intensifica las jerarquías, dado que la homogenización modernizante procede principalmente por exclusión. Como espacio subordinado en la economía imperial estadounidense, Puerto Rico accede a una serie de igualaciones, algunas democratizantes, pero al mismo tiempo se generan nuevas desigualdades y transformaciones espaciales muy agudas.

Por otra parte, nos interesa explorar aquí la función cronotópica de la Carretera Central en los cuentos del autor, en tanto ésta genera significados y se constituye en metáfora de la sociedad puertorriqueña. Según Mikhail Bakhtin en *Dialogic Imaginations* (1981), si un acontecimiento se materializa en el espacio, se genera un cronotopo, un centro organizador de eventos narrativos fundamentales, lugar que compone y descompone eventos, instancia en la cual se halla sentido y se da forma a la narración (119). La carretera, en su función cronotópica, acentúa su importancia constructiva en estos cuentos ya que genera espacios sociales y encuentros no esperados, en los cuales –en palabras de Bakhtin– "any contrast may crop up" y "the most various fates may

Cronotopías

Road between Ponce and Tibes. Detail from real-photo postcard c. 1920s, José Rodríguez Serra, Ponce. Colección de fotografías de Gleach/Santiago-Irizarry.

collide and interweave with one another" (278). Como figura espaciotemporal, el sistema de carreteras que emana de la Carretera Central crea el acontecimiento y convierte el texto en acción.

La Carretera Central y la transformación de espacios sociales rurales

El pensamiento de Lefebvre nos concierne, en nuestro caso, ya que permite repensar el final del siglo XIX y el comienzo del siglo XX de modo que podamos abordar la preocupación nacionalista en Puerto Rico por la homogeneización de la sociedad –que hace referencia directa al territorio nacional– y articular la realidad puertorriqueña al estudio de la creación de otras formas espaciales y de escalas. Preferimos tratar el período transicional de los espacios coloniales mercantilistas como espacios desarrollistas trazados por la Carretera Central y narrados por el autor. Lefebvre habla sobre cómo las fuerzas económicas capitalistas subordinan la planeación "natural" de los espacios a una planeación "racional" y dependiente. Este "espacio natural", caracterizado por Lefebvre como "punto de partida", es alterado por la mano capitalista que busca convertirlo en un espacio "social", o formado por prácticas sociales. Dichas prácticas crean espacios particulares, con significados particulares, haciendo que el espacio social sea, consecuentemente, un producto social. El proyecto de *Americanization* es el *leit motiv* de estas obras que consideran el espacio del campo un espacio dominado por el capitalismo, un territorio que va de "lo natural" a "lo social", en términos lefebvrianos. Por supuesto, hay que tomar en cuenta que nos hallamos en un punto de partida "natural", tan social como cualquier otro, que se sitúa como "natural" sólo en relación con las demás transformaciones sociales que acontecen.

En la primera narración de *Cuentos de la Carretera Central*, "Binipiquí", advertimos el proceso de distanciamiento, y de autocomprensión, en el personaje principal, Don Severiano Pérez Rodeiro. Pulpero migrado de España, Don Severiano toma ventaja económica de la carretera al abrir un establecimiento para vender refrigerios y comida a aquellos viajeros, conductores, caminantes o jinetes que transiten por el lugar. Las ideas de la parada y el descanso no son nada nuevo, y se han manifestado, no sólo en relatos literarios sino también en los detalles que corrientemente se mencionan al describir los caminos y las carreteras (desde un gran árbol, o las fondas, hasta hoteles y muchos otros lugares "típicos"). Don Severiano representa la idea de un "desarrollismo" que corresponde a tiempos mercantiles propios del colonialismo español, no del todo adecuados al contexto del colonialismo desarrollista o el plenamente capitalista implantados por el nuevo régimen norteamericano. Don Severiano resulta perturbado al no lograr crear el espacio social deseado, y al alterarse su modo de estar en el mundo. Definiéndose como españolista, va comprendiendo que el nuevo sistema, con sus intenciones homogenizantes, acentúa otras jerarquías y lo convierten en un subalterno más. Dentro del proceso de desfamiliarización, su nombre fue cambiado a Mr. Piritz, apelativo que acepta, pese a sus reservas, ya que creía que debía "adatarse" a los nuevos cambios:

> Hay que plegarse y hacerles a esta gente la pelea… Monga… Monga… es una cosa como una masa blanda, ¿tú sabes?… muy blanducha, que no se endurece

nunca... que no pasa de ese estado a otro más consistente... que siempre es masa y es blanda, sin forma propia. Que va donde la lancen, pero que es y será lo que le convenga, lo que le interese... al que la maneje. Hay que aprender inglés, Secundino: hablando se entiende la gente. (39)

El Binipiquí ya no representa para el protagonista el lugar de sus ensoñaciones sino un espacio social pecaminoso en el que convive con una mulata, y en el que tolera encuentros clandestinos de espiritistas. Al sentirse fuera de lugar, al no entender el espacio y tiempo que ocupa, ni su nuevo valor social, Don Severiano regresa a España: "Así resolvió Don Severiano Pérez Rodeiro, el fundador de Binipiquí, el conflicto moral y religioso que creara a su conciencia su adaptación al medio social en que vivió *veinticinco años en América*" (51). Con su desaparición se borra el nombre de su establecimiento, y se crea un nuevo espacio social que lucha por "adatarse" a la nueva economía imperialista. La condensación del espacio se hace también visible en términos del lenguaje, tal como vemos en los anuncios de Binipiquí durante la administración de Don Severiano y luego de su partida:

Anuncio antes de su partida	Anuncio luego de su partida
COFFEE BLACK	WELCOME
MILK OF THE COUNTRY	BE COME BIEN
100 water milks	GREEN GROCERY
FRESH BANANAS	THE BEST IN THE ROAD
Guineos varios y gigantes	FIFUEIRA PERETZ
Chickens and giganta bananas	CHOMENEROS
RICE, BEANS AND PORK SPECIAL	LTD. SUC'S
PORTO RICAN LUNCH	
GREEN AND YELLOW PAPAYAS	
PORTO RICAN BEAR MILK LECHE	
O SA)	
PROPIETOR	
S. PEREZ RODEIRO	
(38)	(51)

Este espesamiento del lenguaje se corresponde con la condensación del espacio-tiempo explorada por Benjamin (*Illuminations* 236) y con la creación de un espacio vacío, abstracto y homogéneo, tal y como lo propone Lefebvre (*The Production of Space* 1).

Notemos la escasez de productos en la columna derecha, aspecto que puede tener diversas interpretaciones. Ya sea debido a los patrones cambiantes de acumulación y de tenencia de tierra, o al aumento de la agricultura exportadora a expensas de la agricultura de subsistencia, o a la liquidación de capital en los sectores rurales, lo que se ofrece no es lo mejor de la tierra sino "THE BEST IN THE ROAD" (sic). Ya no hay tierra, sólo carretera.

Nos percatamos también, por medio de los espiritistas, de una copresencia de tiempos, lo que Chatterjee llama el "tiempo heterogéneo de la modernidad" (132), punto que retomaremos más adelante. Podemos ver que la modernidad es, de hecho, un atributo del tiempo, visto como utópico-homogéneo o como real-heterogéneo. "Binipiquí" es un relato de desplazamiento lingüístico, social y geográfico. Dos conjuntos de símbolos y de valores se van construyendo y fusionado. Y así como las ciudades devienen plataformas para este choque lingüístico, cuando de cambiar nombre de calles y establecimientos se trata, el espacio y el tiempo rurales adquieren una calidad intercambiable, "producida y reproducida como reproducible" (*Production of Space* 337; traducción mía). Podemos comprender el espacio social producido en "Binipiquí" como un tipo de escritura creado por el proceso dialógico en el que un grupo de individuos negocia tanto el poder social como el discurso. Bakhtin asevera que todo aquello que se dice siempre existe como respuesta a aquello que se ha dicho en el pasado, pero también como anticipación a lo que será dicho en el futuro (42). Con otras palabras, los anuncios de "Binipiquí" no hablan en el vacío sino que muestran cómo el espacio es dinámico, relacional, y está siempre reconfigurándose. La escritura y el espacio son obras en construcción, y están siempre negociando simbolismos complejos.

Con la construcción de la carretera llegan la sincronización del tiempo, lo efímero y la transformación de los espacios sociales. La carretera en construcción asume el papel de una institución posibilitadora y, al mismo tiempo, deshabilitadora de previas interacciones e intercambios. Para quienes la transitan, la carretera puede producir una sensación liberadora y heterogeneizante en la medida que se va llegando a los espacios urbanos, pero también puede interpretarse como ruta disciplinaria y normalizadora, por su inflexibilidad. Ella dicta las reglas del juego, creando un "adentro" y un "afuera": se transita siguiendo las reglas del juego. El teórico social Peter Wagner describe estas dinámicas en *A Sociology of Modernity: Liberty and Discipline* (1994):

> A highway system considerably extends the reachable distance. At the same time, however, it rigidly prescribes not only the permissible paths and access-points but also the micro-behaviour of individuals inside the system, and precludes communication and renegotiation about the rules of such behaviour. Further, it erects a boundary between those inside and those outside and, for example, removes the inhabitants of a village without an access-point further from the other members of society than they had been before. (79)

Con el reemplazo del antiguo régimen colonial mercantilista de España por el gobierno colonial capitalista estadounidense se crean nuevos espacios militares, económicos y políticos. Nuevas líneas divisorias se demarcan y se mapean: las tierras son reapropiadas y redistribuidas; se forman nuevas instituciones (como la iglesia protestante y el nuevo sistema de educación); y nuevas infraestructuras (como la terminación de la Carretera Central), y se establecen nuevas redes de comunicación. Pero debe añadirse que, aunque este nuevo régimen iba "ocupando espacio y produciendo espacio" (Lefebvre 21, traducción mía), la comodificación y la reconfiguración del espacio geográfico no requerían de una población notable de norteamericanos en la isla. Dicho de otro modo: hubo recolonización del espacio sin repoblación. Puerto Rico se convirtió en una región apenas incrustada, si bien con un aspecto distinto y demarcado, en una región económica imperial más amplia o, como expresaría Jaime E. Benson-Arias, "the island constitutes a differentiated part of the United States economic space" (León-Muntaner y Grosfoguel 83).

En el ensayo "La realidad del jíbaro" (*Puerto Rico Ilustrado*, 1937), Meléndez Muñoz describe cómo el *jíbaro* usa la carretera para diluírse en las ciudades:

> Dejaba muy poco detrás en su éxodo: los días sin trabajo y sin pan y el deambular por caminos rurales. Todo aquello que constituyó la sal de su vida fue cediendo para refugiarse, en apartados rincones de nuestras montañas, empujado por el avance continuo de carreteras y caminos viables, de medios de

> transporte rápidos y económicos, por la mutación de usos, modas y costumbres. (*Obras Completas* 159)

Hay una contradicción en este ensayo pues, por un lado, desea concienciar al pueblo sobre la realidad del jíbaro pero, por otro, lo cataloga como una masa de "analfabetos, rotos, descalzos, anémicos y tuberculosos", gente que muta y se propaga como el arroz blanco. Su entrada forzada a la modernidad, su traspaso de los límites divisorios establecidos por la carretera, y su ingreso a una "circunferencia sin segmentos", toman la forma de una *placa de Petri* bajo la mira profunda y melancólica de un microscopio. Esta mirada observa las deformaciones de identidad, las pérdidas irrecuperables de uno mismo que hace de la melancolía una condición no individual sino colectiva que se dispersa a través de los caminos. Pero, ¿cómo este desplazamiento se convierte en un movimiento forzado? ¿Qué papel juega la carretera central en un flujo masivo?

La Carretera Central, como instrumento y aparato normativo del Estado, produce más espacios de autoridad y controla dos de los recursos principales del poder social que existen en el capitalismo: el tiempo y el espacio (Harvey). Como recreador del espacio, el capitalismo necesita de la carretera para facilitar la acumulación de capital. Para las corporaciones norteamericanas radicadas en Puerto Rico, la única manera de lograr la expansión económica es permitir que el capital fluya libremente a través de las arterias principales hasta llegar a los puertos. Meléndez Muñoz muestra esta urgencia con el perpetuo flujo de cosechas a los puertos:

> Lo conciben los gobernadores para vincular y enlazar las dos más importantes y populosas ciudades de la isla. La demanda la quiere nuestro pueblo para crear medios de expansión a su cultura, para extender su comercio, para aumentar su industria, para que su floreciente y prodigiosa producción agrícola se extravase y se vierta sobre toda la isla y alcance fácil y adecuadamente las rutas al mar. (17)

En sus escritos, la metáfora de la carretera la presenta como una ruta de doble sentido que se extiende desde ultramar hasta los campos y que trae, por un lado, cultura y civilización y, por otro, exporta productos. Se crean con ella espacios en los que el conflicto y la desconexión entre los puertorriqueños (y entre los puertorriqueños y el resto del mundo) parecen poder disolverse, dando lugar a un "todo" aparentemente dinámico, armonioso y fluido. Mientras tanto, los partidos políticos se debilitan y los comerciantes —el monopolio comercial— se ven inmersos en una estructura limitada, los hacendados enfrentan conflictos internos cuando se trata de afirmar lealtad a una de las dos metrópolis, y la clase profesional no posee una "vocación hegemónica" en la estructura económica implantada. Por otra parte, a los agricultores que tienen pequeñas propiedades, así como a los artesanos y los trabajadores agrícolas, con un bajo nivel de ingresos y un alto nivel de analfabetismo, se les limita aún más en su acceso a la tierra y al sufragio, disminuyendo su capacidad de tener incidencia social, política y económica. Los personajes estratificados de Meléndez Muñoz no sólo renuncian a partes vitales de su ser dentro de este flujo sino que, además, deben aceptar el hecho de que no podrán guardar luto por esa renuncia.

¿Cómo, entonces, pueden existir armonía y espacios dinámicos bajo un sistema económico que se contradice internamente, intrínsecamente jerárquico y heterogéneo? En la obra de Marx ya se advertía que el capitalismo es un acelerador de la integración espacial en el mercado global, de conquista y de liberación de espacio y, con ésto, de destrucción de ese mismo espacio. Por su parte, Lefebvre caracterizó el tiempo-espacio moderno capitalista como "global, fragmentado y jerarquizado" (282, traducción mía), capaz de destruir a quien lo cree o lo habite. En cuentos como "Niquilasión" y "Amortalisación", el campesino sufre su propia aniquilación y experimenta la imposibilidad de recomponer su historia o guardar luto. El autor muestra la manera en que un flujo no-codificable (en términos deleuzianos), como en el que se presenta en el caso de la movilidad campesina, es finalmente codificado, y cómo el territorio o el cuerpo social son puestos en tela de juicio. Sobreviene un tipo de capitalismo que acentúa el significado del espacio y de sus habitantes —unos que sobreviven y otros que mueren— en este proceso de ocupar y producir más espacio. Las dos historias exponen la dependencia geográfica producida por la acumulación de capital, una competencia espacial de carácter monopolístico justo cuando el jíbaro, al igual que el propietario y el prestamista, sabe que sólo una persona puede ocupar un espacio y que en algún momento deberá ceder el suyo.

Inicialmente el campesino pierde su tierra y su título de propietario, para luego verse forzado a trabajar para el nuevo propietario (quien, a su vez, es deudor de otro dentro de la jerarquía económica) y cumplir con las cuotas exigidas. Cuando se da cuenta de que es inevitable cumplir con las expectativas del nuevo propietario, irremediablemente debe procurar obtener un préstamo y endeudarse. Su inercia financiera se convierte en la movilidad de otra entidad. La ideología del *self-made-man* es un imposible en un espacio que promociona prácticas paternalistas aún antes de que el sistema colonial norteamericano se establezca. El poseedor, que es ahora un desposeído, ya no puede usar la carretera como escenario de la heróica búsqueda de su propia identidad, que se va diluyendo como la carretera en múltiples arterias. Meléndez Muñoz aprovecha la carretera para mapear las conexiones en el rizoma del campesino frente a un proceso de capitalización en continuo cambio, siempre en proceso de desterritorializar, y de producir y aniquilar espacios sociales.

El cronotopo de la carretera

Ya sea como espacio de conflicto, o como escenario de culto, de comercio o de celebración, las carreteras en los cuentos de Meléndez Muñoz crean espacios sociales que van siempre entretejiéndose o, como Lefebvre diría, que se interpenetran y sobreimponen entre sí (87). La carretera va cobrando una función cronotópica, haciendo del entretejido de espacios rurales y urbanos una posibilidad. Por ello, resulta esencial analizar la forma ideológica que esta relación cronotópica adquiere y cómo expresa nuevas afectividades. Podemos recordar a Bakhtin cuando habla de los relatos de aventuras y muestra cómo la narrativa del camino (el cronotopo de la carretera, en nuestro caso) es la vía más efectiva para unificar el tiempo y el espacio en la cultura occidental, señalando que:

> Of special importance is the close link between the motif of meeting and the chronotope of the road ('the open road'), and of various types of meeting on the road. In the chronotope of the road, the unity of time and space markers is exhibited with exceptional precision and clarity. (98)

Mediante la metáfora de la carretera, Meléndez Muñoz representa la modernidad como un conjunto de arterias internas que facilitan la proyección del puertorriqueño como ente universal, más sus posibilidades como humano a través de los encuentros. La carretera es el *medium*, la infraestructura anatómica que hace del problema puertorriqueño uno globalmente visible y legible:

> Y fue así, por estar como separada, cercenada diríamos, la cabeza de su cuerpo por la política colonialista, por el interés exclusivista y sin comunicaciones efectivas que este anduvo desorientado, viviendo en la ignorancia y en la miseria moral, roído por enfermedades que se endemizaron en su naturaleza, sin *capital* en funciones sociales y culturales para regir su existencia. (Meléndez Muñoz 9)

Para lograr claridad con respecto al corte de cabeza, hagamos un acercamiento a la propuesta de Quintero Rivera, quien en *Patricios y plebeyos* (1988) profundiza sobre la controversia entre San Juan y Ponce, y sobre las diferentes relaciones que ambas ciudades tuvieron con el espacio rural:

> En los primeros siglos de colonización española aflora progresivamente el contraste de que, mientras la política metropolitana asume una identidad entre la ciudad murada y la colonia, va cuajando socialmente una tajante división entre éstas. La división se manifiesta culturalmente en forma significativa en el lenguaje. Persistió por siglos una confusión respecto a la nomenclatura de la ciudad y el país, triunfando finalmente lo opuesto a la intención original de la política colonizadora oficial. San Juan fue originalmente el nombre otorgado por la colonización a la isla; nombre que fue atrincherándose sólo en la ciudad murada. Por otro lado, el nombre descriptivo positivo que otorgó la metrópoli a la ciudad –el de Puerto Rico– fue apropiándolo para sí el país. (27)

Mientras que a mediados del siglo XIX San Juan representa la oficialidad colonial, una ciudad amurallada, exclusiva (tanto burocrática como militarmente) y desligada del resto de la isla, Ponce le sobrepasa en población y se convierte en una nueva ciudad con oficialidad agraria, lo cual borra la dicotomía urbano-rural y trae lo rural a la ciudad. Aquellas sociedades culturales, llamadas cimarronas o "de los escapados", que tratan de escapar de la represión económica, política y sociocultural en el espacio capitalino colonial y crean sus propios espacios en el

Ox-drawn tram, Central Mercedita, Near Ponce. Real-photo postcard c. 1910s, T. E. Phipps (attr.). Colección de fotografías de Gleach/Santiago-Irizarry.

campo, fueron incluidas –como subordinadas– en la nueva ciudadanía puertorriqueña y en la "gran familia rural" de Ponce. La isla, regida por Ponce por vez primera, tiene según Quintero Rivera un mano-a-mano con San Juan. Ponce se convierte en cabeza del progreso rural, algo que Meléndez Muñoz obvia al cuestionarse el tema de un Puerto Rico decapitado. Pero este proyecto de país propuesto por Quintero Rivera llega a su fin con la invasión de los Estados Unidos, ya que con el nuevo régimen se reinstala San Juan como sede económica y política, mientras se va haciendo del hacendado una clase extinta y del campesinado independiente un proletariado. Meléndez Muñoz desea reposicionar a San Juan como espacio central que filtrará el progreso al espacio rural a través de la Carretera Central.

En los cuentos, la carretera sube y baja el telón, marca el tiempo y el espacio del acontecimiento. Su función cronotópica llena los espacios vacíos de la historicidad puertorriqueña, conforme se va dando lugar a todos los eventos (Bakhtin 244), y se hace testigo de la construcción de nuevas ciudades, de espacios y de relaciones en la isla. La carretera encierra un argumento sobre Puerto Rico y sus digresiones, y se transforma en un contradiscurso que busca dar cuerpo a nuevos relatos que trascienden coordenadas y relaciones fijas.

Como obra en construcción, la carretera va a la par con la construcción de nociones de época como las de "americanización" y *Americanization*, ya que ambas proyectan cambios en tiempo y espacio y legitiman el flujo de la modernidad. La élite criolla puertorriqueña desea dos procesos en uno: forjar una personalidad latinoamericana que le permita integrarse cultural y espiritualmente a Hispano-América y, a la vez, presentarse ante su metrópoli norteamericana como un pueblo civilizable, con capacidad para ajustarse económica y políticamente al nuevo orden. Según Meléndez Muñoz, la carretera permitiría ambos procesos, traería un flujo y un nuevo ritmo de vida que curarían la "anemia crónica" poniendo el sistema sensorial de la cabeza (el Estado) en función:

> Por algo a la ciudad que se hace rectora de un país se la ha llamado capital: cabeza... Porque su cerebro tiene que recoger las sensaciones que llegan de la provincia remota. Porque sus ojos, sus ventanas, han de abrirse y mirar al monte y a la llanura. Y los oídos percibir el rumor lejano del hombre que trabaja en los rincones apartados. (8)

El cuentista tiene claro que San Juan, como centro privilegiado (la capital) y como fuente de riqueza (el capital), debe estar conectada con el resto de la isla y, por consiguiente, con el mundo.

Para que el capital se acumule necesita circulación, movimiento y nerviosidad. El "sistema nervioso" del Puerto Rico creado por Meléndez Muñoz (aplicando el término de doble sentido de Taussig) se proyecta, por un lado, como fuerza controladora y sistemática y, por el otro, se manifiesta como un sistema nervioso y, por lo tanto, al borde del colapso. Como sistema nervioso, la carretera cronotópica se hace capaz de proveer toda su "instrumentación sensorial para mirar, oír y sentir hacia dentro" (Meléndez Muñoz 9).

Con la alteración de nuestros modos de percepción traídos por la modernidad y sus tecnologías, los autores finiseculares crean nuevos significados para expresar la no-naturaleza de las cosas, ya que para los letrados nacionales los significados creados por la modernidad global no eran siempre los más adecuados. Mientras van hallando nuevos significados, reconsideran su papel particular en la producción de dichos significados dentro de las sociedades nacionales a las que pertenecen. Meléndez Muñoz encuentra sus significados y su papel al proponer la carretera como cronotopo para marcar tres momentos en la historia de la humanidad, entre ellos la modernidad.

> La vereda, el camino y la carretera resumen tres momentos multiseculares en el orden de las comunicaciones terrestres. Por la vereda transita el hombre, y difícilmente las acémilas que utiliza para la transportación. El camino es más ancho, obra de mayores proporciones. Por él transitan los vehículos primitivos. Las bestias domesticadas, sirviéndoles de fuerza motriz, redimirán al *hombre de carga* de la penosa labor que tuvo que ejercer en el transporte de mercancías y frutos. La carretera sólo será superada por los caminos de hierro. Más tarde la aviación habrá de resolver todos los problemas que estos sistemas progresivos de comunicación y transporte orillaron sin hallarles solución. (9)

El autor, así, ajusta lo global moderno a lo nacional modernizable. Para transformar el aspecto no-natural de la carretera, Meléndez Muñoz le otorga la misma la función de naturalizar a Puerto Rico, siguiendo siempre los parámetros que le ofrece la naturaleza:

> Según se va realizando esta obra se incorpora a la naturaleza del interior de la isla, se suma a su paisaje y se integra en su topografía. Si en su trazado atraviesa, sube por una colina, o se enrosca por las laderas de una sierra, parece que no fue el hombre quien la ideara y la construyera sino la misma naturaleza que en mágica función la realizase. (9)

Meléndez Muñoz adecúa la carretera —con mayor amplitud histórica y semántica, la "obra"— a una nueva función, la de hacerla parte del paisaje y otorgarle una puesta en valor. Su escritura no renuncia a la carretera sino que busca articularla con el paisaje y con sus valores, tomando en cuenta que históricamente el camino ha sido una manifestación de sensibilidad. Como estructura notablemente social, la carretera desplaza a las personas por el interior de la isla y las ubica en unos ángulos de aprecio y comprensión del paisaje, un panorama que, el autor insiste, tiene una realidad que debe ser recorrida. Pero, además de reconocer la estética, la sensación del lugar que posee la carretera y su integración escenográfica, sabe que ésta tiene un itinerario muy práctico que cumplir.

La vida cotidiana y el transporte de productos deben seguir transcurriendo según exigencias nacionales-locales.

Con el ingreso de las corporaciones azucareras, los procesos de urbanización y la mercantilización del individuo, los autores puertorriqueños añoran el aura de un pasado idílico: el regreso a la tradición, que establecería una identidad diferencial oriunda de España que contrastaría con la de los Estados Unidos. Escritores como Meléndez Muñoz se valen de máquinas semióticas (Aníbal González) para revalorizarse ante estos acontecimientos y para revertir el valor de cambio que se les ha impuesto hacia el valor ritual del individuo, el valor aurático de unos "mejores tiempos".

El crítico norteamericano Johnathan Flatley, a través de su estudio sobre el mapeo afectivo y la melancolía en *Affective Mapping: Melancholia and the Politics of Modernism* (2008), asegura que los modernistas crean su propia "tecnología estética" para confrontar la modernidad y representar la historicidad de la experiencia afectiva de ellos mismos. En este contexto transicional e histórico (tradición-ruptura-tradición) la tradición y la ruptura se convierten en tema principal de debate en la literatura puertorriqueña de comienzos del siglo XX. La carretera narra, rompe, reconecta la cabeza y el cuerpo, intenta retomar la tradición, provee nuevas perspectivas y muestra otros ángulos del espacio rural. Es simulacro de la recuperación del aura y, al mismo tiempo, una resonancia con la pérdida y, por consiguiente, creadora de nuevos mapas afectivos.

El mapa afectivo de Meléndez Muñoz

Ya se planteó que Meléndez Muñoz construye el cronotopo de la carretera para darle a Puerto Rico una historicidad adecuada a las funciones intelectuales de producción de significados nacionales. Desde el comienzo de *Cuentos de la Carretera Central*, concibe esta historicidad como sucesión de experiencias de pérdida y ausencia en diferentes aspectos: la ausencia de un letrado puertorriqueño que historice la carretera, la pérdida del campesino en el proceso de convertirse en ente moderno y la inhabilidad para enlutar su muerte. Meléndez Muñoz se da a la tarea de emplear la carretera para rastrear viejos afectos creados bajo el dominio español y, a la vez, generar nuevas ediciones de esos afectos; una estrategia que de alguna manera se puede entender mejor al compararla con expresiones como la siguiente:

> By way of these affects, the world, and indeed history itself, makes its way into aesthetic experience. Affect is the shuttle on which history makes its way into the aesthetic, and it is also what brings one back from the work into the world. (Flatley 81)

El afecto como vehículo, en *Cuentos de la Carretera Central*, va recorriendo el terreno compartido en el acto de la escritura, ayudando a Meléndez Muñoz a montar el escenario para exponer sus estrategias estéticas, para hacer así una representación de la historicidad de la experiencia afectiva del lector que él pretende representar desde su posición intelectual como mediador sociocultural de la identidad nacional. En su función anti-depresiva, la experiencia estética y positiva de la melancolía en Meléndez Muñoz le permite a ese lector "nacionalizado" encontrar un sentido de pertenencia en la pérdida, en los puntos ciegos, en la ruina.

El naturalismo de Manuel Zeno Gandía ya nos había presentado a los puertorriqueños como entes "velados con frecuencia por la melancolía" (*La Charca* 14). En la década del 30, Antonio Pedreira diagnostica la sociedad puertorriqueña como un colectivo neurótico, melancólico y deprimido a causa de la insulación territorial, mientras René Marqués la define en términos de su melancólica fragilidad. En nuestros tiempos, Edgardo Rodríguez Juliá (*El entierro de Cortijo* [1982]) y Eduardo Lalo (*donde* [2005]) continúan elaborando los elementos de la pérdida y el duelo en el sujeto puertorriqueño. Este acercamiento melancólico de Meléndez Muñoz nos ayudará a definir las contradicciones de la Carretera Central ya que, conforme se va construyendo y conectando a Puerto Rico con el resto del mundo, se hace imposible llenar los huecos socio-culturales que diagnostica nuestro autor. En el caso de Meléndez Muñoz, no sólo se quiere producir una experiencia afectiva en el lector sino, además, lograr que el mapa narre la producción del lector que su propio enfoque requiere. Flatley afirma que un problema político, previamente opaco e invisible, puede ser transformado en algo digno de nuestra atención:

> This transformation can take place, I argue, not only because the affective map gives one a new sense of one's relationship to broad historical forces but also inasmuch as it shows one how one's situation is experienced collectively by a community, a heretofore unarticulated community of melancholics. (4)

Meléndez Muñoz toma la carretera para darnos ese nuevo sentido de nuestra relación con las fuerzas históricas, para visibilizar las experiencias antes no articuladas. El cronotopo de la carretera comienza siendo localizable y estático pero, según se van contando las historias, deja de ser un centro homogeneizante y fijo para convertirse en un tiempo-espacio excéntrico y relacional, mostrando la indefinibilidad y lo oblicuo de cierta tipología puertorriqueña:

> No he podido ubicarlos, como hubiera sido mi deseo, en los últimos años del siglo pasado. Porque no existe obra alguna en nuestra bibliografía que recoja y anote hechos, sucesos –el dato histórico o la narración real, o imaginaria, ficción–, en fin, la tradición escrita sobre el magno acontecimiento que significa en la vida de nuestro pueblo la Carretera Central, desde que comienzan y se terminan sus obras y en el desarrollo de su construcción. (Meléndez Muñoz 32)

Meléndez Muñoz propone un mundo totalizador como el que crean Ureña y Rodó, pero su gesto de síntesis y de agrupación no logra producir cierre sino algo más enriquecedor. El autor crea a través del cronotopo errante de la Carretera Central un mundo de lo que entra y de lo que no entra en esa totalidad. En Puerto Rico, por su situación tan contradicha, las relaciones complejas que se forman en *Cuentos* echan a perder ese cierre que intenta realizar Meléndez Muñoz. No le queda más remedio que crear aberturas para la vaguedad y la imprecisión, para lo que falta y para lo que excede.

Glissant atribuye esta oblicuidad al Caribe, definiéndola como expresión de una cultura compuesta que pasa por el filtro de la *creolité*, un proceso de diversidad relacional que construye al ente caribeño mediante relatos de digresión, digénesis y errancia (18). De acuerdo con Glissant, la cultura caribeña, marcada por la Trata Atlántica, es por naturaleza rizomática, nomádica y relacional (11-13, 16-18). Homi Bhabha, en *The Location of Culture* (1994), también habla de la naturaleza orgánica, diferencial y siempre cambiante de las identidades, señalando que:

> The representation of difference must not be hastily read as the reflection of *pre-given* ethnic or cultural traits set in the fixed tablet of tradition. The social articulation of difference, from the minority perspective, is a complex, on-going negotiation that seeks to authorize cultural hybridities that emerge in moments of historical transformation. (2)

Las redes rizomáticas y las oblicuidades se relacionan con esta explicación: "The revisable rhizomatic affective map not only gives us a view of a terrain shared with others in the present but also traces the paths, resting places, dead ends, and detours we might share with those who came before us" (Flatley 7). Para llegar a lo que cataloga como el devenir del sujeto caribeño, Glissant en su *Tratado del Todo-Mundo* presta gran atención a las líneas ramales, al hilvanaje de nuevas fibras, a los puntos de entrada y salida, a lo complejo, a lo opaco y a la multidireccionalidad de las relaciones (27).

No pretendo adjudicar a la carretera de Meléndez Muñoz una proyección igual, ni mucho menos que anticipe la de Glissant, sino proponer una lectura del texto que nos ocupa a partir del pensamiento posterior del martiniquense, más atento a digresiones y aperturas, para enriquecer y problematizar la lectura del puertorriqueño. La carretera de Meléndez Muñoz adquiere en ciertas instancias una estructura ramal un tanto comparable a la de Glissant pero, en lugar de valerse de la Trata Atlántica como punto de partida en la historicidad, Meléndez Muñoz se limita al encuentro entre dos regímenes coloniales (nuevamente, tradición-*ruptura*-tradición):

> La época que enmarca su acción –medio social, ingredientes anecdóticos, pasión y vida de sus personajes– es el período de transición, de fuga desordenada y de tímida evasión de nuestra personalidad; de vergonzoso ocultamiento de nuestros sentimientos y de inexcusable renuncia a nuestros atributos de pueblo culto y civilizado, que ocurre a raíz del cambio de soberanía, y se impone y prima en Puerto Rico durante algunos años. (Meléndez Muñoz 10)

El punto de ruptura de la memoria y de la fragmentación de colectividades viene no con héroes sino con fugitivos. Esta "fuga desordenada", o escape caótico de una realidad insatisfactoria, es lo que para sociólogos como Quintero Rivera hace del Caribe una sociedad de escapados (*Patricios y plebeyos* 28-30). En los cuentos de Meléndez Muñoz hay conmemoraciones de pérdida, manifestaciones de melancolía, espacios-tiempos de no-eventos y de no-traumas (Díaz-Quiñones 91), más la formación de relaciones e identidades esporádicas. También momentos de impermanencia, de *performance* y de opacidad que llevan a la creación de personajes maleables:

> De esta tipología, de sicología accidentada y extravagante, de mañosas habilidades para plegarse a la vida y extraerle sus jugos nutricios, de conducta sinuosa y flexible y de actitudes desconcertantes por su pasmosa oblicuidad, van surgiendo los personajes y recreándose los hechos –casi históricos por tradicionales– de estos *Cuentos de la Carretera Central*. (Meléndez Muñoz 32)

Para Meléndez Muñoz, estos personajes recrean fragmentos de tradiciones, fragmentos de eventos que devienen "casi históricos", como él mismo señala. El autor acepta la opacidad de sus identidades y el ambiente melancólico producido por la misma carretera:

> La arquitectura de estos cuentos, la ensambladura de sus personajes principales y de sus criaturas subalternas con el medio social de su época, se cimentan en vagas e imprecisas tradiciones, o referencias orales, y en impresiones y observaciones personales que trazaron huellas permanentes en la pubertad de mi memoria. (32)

La carretera se convierte en máquina de auto-aislamiento paradójico que establece relaciones basadas en la pérdida. No obstante, en una pérdida compartida.

Los afectos y la espera

En la primera sección de su texto, introductoria de sus historias, Meléndez Muñoz presenta dos realizaciones importantes: 1) construye el podio desde el cual media entre el pueblo y el Estado y, 2) invita a

On the road between Ponce and Juana Díaz. Detail from real-photo postcard c. 1940, José Rodríguez Serra, Ponce. Colección de fotografías de Gleach/Santiago-Irizarry.

su lector a distanciarse de sí mismo y a hacer su lectura parte del proyecto melancólico. Comienza por crear su experiencia estética conectando los diferentes tipos de personajes que emergen con la construcción de la carretera y describiendo, en particular, el carretero y el cochero, así como las cadenas o coplas que éstos cantan mientras transitan por la Carretera Central. Estas canciones, heredadas de antiguos cocheros, tratan "motivos e incidentes de su vida, (y son) relativas a las privaciones y a las torturas anímicas que les imponía su oficio"(29). Las cadenas hacen algo más que mantener a los cocheros y a los carreteros despiertos durante la noche: transfieren afectos, convirtiéndose en mecanismo poético para expresar su resentimiento frente a un progreso que les ha fallado y para canalizar su pesar o, lo que llamaría Flatley, su "depresión no-resistente" (149). "La vida del carretero.../es anda, más anda que corre,/ siempre caminando, el pobre,/para que nada le sobre" (30). Es una vida que se convierte en dar vueltas y marchar *en ralenti*, en una (no)historia de nunca terminar, en una obra siempre en construcción comenzada literalmente por los prisioneros en cadenas, a quienes irónicamente no se les permitía transitar la carretera que construyeron, y continuada por los cocheros desilusionados, desposeídos y prisioneros de su destino. Si ser moderno implica desasociarse uno del pasado, estas cadenas o coplas no le permiten al campesino entrar a la modernidad, por la atadura al pasado y por la acumulación de pérdidas.

Señala Meléndez Muñoz que estas coplas, no suscritas a una métrica particular, son actos improvisados basados en imágenes fragmentadas que le facilitan al cochero hacer puente entre mundos pasados, presentes y futuros, además de crear una suerte de colectividad tomando las expectativas frustrantes como punto de comunidad. Nuevamente Meléndez Muñoz recrea el tipo de "tiempo vacío y homogéneo" vinculado por Benjamín con la conexión lineal de los tiempos. Meléndez Muñoz insiste en que estos cantos, inspirados por el "monstruo de los ojos verdes", expresan una sospecha: "No cojas la mala maña/de dejar sola a tu doña,/porque si fuera... miedosa/tendrá que buscar compaña" (30). Como cochero, heredar fragmentos de cadenas supone conmemorar la desafortunada e intranquila vida de sus predecesores, servir su cadena perpetua. Se dan dos registros temporales en estas cadenas: el de los fantasmas, o antiguos cocheros, y el de la muerte inminente y la conversión de los presentes cocheros en fantasmas. Ambos registros son herramientas poderosas para reanimar su opresión y su duelo, exhibiendo la experiencia de la modernidad tanto evocadora como trágica. La carretera posibilita la condensación del tiempo y la marcha del pasado por el presente. En su análisis de los cantos de dolor en *The Souls of Black Folk* (1903) de DuBois, Flatley señala que:

> The particularity of the sorrow songs stems not only from their ability to articulate a past with a present but also from their flexibility, which enables them ("the sifting of centuries") to contain an accumulation of pasts [...] In each singing of a Sorrow Song, past sufferers are resurrected, and through them history itself. (152-53)

La inserción de las coplas en Meléndez Muñoz representa la naturaleza residual en la historicidad de Puerto Rico, ya que: "Esas coplas desaparecieron con los carreteros y sus auxiliares. De ellas se conservan aún fragmentarias reminiscencias que apenas consiguen ofrecer una vaga idea de su valor *folklórico*" (Meléndez Muñoz 29). Asimilar estos cocheros a un residuo folklórico perpetúa una hegemonía. Es precisamente esta naturaleza residual de las cadenas lo que las hace parte de la composición del proyecto melancólico de Meléndez Muñoz. El residuo estilizante arrastrado en las cadenas logra de cierta manera historizar el acontecimiento, en este caso de un modo presuntamente más adecuado al régimen afectivo elaborado por la élite mediadora de lo nacional. Ricœur menciona que "la obra de estilización toma la forma singular de un acuerdo entre una situación anterior que aparece repentinamente desecha, no resuelta, abierta, y una conducta o estrategia que reorganiza los residuos dejados por la estructuración anterior" (*Del texto* 102). La función estilizante de las cadenas, las conexiones entre cocheros y el texto escrito, y su desaparición como tradición, ponen el texto de Meléndez Muñoz en acción y crean nuevas ediciones de viejos y fragmentados afectos.

Meléndez Muñoz lleva a que el lector se enfoque en las historias y las historicidades ausentes, en la pérdida que le precede, le sucede y excede al individuo, sobre todo en los espacios en blanco que dejan los fragmentos orales en el contexto de la modernidad:

> Cambia el régimen colonial. Se precipita y se desborda el progreso en la isla. El maquinismo invade todos los ámbitos de nuestra actividad creadora. Se asfalta la Carretera Central, se rebajan sus altos taludes... Claman agudas las sirenas de los autos, piafan bajo sus arneses metalicos los caballos de fuerza (diez, veinte, cuarenta) enjaezados en una pequeña cabina de acero y latón, el *driver* oprime el acelerador... y el coche y la carreta, y los cocheros con sus *cadenas* y sus consejas desaparecen para siempre sin que artistas, poetas o escritores, recojan en la pintura, en el poema o en la narración de sentido tradicional, el itinerario de su tránsito en la vida de la colonia. (31)

El asfalto trata de sellar, de llenar los huecos del Sistema, de tapar sus fracturas, de suavizar superficies, de aguantar un peso mayor, de desinfectar y actualizar a un Puerto Rico obsoleto y arcaico. El pasado y el futuro se convierten en un continuo presente que espera y aguarda en la condición moderna. Al cochero no le queda más remedio que cantar-contar su memoria fragmentada sobre la carretera. Cantar-contar es estar en la espera y en vigilia: "Caminando por el mundo pasa la vida cantando, de claro en claro velando sin descansar un segundo" (30). Este acto melancólico es marcado por la ausencia de posibilidades y de respuestas, y por una carretera que le sirve como reloj en su espera de algo que quizás llegue o no llegue, sin saber cuándo ni dónde.

La fragmentación y el carácter incompleto de los personajes determinan que los *Cuentos* estén en suspensión, produciendo un espacio de *erwarten*, una sala de espera. La construcción de la carretera facilita la descontextualización y la recontextualización del campesino y, por tanto, establece nuevas relaciones en el mapa melancólico de Meléndez Muñoz.

La espera (*expecting* o *Erwarten*) que nos define Heidegger en *Being and Time* (2006), es abierta, posibilitadora y esperanzadora:

> To expect something possible is always to understand it and to 'have' it with regard to whether and when and how it will be actually present-at-hand. Expecting is not just an occasional looking-away from the possible to its possible actualization, but is essentially a *waiting for that actualization* [*ein Warten auf diese*]. (262)

En este encuentro espacio-temporal de la espera los personajes de Meléndez Muñoz se tornan indexicales: "Surgirá de sus páginas el mismo pulpero, en apariencia, con nombres distintos o diversos remoquetes, el mismo jíbaro para la apreciación superficial y otros tipos de menos relieve en la acción, con equívoca semejanza" (Meléndez Muñoz33). Su indexicabilidad los mantiene firmes en virtud de una conexión existencial. Como fractales, estos personajes se convierten en una fuerza repetitiva, en un índice histórico. Pueden verse los puntos de contacto entre el personaje y el objeto, que puede ser la carretera, o la modernidad misma, en la medida que aquél o ésta son afectados por ese objeto. Así como el jíbaro aguarda su aniquilación, los personajes de Meléndez Muñoz son capaces de articular su tristeza y su desencanto en un contexto histórico, enmarcado en este caso por la carretera.

Esperar es, entonces, convertir lo posible en una realidad. Los personajes esperan (pasivamente/*warten*), pero también están en la espera de (activamente/*erwarten*) algo. Cuando la modernidad llega como movimiento impuesto, el sujeto colonial puertorriqueño –en la obra de Meléndez Muñoz– pierde el control de su destino. Lo que le resta es esperar a que las posibilidades o las imposibilidades se realicen. La repetición, como hemos examinado en las cadenas y en las iteraciones del jíbaro a través de los *Cuentos*, se convierte en parte de la espera, de la ritualización del duelo incompleto, de la realidad caribeña; una realidad que, de acuerdo con Benítez Rojo, "se repite incesantemente –cada copia distinta–, fundiendo y refundiendo materiales etnológicos como lo hace una nube con el vapor de agua" (9, traducción mía). Meléndez Muñoz habla de la importancia de estas iteraciones:

> Tal vez el oyente demasiado sensible, o el lector muy suspicaz, hallen en estos cuentos algunas repeticiones en la presencia y las actitudes de sus personajes centrales. Surgirá de sus páginas el mismo pulpero, en apariencia, con nombres distintos o diversos remoquetes, el mismo jíbaro para la apreciación superficial y otros tipos de menos relieve en la acción, con equivoca semejanza. (33)

El auto-extrañamiento

Aún con sus repetidas apariciones en el texto, el campesino puede llegar al punto de despersonalizarse, pues no logra re-apropiarse del mundo:

> En su complexión física, en su alma, en sus actitudes, en la expresión de sus ideas y de sus emociones, manifiesta, con resignación extraña, que entraña íntimo acento de rebeldía potencial, toda la triste realidad de su vida y la graduación monocorde de sus fracasos: –Primero, me *niquilaron*. Después, me *aprimoré* y agora estoy *amortalesiendo*. (Meléndez Muñoz 126)

Esta aniquilación es la tragedia que Meléndez Muñoz encuentra para exhibir el distanciamiento dentro de su experiencia estética. La "*niquilación*" es, probablemente, la acepción en el jíbaro que se siente *liquidado*. En términos financieros, la liquidación se conoce como el proceso por el cual una sociedad o una persona económica terminan su existencia legal, lo que resulta en la repartición de activos remanentes entre los diversos deudores. En otras palabras, el jíbaro se liquida o *niquila*, se convierte en dinero. Luego de la *niquilación*, el jíbaro se *aprimora*, o se percibe como la cantidad ofrecida al cederse un negocio antes poseído. El jíbaro es la aseguranza del bienestar de su patrón; se *aprimora* para luego *amortalecer*. La amortización es definida como la depreciación que experimentan los bienes de activo flujo, como las maquinarias y las propiedades, ya sea por razón de uso o por el transcurso del tiempo. El jíbaro, claro está, se siente cancelado y depreciado debido a su desgaste y su obsolescencia, tomando tres términos financieros y creando sus acepciones de acuerdo con su realidad: su muerte.

Luego de la invasión del 98, se incorpora una política económica en la isla que conduce a una economía de plantación para la cual se requiere la expropiación de tierras. Esta economía se implanta legalmente de varias formas, según estudia Quintero Rivera: forzando a los tenedores de tierra a vender, creando una crisis de empleo en la industria cafetalera que obligue a la mano de obra a trasladarse a los campos azucareros y limitando el sufragio. Excluir a la clase hacendada –mayormente la cafetalera– de la toma de decisiones políticas y económicas también facilita este proceso de expropiación. En 1910 las corporaciones ausentistas norteamericanas ya poseían el 62% de los espacios azucareros (Quintero Rivera 71). Ni se diga lo que ésto implica para aquel campesino agricultor, que ha sido completamente despojado de su tierra pero que, a la vez, forma parte de ella a la hora de ser redistribuida.

Leer cuentos trágicos como "Niquilasión" y "Amortalisasión" nos recuerda las reflexiones de Ricœur sobre la literatura, su aserción de que la ficción es el camino privilegiado para la redescripción de la realidad, y el planteamiento según el cual el lenguaje poético aporta un efecto constructivo en la *mímesis* de la realidad. La tragedia del jíbaro es mimética y, por ende, poética. Mientras el personaje encuentra consuelo al distanciarse y ver su propia tragedia, el escritor encuentra consuelo tomando distancia entre la obra de arte y la vida, pretendiendo que la tragedia no le ocurre a él sino al personaje. En sus *Cuentos*, a través de una colección de ceremonias de recordación, procesiones y conmemoraciones de un pasado idílico venido a menos, la tragedia se reanima para lograr el distanciamiento. Para ser más específicos, el distanciamiento teatral y el espiritismo son en varios de los relatos de Meléndez Muñoz el mecanismo para mitificar, reconstruir, conmemorar y llegar a la catarsis.

Auto-extrañamiento a través del distanciamiento teatral

Como señala Ricœur, el escritor, capaz de auto-distanciarse por el mero proceso de la composición literaria, objetualiza el texto convirtiéndolo en una entidad autónoma que le permitirá al lector recontextualizarse dada su situación, cualquiera que sea. Meléndez Muñoz, quien se reconoce él mismo en el cuerpo de sentimientos de tristeza y melancolía, se vale del *Verfremdungseffekt*, o efecto de alienación, para crear el extrañamiento requerido por Flatley para comenzar la construcción de su mapa afectivo.

Así como la filosofía ricœriana describe la distancia necesaria entre autor y lector, el teatro brechtiano muestra la importancia de producir una distancia entre el actor y la audiencia para comprender la realidad. Este *V-effekt* (Jameson, *Brecht and Method* 84) le permite a la audiencia despegarse emocionalmente del personaje para interpretar y agarrar el mundo, para ver el texto como objeto espectacular. En relatos como "Los acróbatas llegan...", "Navidad y Reyes" y "Don Carnaval", entre otros, el distanciamiento teatral es convertido por Meléndez Muñoz en técnica para posicionarse tanto él como sus lectores fuera del drama del campesino, y para producir entonces la melancolía necesaria para crear nuevas versiones de afectos. Pero para que el individuo lo viva como experiencia estética, debe cumplirse el encuentro cronotópico entre el *Verfremdung* (el aislamiento objetivante) y el *Zugehörigkeit* (el sentido de pertenencia) que propone Gadamer. Vemos que dicha conciliación entre ambas experiencias es imposible, pues no hay forma para estos personajes de apropiarse de una tradición pasada. En otras palabras, el individuo no puede sobrepasar su *Verfremdung* al no poder integrarlo a su *Zugehörigkeit*.

En el cuento "Los acróbatas llegan...", por ejemplo, Meléndez Muñoz insiste en que

> aquel desfile me impresionó tristemente. Me trajo recuerdos de mi infancia en tiempos en que la acrobacia se hallaba limitada a los circos y la ejercían profesionales del arte de la gimnasia, atrevida y desconcertante, y no había invadido la política ni la vida de relación social. (127)

Con este despegue, Meléndez Muñoz preserva el simbolismo y el conservadurismo de estos tipos de *performances* ambulantes, manteniendo intocable la percepción selectiva del movimiento perpetuo de los acróbatas, de los personajes del circo y de los objetos aislados de afecto que traen consigo. Así mismo, aprovecha que los intérpretes (*performers*) mantengan distancia de su mundo, que se queden en un afuera de su humanidad y dentro de un mundo ilusorio, para así él poder textualizarse en él. Meléndez Muñoz quiere ser transformado, pero se va percatando de esa imposibilidad, ya que el espectáculo enmascara una ausencia de realidad y lo único que puede hacer es sobrellevar la experiencia moderna de una realidad fragmentada. Es quizás el relato que más directamente nos lleva a la experiencia moderna. El antropólogo Yoram Carmeli, en su análisis sobre las *performances* ambulantes, define los límites de este orden moderno fragmentado y señala la necesidad de la *performance* para hacer tangible la totalidad de uno y mantener un sentido de mismidad en un mundo cambiante:

> My argument thus further suggests that while the time-less "reappearance" of the circus in town is constituted to convey the sameness (that is, the identity) of the circus, it is the discourse constituting its absence which establishes circus realness, a realness of which the time-less reappearance is conceived of as a sign [...]. Thus, the act of reifying the circus's absence is at the root of the reification of its own realness. It is here that reappearance is made into 'coming back again' from other places and towns, that circus 'pseudocycles' are reified, that the contexts community' and 'order' are experientially tied. In a world of simulacra realness is reified through the public's disclosure of the circus as a sign which signifies itself. The 'circus traveler' is thus constituted as establishing its own proof, as self-evident. The circus is constituted as denying its own performance. ("Text, Traces and the Reification of Totality" 198)

Como niño espectador, Meléndez Muñoz ve estos *performances* ambulantes como parte de la tradición, perdiéndose en el espectáculo de su propia imagen, concretizándose y creando su propio *imago* a través de la función de los acróbatas. Bien puede estar construyendo estos carnavales y circos como objetos distantes para dar una mirada a la ritualizada identidad humana, mientras *performa* su exclusión del mundo y su aislamiento hacia una comunidad cerrada y marginalizada. Ahora bien, como hombre moderno, todo lo que puede concretar Meléndez Muñoz es la ausencia del circo por motivo de las nuevas interconexiones competitivas introducidas por la carretera. La distancia, el apartamiento y la inaccesibilidad de la *performance* del viajero, y el actual lamento por la liquidación de las distancias por causa de la carretera, contribuyen al proceso de extrañamiento en el autor y a la producción de melancolía. El efecto de alienación toma ya lugar en la *performance* del viajero, un espectáculo que, según Carmeli, está definido por sus fronteras y por la objetización de la totalidad de la vida. Pero, de modo interesante, Meléndez Muñoz se sitúa como viajero de esa misma carretera desde el comienzo del relato: "Hallándome de paso en un pueblo de la isla, llegó a él una pareja de acróbatas de circo" (127). Y, así como el circo ambulante está en constante vaivén, Meléndez Muñoz nunca está realmente *ahí*, solo, por un par de horas o días, como mucho. ¿Significa ésto que el autor-narrador no puede tomar parte de lo real, o que simplemente llega al pueblo como espectador de las masas que siguen a los acróbatas?: "Todo aquel conjunto extravagante y vulgar –los acróbatas, la música y la turba vocinglera– tuvo para mí el aspecto de un símbolo en su ocaso" (128). Meléndez Muñoz no se sitúa ni con el pueblo ni con los llamados "artistas de un arte en decadencia" sino en una categoría temporal y espacial aparte, algo que se contradice luego en la historia:

> Cuando salimos del acto sentí deseos de comunicarme con los acróbatas para hacerles algunas observaciones porque, después de todo, todos somos artistas: estos pobres diablos que saltan y se dislocan los músculos y ejecutan gimnasia suicida y nosotros, los que hacemos arte, en prosa o en verso, y realizamos la gimnasia de las ideas, ante la indiferencia del público y en la inanidad de nuestra vida. Todos buscamos el aplauso y la adhesión de nuestro pueblo. (130)

Pero, ¿a cuál *nosotros* se refiere al decir "cuando salimos del acto" y "todos somos artistas"? Por un lado, el autor desea formar parte de esta comunidad marginalizada, pero a la vez se distancia al examinar sus actuaciones. Intenta observarla como punto indexical de la historia: "Es índice de regresión a los tiempos de la cultura greco-latina en que el culto a la belleza, a la fuerza y al deporte primaban tanto como las artes de más sutil espiritualidad: la Música, la Pintura, la Escultura, la Poesía [...]" (128). Su melancolía aumenta mientras se topa con algo que había perdido: su idea de *tradición*.

En este espacio de la carretera las *performances* ponen en movimiento los imaginarios, creando al mismo tiempo límites de realidades. Para nuestro autor-espectador, el circo ambulante ha perdido su aura. Su empeño es por revalorizarse como artista dentro de su condición moderna, por no perder del todo el valor ritual y el valor aurático de "mejores tiempos". En un punto dado, Meléndez Muñoz no simpatiza con la idea de los acróbatas que llegan al pueblo en carro (artefacto moderno): "La turba callejera coreaba la música y el automóvil que conducía a la pareja apenas podía avanzar entre el gentío" (127). Este "espectáculo de una regocijante y trivial vulgaridad" (127) se contrasta con los tiempos en los que los *performers* ambulantes llegaban a los pueblos por otros medios. No sólo él ve a los acróbatas como "artistas de un arte en decadencia y en crisis" sino que también devela la identidad de ellos como campesinos, refiriéndose, por ejemplo, a una *performera* como "Severiana Pérez", quien lleva el mismo nombre del protagonista de su primer relato, "Binipiquí". Es la aparición estelar del campesino de quien advirtió Meléndez Muñoz que reaparecería en sus *Cuentos*, sólo que esta vez la campesina realiza un extrañamiento brechtiano de su papel y el autor se asegura de que ella entienda su posición:

> Usted, señora, las señoras primero, tendrá la desgracia de llamarse Severiana Pérez, o Rivera, o Martínez, y habrá nacido en el barrio del *Gandul abierto*. Y cuando hizo las primeras maromas en su pueblo, el *lisensiao*, el *dotol*, el boticario y todas las notabilidades municipales, exclamarían a coro, socarronamente: '¡Eh, mira a Severiana dando saltitos, ya se cree que es una artista de veras...!'. (130)

El proceso de Meléndez Muñoz de hacer que la campesina se distancie y se vea objetivamente es melancólico tanto para ella como para él:

> Si se mata usted en gran ciudad, le trasladarán a su pueblito y acompañarán su triste cuerpo, inerte y destrozado, algunos grupos de admiradores y fanáticos [...] y tendrá usted, después de muerto, coronas, ramos, epitafios, versos y cascote literario en tal cantidad que si fuera usted a resucitar no podría levantarse de su tumba, cubierta toda de ese simbolismo huero, pero copioso, de amor a nuestros grandes hombres [...]. (131)

Es irremediable el que él se vea en estos acróbatas y que se incorpore al mapa afectivo. El autor se realiza como artista moderno distanciándose de su propia muerte, y observándose como si no la estuviese sufriendo él sino otra *persona*. Emergen la intuición y el temor de que el papel de intelectual colonial no sea muy diferente del de Severiana. En el extrañamiento y la desrealización de ella se esboza el propio extrañamiento de la figura intelectual que pretende interpretarla. Tomar en consideración las técnicas de distanciamiento teatral, que en algunos aspectos coincide con el postulado de Brecht, más el mapeo afectivo de Flatley mientras se hace una lectura de Meléndez Muñoz, ayuda a ver desde un nuevo ángulo el proyecto melancólico como uno en el cual la *performance* produce extrañamiento.

El relato "Navidad y Reyes" es la historia de un colectivo de melancólicos observándose ellos mismos en el espectáculo de conmemoración de tradiciones perdidas. La reconstrucción de la Epifanía (o el acto de *reyar*) produce aquí una bilateralidad de espacios sociales unidos por la carretera. Esta "concurrencia de dos civilizaciones", que según Meléndez Muñoz lleva a "la práctica de infinitas duplicidades", incita al puertorriqueño a crear espacios de diferenciación, fusionando las festividades españolas con la celebración de Santa Claus, y con las del día de Washington, el de Lincoln, el 4 de Julio, y el Día de Acción de Gracias (116). Esta reconstrucción estratégica logra una homogenización de la sociedad puertorriqueña de acuerdo con su auto-imagen extrañada, una puesta en escena del actor popular necesaria para la guerra cultural prolongada. Como resultado, el autor obtiene, en cuanto sujeto intelectual articulado a la élite criolla, una posición favorable para negociar la hegemonía como *intermediario de la diferencia* (tomado de mis notas en una de sus clases, Duchesne-Winter 2009). El narrador tiene claro que "todos estamos contestes en que el Niño-Rey debió nacer por esta fecha, porque todos somos cristianos. Aunque cada uno profese la fe de Cristo a su modo" (117). Esta aserción implica una automática exclusión de aquellos sectores no-cristianos del *pueblo*, una consecuencia de la homogenización.

Comienza a verse un movimiento colectivo de la vecindad en las calles, un espectáculo de cultura hispana y la reproducción teatral de un espacio social tradicional en el siguiente orden de aparición:

> Adelante los músicos que portaban instrumentos musicales del país: tiples, cuatros, bordonúas, guacharos, maracas y guitarras españolas. Después, el grupo de cantores y a retaguardia la masa heterogénea de hombres, mujeres, adolescentes y niños de todas edades. (118)

Este desfile crea vínculos entre "viejas amistades", retoma "olvidados lazos de consanguinidad", y más encuentra lo ancestral. *Trullar* en estas calles es, para Meléndez Muñoz, una fuerza de movimiento que afirma la identidad hispana como parte del anteproyecto de modernización que responde a la experiencia puertorriqueña y que contrasta con la cultura norteamericana que aparenta tomar territorio:

> Nadie, voluntariamente, se quedaba en su casa y era muy natural encontrar en aquellas *trullas* ancianos paralíticos que caminaban en andas de sus familiares, o amigos mancos, que no lo estaban de la boca para comer y beber todo lo que hallaban en su camino; cojos ebrios que realizaban verdaderas proezas de equilibrio y ciegos y tuertos cuyas potencias olfativas y gustativas sustituían sus deficiencias visuales. (119)

Los "parrandistas reyadores" deben reposar en algún punto de la producción de este espacio, y su único medio posible es tomando refugio, asaltando otro espacio, produciendo un flujo orquestado y protocolar: "Los directores de aquel *movimiento* regocijado poseían un olfato especial para caer, con su parranda y sus apetencias, en lugares en que abundaban los manjares del tiempo y era proverbial la cordial hospitalidad de los posibles anfitriones" (118). El autor señala que no sólo la trulla es orquestada sino también la construcción de la casa asaltada, ya que se basa en la premisa de que las trullas van a tomar lugar en ese espacio, "como si hubiera prevalecido en el pensamiento de sus constructores la idea de destinar en ellas el sitio más extenso para que pudiese albergar la *trulla* más numerosa que llegara a sus puertas" (119). La carretera y la lluvia sirven para que este flujo de pies descalzos siga su rumbo:

> Con aquella lluvia los caminos, nuestros viejos e inverosímiles caminos vecinales, siempre abandonados, ayer como hoy, se hallaban *entransetales*, como decía don Alejo Montilla, un viejo y contumaz reyador. Y las trullas, bajo esa lluvia pertinaz, repechaban cuestas pinas y bajaban por pendientes y vericuetos, convertidos en regatos y retuertos que afluían a alguna quebrada o río próximos. (119)

La lluvia marca el ritmo de la parranda, pero licúa el espacio haciendo posible que el humano tome una forma rizomática. Y ya cuando la parranda entra en el espacio de la casa, otro espacio se ensaya mientras *performan* el *asalto*. Los músicos se acomodan en primera fila de los escalones, mientras el coro les rodea y las primeras notas del aguinaldo cantan la llegada de los Tres Reyes Magos:

> Buenas taldes tengan
> en este lugal
> Anuncian los tiempos
> que no hay más remedio:
> Los tres Reyes Magos
> van a caminal:
> Primero Melchol,
> Gaspal en el medio,
> y en su gran camello
> sigue Baltasar [...] (120)

El espacio social producido es uno ya ensayado en relatos cristianos, "en nombre y por mandato de los Santos Reyes, que autorizaban toda clase de efusiones y de atropellos al convencionalismo y a la cortesía, hipócrita y enfadosa" (121). Como producto del régimen colonial español, la cristiandad se convierte en fuerza legitimante que hace casi imposible y hasta pecaminoso el no recibir la parranda. Es también un mecanismo de diferenciación y de autoafirmación a la hora de contrarrestar las modalidades norteamericanas entrantes con los nuevos mercados e instituciones. Dicha recreación del espacio social, "el nuestro, auténtico, de raigambre hispánica", se sitúa bilateralmente contra el "nuevo, el norteamericano, que ya se ha aclimatado: *Christmas*" (117). Se puede apreciar cómo estos mecanismos producen desplazamientos, pero a la vez negociación; mientras en la típica competencia espacial de carácter monopolístico dos competidores no pueden ocupar el mismo espacio, aquí lo comparten.

El conflicto de clase se ritualiza en el relato "Don Carnaval", en el momento en que se presenta el altercado entre la clase obrera y el Estado. Meléndez Muñoz destaca la naturaleza conflictiva del carnaval según concursa por espacios sociales tradicionales y se dificulta hallar un punto de partida en su discurso de identidad puertorriqueña:

> Hace algún tiempo que el Carnaval ha presentado en Puerto Rico su carta de nacionalidad [...]. En tanto, la vigencia de otras fiestas y de sus diferentes

efemérides, de antiguo abolengo y de profunda y vigorosa raíz puertorriqueña, se van sumergiendo en la bruma de un pasado que, en su sentido cronológico, no es tan remoto. (138)

El autor, en su distinción entre una identidad raizal o relacional (Glissant 143), intenta localizar un punto de origen que le permita crear su mundo del texto y reclamar legitimidad y derecho. Con lo que se topa es con una identidad caótica y contradictoria, siempre circulando relaciones con un pasado neblinoso. Meléndez Muñoz se encuentra con una identidad obrera que no asume la identidad hispanizante de la élite criolla y que en muchas ocasiones recurre a la legalidad federal estadounidense en sus luchas. Es por éso que el espacio carnavalesco, más afín con la sensibilidad obrera, provee al autor de un espacio más propicio para la creación de identidades en su narrativa. El movimiento obrero no asumió la identidad hispanizante de la élite criolla y a veces recurrió a la legalidad federal estadounidense en sus luchas sindicales. El carnaval sería más afín a esa sensibilidad obrera.

Como parte de su invención de tradición, Meléndez Muñoz comienza su proceso de auto-extrañamiento haciendo referencia a una revista importada de la época, *La Moda Elegante*, un marcador de progreso que exhibe disfraces y estilos de la "humanidad civilizada":

> En aquellos figurines no faltaban los trajes de Mefistófeles, de los Arlequines, de los Pierrots, de las Colombinas, de los Tercios de Flandes, de bayaderas y de danzarines mozárabes [...]. La imposición y la adaptación superficial de una costumbre europea que no había captado totalmente la sensibilidad de nuestro pueblo. (139)

Este "incómodo exotismo" le trae a Puerto Rico un conjunto no-familiar de humores y una colección de accesorios afectivos muy similares a los ya referidos por Flatley. La revista, tomada como punto de referencia para diseñar disfraces para las diferentes festividades, sirve también al personaje como dispositivo de auto-extrañamiento que le permite observarse y darle vida al maniquí o al "fantoche" que reanimaría la tragedia. Los lectores de *La Moda Elegante* reencarnan los maniquíes de las fotos en el momento en que se convierten en consumidores de la moda, en el que se programan para *actuar* y moverse de manera que se suscriban a los "convencionalismos bastardos" (147). El maniquí es el regreso del muerto, deviniendo espectacular y fantasmal. Su melancolía se manifiesta en el gesto de la mirada, tanto del espectro como del lector. Aquellos que mimetizan el maniquí durante el carnaval se dan cuenta de que no poseen sus cuerpos ni ancestros para quienes crear imagos. ¿Cómo, entonces, se puede crear un mapa afectivo?

Viejos afectos en "Don Carnaval", traídos de regreso por la persona que se disfraza de "sultán de *Las mil y una noches*", o de "vejigante", o del "negro cabalí", atentan contra la legitimidad de otros afectos traídos por los participantes de la "fiesta de Reyes, con sus espaciadas y alegres octavas, las procesiones religiosas, la Semana Santa" y otras festividades de "pura raíz puertorriqueña" (142). Se aprecia la manera en que el carnaval, considerado por Meléndez Muñoz como tradición no-auténtica, funciona como hoja en blanco, como escenario para disputar y negociar la autenticidad de otras tradiciones. El carnaval, espacio ya sobreidentificado con la clase obrera urbana, es poco interesante para el letrado criollo de la época. Se puede apreciar aquí cómo Meléndez Muñoz intenta romper con el culturalismo hispanista, pero tiene aún un poco de dificultad en hallar sujetos interpelables dentro del espacio carnavalesco.

El autor reconoce que el progreso recrea una negociación y una transformación –en todo el sentido de la palabra– de hábitos (como costumbre o como disfraz). El espacio del carnaval, con sus máscaras, disfraces y rivalidad temporera, es lugar para el juego de "¿me conoces?":

> *No me conoces,* decía una máscara cualquiera ayer, en un baile, en una fiesta carnavalesca. No se *conocían* antaño los que, fuera del Carnaval festivo y a plazo fijo, actuaban en el carnaval perpetuo de la vida. Porque en ella jugaban a no *conocerse* para que primara su propia y personal conveniencia sobre el Amor, la Amistad, y la Lealtad, Momo, Venus, Baco y la Locura de todos los tiempos de la conciencia humana hacían su incursión ayer por calles y salones […] *¿Me conoces, mascarita?*, se preguntaban. Si el antifaz, o la careta, y el traje ocultaba su personalidad mucho más, ¿cómo iban a conocerse en aquellos instantes de placer fugaz y alegría sin fronteras, si en la vida también ocultaban su alma, simulaban sentimientos y el velo de la hipocresía cubría sus intenciones? No se *conocían* aquellas gentes de ayer. No nos *conocemos* tampoco nosotros hoy. Tratamos de engañarnos, haciendo de la vida un carnaval constante que todos los años celebra su aniversario para conmemorar su triunfo. (146)

En este espacio escénico y moderno del placer fugaz, el puertorriqueño es incapaz de saber el papel que él o ella desempeñan. Se convierte en conmemoración de ignorancia, de la imposibilidad del *res cogitans*, el cual Meléndez Muñoz atribuye a "la imposición y la adaptación superficial de una costumbre europea que no había captado totalmente la sensibilidad de nuestro pueblo" (139). Lo que parece ser un acto comunal es para él una *performance* alienadora fúnebre que produce "el dolor eterno de todo hombre que quiere reconciliarse con él mismo". Mas no puede haber reconciliación con uno mismo ya que no hay un yo, solamente la careta que se lleva puesta o, más bien, el papel que se juega. Estos personajes pasan por el auto-extrañamiento a medida que se van encontrando en un mundo que existe sólo en el espacio-tiempo del carnaval y en el que se lleva máscara, pero entran en un auto-extrañamiento más profundo cuando se la quitan y no encuentran más que meras máscaras detrás. No se puede dar fin al acto de despojarse de las máscaras, ya que se convierten en algo "tan nuestro, tan habitual", que la *persona* se queda en el *personaje*. Es decir, la imagen sigue sobrepuesta y el individuo se mantiene "artificial... en los moldes simétricos", careciendo de una *personalidad* (146). El derecho como *patres* a representar a sus ancestros, a llevar sus máscaras o a ser personas, se les revoca a estos personajes. El Yo es la máscara, y la tragedia radica en el hecho de que no hay tragedia que recrear. Esta deriva no es muy atractiva para un sujeto intelectual que prefiere priorizar la amenaza de la pérdida de la identidad nacional-hispánica por sobre otras pérdidas producidas por el colonialismo desarrollista.

"Don Carnaval" es seguido por el último relato de *Cuentos*, "Los judas", una historia que toma el auto-extrañamiento como una experiencia imparable que cristaliza la melancolía. La celebración del "Judas de fin de Semana Santa" viene siendo "el remate, el colofón regocijado" de historias que son relatadas y re-relatadas en el espacio-tiempo de la carretera (148). De forma casi masoquista, la víctima bíblica suicida *par excellence* toma vida para recrear su "errátil deambular", para no sólo sufrir por el bien común sino también para ganarse su máscara mortuoria e inmortalizarse: "El que fue poderoso y magnífico señor de Kerioth, amante rendido y celoso de María de Magdala, seguirá corriendo su tradición por las calles de los *pueblos* de Puerto Rico y colgado de un árbol, en efigie, en las ciudades de Méjico" (152). La idea de la efigie alude a tradiciones religiosas, en las que los participantes celebran la muerte y triunfan sobre ella. Meléndez Muñoz, quien se incorpora a la multitud de celebrantes de esta efigie con el uso del "nosotros", describe la importancia de reconocer a la persona representada por la efigie:

> Si el artífice del *Judas* no lograba su intención al fijar en su carátula los rasgos faciales distintivos del personaje que pretendía caricaturizar, subsanaba su inhabilidad y su fracaso en forma irrecusable: clavaba en la espalda del fantoche un cartelón y en él grababa el nombre del personaje... *Este es don Parrilla o don Bonifacio Pérez. O éste es el alcalde, o el juez municipal*, etcétera. De ese modo definía su intención con entera certeza. Y ya no podía haber discusión posible sobre la identidad del personaje. (150)

El fabricante representa su propia realidad a través de un muñeco "torpemente confeccionado" que necesita llevar una etiqueta identificatoria clavada en la espalda. El fabricante es conciente de que, por más criminal y traidor que sea, el ciudadano representado en el fantoche tiene el derecho a su *nomen,* a su *praenomen* y a su *cognomen*. A pesar de la dificultad de crear un perfecto *imago*, los fabricantes logran afilar su imaginación creando la distancia necesaria para la auto-comprensión. Discernir entre todos estos tipos de extrañamientos que se dan es problemático en este relato, pero lo que se puede apreciar es que sí hay auto-extrañamiento, tanto en el escritor, en el lector y en el fabricante de fantoches como en el fantoche y en su verdugo. No estamos seguros de quién es el *yo* y quién es la *persona*, o cuál tragedia estamos reanimando. Hay distancia teatral entrando en el espacio *performativo* y haciéndose partícipe de la corrida del Judas. La experiencia afectiva ocurre al tomar la leyenda bíblica, al descontextualizar y recontextualizar los afectos locales. El lector logra también la experiencia afectiva, ya que produce un tipo de *conocimiento* sobre la celebración de esta efigie. Flatley lo explicaría de la siguiente manera:

> In essence, the reader has an affective experience within the space of the text, one that repeats or recalls earlier, other experiences, and then is estranged from that experience, and by way of that estrangement told or taught something about it. This is the moment of affective mapping. (7)

El lector se da cuenta, entonces, de que la experiencia relatada en el texto toma lugar en un terreno compartido tanto en el pasado como en el presente. Pero este conocimiento que alcanza el lector debe rimar con otros tipos de conocimientos descritos en el texto, conocimientos de los que Meléndez Muñoz se vale para distanciar al lector de su propio conocimiento. El fabricante del fantoche vive el auto-extrañamiento externalizando su antipatía hacia una figura pública o alguna institución y confeccionando el muñeco. Se distancia y se libera en el momento en que los muñecos de Judas vienen a la vida y devienen entidades autónomas. Una vez que el muñeco de Judas es montado en el caballo para correr al garete, el fabricante ya no lo opera. El caballo y la multitud que lo siguen son ahora los operadores del Judas. Los fantoches se distancian con respecto a su hacedor, lo cual les permite, de acuerdo con el reconocido titiritero alemán Peter Schumann, ser anárquicos, subversivos e indomables por naturaleza ("The Radicality of the Puppet Theatre" 75). En vez de representar al gobierno, estos Judas reaniman los demonios de dicho gobierno o, como Meléndez Muñoz diría, los demonios de "la política opresiva y explotadora del gobierno colonial" (150). El distanciamiento *performado* en estos relatos faculta al lector a objetivar el mundo propuesto por Meléndez Muñoz y a estar consciente de lo que toma lugar en su texto.

Auto-extrañamiento a través del espiritismo

En su continuo proyecto de buscar estrategias *performativas* de auto-extrañamiento para crear un discurso de interpelación nacional adecuado a la mediación de la élite criolla, Meléndez Muñoz acude a las *performances* espiritistas, construyendo un escenario para que sus personajes se auto-extrañen en el momento del trance. El espiritismo resuelve el problema del autor de tener acceso al mundo que él desea eliminar para sus lectores. Esta práctica se convierte para él en un canal alterno que conectaría el mundo de Puerto Rico autonomizado por su texto (el "mundo del texto") con nuestro mundo. Meléndez Muñoz no sería el único intelectual en incorporar el espiritismo en sus escritos, ya que Luisa Capetillo, Rosendo Matienzo Cintrón y Manuel Corchado

Juarbé, entre muchos otros, intentan mover el desarrollo social y político a través de sus ideales espiritistas, y en su rol de *médiums* intentan construir su podio de mediación entre el pueblo y la metrópolis.

Este aparato de curación-a-distancia hace de la estructura de sentimientos melancólicos un proceso terapéutico puntual, y además provee toda una utilería para hacer duelo por el cambio de regímenes coloniales. Como mezcla de catolicismo, espiritismo kardecista, fe y hierbas curativas, el espiritismo es un modo alterno de percibir y de lidiar con la modernidad impuesta. Meléndez Muñoz se asegura de incorporarlo en su mundo de textura indefinida y opaca. Con el desplazamiento de orden colonial, el espiritismo va de una práctica prohibida bajo el régimen católico español a una protegida bajo la Primera Enmienda de los Estados Unidos, logrando incrementar el número de personas de todos los sectores sociales y étnicos interesados en él.

En el marco de una creencia en la que el mundo del espíritu conecta con el mundo material, cuando el humano muere, el espíritu se despega del cuerpo (descarna) y busca otros cuerpos en donde residir (reencarna); y en caso de no encontrar cuerpos, viaja a otros planos de existencia. El auto-extrañamiento sucede cuando este personaje, desde su *aquí*, ve su cuerpo-imagen reflejado en un *allá*, descubriendo su *yo* espiritual en el proceso de reflexión. El ejemplo más literal en el que todos los efectos del auto-extrañamiento se dan es Don Severiano, del relato "Binipiquí", un hombre que se encuentra en mero auto-descubrimiento durante una sesión espiritista. En la sala de sesiones, Nati, la espiritista, comienza a traer el mensaje de un espíritu del pasado, una experiencia de por sí extraña para Don Severiano. Sin embargo, conforme ella va progresando en su trance, convulsionando y revelando más detalles, Don Severiano hace conciencia de que el espíritu está, en efecto, hablándole sobre él y su infancia en España. Inicialmente, Don Severiano se encuentra en un mundo que no existe, o que sólo existe en el espacio de la sesión espiritista; un momento de auto-extrañamiento marcado por la no familiaridad del evento y por el despegue de su vida emocional. Esta no familiaridad se va volviendo familiar, trayendo miedos inesperados que le llevan a verse desde un afuera (en este caso, en el cuerpo de Nati, poseída por los espíritus de su nativa España). Don Severiano no puede lidiar con la negociación de este espacio afectivo, pero nos percatamos al final del relato de que esta experiencia estética sí logra negociar un acuerdo con el nuevo mundo y los nuevos espacios que lo rodean. La Carretera Central funciona aquí como fuente no tanto de capital sino de sanación. Como explica Flatley: "The logic is a transferential one: like psychoanalysis, the work provides a scene in which past affects can reappear as (what Freud called) new editions or as facsimiles of old ones" (81). Esta sesión espiritista no le garantiza a Don Severiano la readmisión a su comunidad sino que le ayuda a reconocer la familiaridad de pasados afectos, ofreciéndole una existencia que únicamente se materializará si él regresa a España.

En el relato-ensayo "Faustino Isona", vemos cómo el sistema alterno del espiritismo permite que "el movimiento tardío y precario de la cultura puertorriqueña" (*Cuentos* 109) llegue a la par del mundo y que, además, alcance distancias más largas. Meléndez Muñoz no pierde oportunidad en situarse, en este caso, entre el mundo espiritual y el mundo material: "Siento siempre, con todo, que no difiero mucho de un médium que escribe" (108). Y tal como en "Binipiquí", aquí el sistema de creencias del espiritismo le ayuda al autor a trazar el mapa afectivo, pero específicamente a posicionarse como *médium*. Siguiendo la creencia espiritista de la reencarnación para el alcance de la perfección moral, Meléndez Muñoz entiende que el escritor debe pasar por un proceso de "evolución" para alcanzar pureza y máxima inspiración; una evolución, sin embargo, suscrita a la ideología occidental. El autor ensaya una desencarnación y una reencarnación de espíritus intelectuales y pasa por una suerte de trance artístico, similar a uno mediúmnico. Meléndez Muñoz funge como médium y establece conexiones entre seres poético-espirituales tales como los vates o bardos, reuniendo así un colectivo de espíritus que formaría parte de su mapa afectivo.

Nuestro cuenta-cuentos diseña nuevos planos de existencia para Hermann Keyserling y Amado Nervo. El narrador comienza el relato invocando el espíritu de su mentor intelectual, Don Faustino Isona, para luego traer los espíritus de Keyserling y Nervo. En este proceso, se mantienen sus identidades intactas y se recitan citas directas, haciendo de la escritura de Meléndez Muñoz el *cuerpo material* y el instrumento para Keyserling y Nervo manifestarse. Vemos que el autor se suscribe a la postura de Keyserling de la promoción de una cultura planetaria pero, a diferencia del filósofo, sigue una línea nacionalista y etnocentrista, dándole preferencia a las culturas occidentales:

> Y al escribir el título de este trabajo, coloqué en primer término el nombre del señor Isona, solamente por derecho de prioridad. Porque la posición de vanguardia que ocupa el conde de Keyserling en la evolución contemporánea de la cultura occidental es indiscutible y no puede parangonarse con la que ni siquiera llegó a ocupar el señor Isona –que nadie conocía fuera de nuestro pueblo– en este movimiento tardo y precario de la cultura puertorriqueña. (109)

Fragmentos del poema "Mediumnismo", de Nervo, invocados en este trance artístico, hablan de las fuerzas externas que se ejercen sobre Meléndez Muñoz y dictan su escritura y su papel como *médium*: "Yo no soy más que el eco débil/ya jubiloso, ya flébil,/de una voz./Tal vez a través de mí/van departiendo entre sí,/en un misterioso estilo,/dos almas llenas de amor/y yo no soy más que el hilo/conductor [...]" (109). El espiritismo posibilita el desplazamiento de espíritus, haciendo de Puerto Rico una sala de sesiones, un punto de encuentro para converger las ideologías y ayudar a Meléndez Muñoz a hacer de su escritura una experiencia estética.

Y así como en "Binipiquí", el espiritismo en "Faustino Isona" provee un espacio para diseñar su mapa afectivo y confrontar una modernidad que el autor reconoce en crisis. Ideologías como el espiritismo en Puerto Rico actúan como mecanismo para comprender los cambios drásticos que ni la cristiandad ni el positivismo habían podido satisfactoriamente explicar. De hecho, la primera sociedad espiritista en la isla, fundada en 1881, *Luz de Progreso*, estuvo basada en un sistema religioso que parte de las mismas premisas prometidas por la modernidad. *Renacimiento*, como se le conocía a la sociedad, proveía a los espiritistas con una razonable explicación de la realidad. Veamos cómo Meléndez Muñoz crea el escenario para el espíritu de Keyserling reencarnar y dar explicación a la realidad:

Como puede leerse en *Renacimiento* (una obra del autor citado), nunca me sentí sino como huésped en la tierra logré contacto plenamente consciente con ella en América del Sur (1929) y de ese contacto surgieron mis *sudamericanas* (otra obra del autor). Pero mi espíritu anheló siempre encarnarse, no desencarnarse. Y me volví escritor, yo que en un principio no tenía la menor inclinación para escribir, porque a las condiciones que reunía, y sobre todo frente a las que no reunía, no vi otro camino que el de la expresión escrita para materializar de alguna manera lo esencial en mí. (108)

Pero en este logro de hacer contactos con su América el autor cae en la recodificación y la recatalogación, definiendo los movimientos literarios en Puerto Rico como lentos y pobres. Esta recaída es, sin embargo, lo que le permite mantenerlo como *intermediario de la diferencia*, papel indispensable para erigirse como sujeto del discurso de la nación articulado a la élite criolla.

Meléndez Muñoz crea un mapa afectivo que provee al lector un sentido de orientación y un mecanismo para trazar los caminos y trechos que el lector supuestamente comparte con otros pasados y presentes lectores, proceso en que se construye al lector que mejor se adecuará a tal ejercicio. En su difícil tarea de crear nación, el autor se encuentra en

Spanish bridge on the road between Ponce and Adjuntas. Detail from real-photo postcard c. 1930, José Rodríguez Serra, Ponce. Colección de fotografías de Gleach/Santiago-Irizarry.

espacios opacos e indefinidos y con relaciones en constante negociación, conforme se va construyendo la Carretera Central. El cronotopo de la carretera exhibe la naturaleza de estas relaciones, ante las cuales sólo una lectura crítica halla vías alternas de identidad capaces de ir más allá de las nociones de nación y modernidad. Su mapa afectivo proyecta la naturaleza problemática de estas dos nociones a medida que los personajes fallan en crear una comunidad homogénea. Se pone en evidencia que la modernidad no es tanto sobre el *hoy* sino sobre melancolizar el pasado. *Cuentos de la Carretera Central* define un tipo de comunidad en la que individuos melancólicos enlutan la ausencia de tragedia, de mito y de promesas rotas de la modernidad, al tiempo que producen como diferencia la privación de una identidad nacional. La melancolía no produce aquí una conciencia social, en el sentido de Benjamin o Flatley, sino una conciencia de pérdida inminente adecuada a la interpelación del discurso nacionalista. El campesino, quien reaparece en todo el texto, se encuentra negado de espacio y de su propia historicidad. Y así como el autor y el lector, el campesino debe pasar por un proceso de auto-extrañamiento para alcanzar su auto-comprensión y entender su *ser* y su *estar* en un mundo nacional que amenaza con disgregarse. Tenemos la carretera aquí para medir la distancia requerida para despegarnos de viejos afectos y generar nuevas versiones de los mismos. Como cronotopo, la carretera ofrece una experiencia estética no-uniforme y siempre en obra, un espacio para contestar y reevaluar la modernidad según distintas prioridades de representación político-cultural, en este caso las de los letrados articulados conforme a la élite criolla.

Capítulo 2

Ramón Juliá Marín:
los campos y el poder colonial
en Tierra adentro *(1910) y* La gleba *(1911)*

> For a colonized people the most essential value, because the most concrete, is first and foremost the land: the land which will bring them bread and, above all, dignity.
>
> Fanon, *The Wretched of the Earth*

> The peasant can exist only when rooted to the land, the land where he was born, which he received from his parents and to which he is attached by his habits and his memories. Once he has been uprooted there is a good chance that he will cease to exist as a peasant, that the instinctive and irrational passion which binds him to his peasant existence will die within him.
>
> Bourdieu, *The Algerians*

EL CAMPO, EL *HABITUS* Y LOS CAPITALES

En este capítulo se examinan los discursos creados por los agentes sociales a medida que interactúan en un nuevo campo de poder colonial. Con el cambio de régimen colonial se entiende entonces que en el campo narrado por Ramón Juliá Marín habitan distintas lógicas que se articulan y rearticulan en el transcurso de la trama. Tenemos, entonces, el campo de poder y su sistema de disposiciones, o sea su *habitus*.

Tierra adentro (1910) y *La gleba* (1911) son un *medium* valioso que permite realizar una lectura sobre los matices del comportamiento, la práctica, la agencia, la estructura y el *habitus* de un pueblo frente al cual se sustituye bruscamente un campo colonial por otro. En las dos novelas se recogen, por ejemplo, residuos, patrones y rutinas que hacen que la toma de posición esté condicionada por la historia, convirtiéndose en un resultado dialéctico entre los individuos y las instituciones dentro del nuevo campo que habitan. El *habitus*, se comprueba aquí, es duradero, pero no transferible para la sobrevivencia o para una vida plena. Mediante el campo y el *habitus* se pueden reconocer el contexto, los alineamientos, la continuidad y la discontinuidad, la incertidumbre, las anomalías, el flujo de diferentes especies de capital (simbólico, económico, social, cultural, corpóreo, entre otros), la vivienda y el desplazamiento. La elaboración de la noción de *habitus* en Bordieu reconcilia lo objetivo (el campo) y lo subjetivo (el *habitus*), y sirve al propósito de este trabajo de conceptuar sobre el tipo de reconciliación que Juliá Marín logra en su obra.

En *Tierra adentro* conocemos la historia del personaje secundario, Roque, un campesino que entiende que la transformación del espacio lo desposee de su tierra y de su capacidad de actuar como agente, y lo obliga a descender de la montaña por la carretera migrando a sectores económicamente activos (particularmente por la industria azucarera) y más adelante a las islas de Hawaii. *La gleba* continúa la historia con el regreso a Puerto Rico de un Roque más protagónico, con su ingreso a la clase proletaria y, por ende, con su definitiva destrucción como campesino. En esta segunda trama, el *habitus* y el campo se entrelazan de forma que se hacen casi indistinguibles. Para los agentes, movilizarse por diferentes campos implica tomar decisiones (sobre qué atajos tomar, optar por rutas más invisibles o de menor resistencia), negociar y darle sentido (simbólico, estético, económico) a su movimiento. El *tiznao*, el obrero, la mujer, el hacendado, el cura y el doctor representan algunos de los agentes que buscan entender y controlar sus propias acciones, acceder a un espacio para su toma de posición en el gran campo de Juliá Marín (quien también forma parte del mismo). Los campos naturales, la central azucarera, el arrabal, el teatro-convertido-en-cárcel y las tertulias definen los espacios de lucha en que los agentes buscan obtener bienes que el campo les promete tener a su alcance.

El capital, como producto del campo, se utiliza para ocupar posiciones competitivas y para controlar el destino de otros. Espacios como las tertulias ofrecen a los agentes de diferentes campos condiciones para internalizar sus relaciones y sus patrones de conducta, y para reformular con el paso del tiempo el *habitus*. Juliá Marín ha sabido expresar muy bien los *habitus* puertorriqueños a través de su descripción tipo crónica del ambiente, de los gustos, y de las visiones y divisiones.

El modelo colonial estadounidense vive en y por medio de disposiciones no concertadas y desconcertantes. Sus cambios estructurales redefinen las normas existentes en la isla y relegitiman una nueva lógica de las prácticas que tienen lugar en el campo. El *habitus* puertorriqueño queda fuera del campo, pues ya no es apropiado para la posición y el orden en el que habitaba. Este estado de *hysteresis* narrado por Juliá Marín explica cómo el *habitus* pre-98 no adapta fácilmente sus nociones de tiempo y de trabajo a los nuevos valores de la racionalidad capitalista posmercantilista del nuevo colonialismo de los Estados Unidos. El *habitus* no es transferible en el nuevo campo, ya que al campesino, quien llevaba un estilo de vida agrícola en un campo residualmente precapitalista, se le desarraiga de sus costumbres y se le imponen otras inadecuadas. ¿Cómo afrontar la vida que se le presenta? El *habitus* del puertorriqueño –autor incluído– está en crisis.

El campo literario de Juliá Marín

En *La clase obrera y el proceso político en Puerto Rico* (1974), Quintero Rivera clasifica la élite social puertorriqueña en dos grupos: el hacendado (más conservador) y el profesional (más liberal). La cultura producida por el hacendado fue más que nada un "modo de vida" señorial, mientras que la producida por los profesionales (o sea, por parte de los descendientes de la clase hacendada arruinada) fue más proclive a una especie de crítica cultural modernizadora. El profesional idealiza el campo, no para romantizar el paisaje sino para melancolizar la ruina del mismo, de la clase hacendada y del campesinado, todos imposibilitados física e históricamente para volver a los "tiempos de España". El hacendado no cultiva su ideología en el campo intelectual sino en el productivo. Quien se encarga de melancolizar estéticamente la pérdida es su descendiente profesional quien, dadas las opciones de la época, tiende a sublimar su ansiedad cultural como literato de tiempo parcial con aspiraciones políticas (sirviendo así la herencia hacendada y la educación humanística, como capital social y capital cultural, respectivamente, a una inversión en la esfera política).

Pero también se debe considerar otra dinámica que se gesta en el campo en esa época: el vacío creado por el desmantelamiento de la cultura de los puertorriqueños "de arriba" no ha sido llenado, ni mucho menos,

Aerial view of Central Guánica. Real-photo postcard c. 1930, José Rodríguez Serra, Ponce. Colección de fotografías de Gleach/Santiago-Irizarry.

por la intrusión de la cultura norteamericana sino por el ascenso cada vez más palpable de la cultura de los puertorriqueños "de abajo". La clase hacendada (la "de arriba") pensaba que, con el establecimiento del gobierno estadounidense y con la anexión al mega-*campo* metropolitano, podría aliarse con la burguesía norteamericana y lograr una mayor acumulación de capital. El obrero (el "de abajo"), por su parte, desea insertarse en la nueva situación porque entiende que logrará lo que el crítico José Luis González llama el "ajuste de cuentas" (32) que tiene pendiente con su antiguo patrón hacendado. Pero ni la anexión, ni la acumulación capitalista del hacendado, ni el "ajuste de cuentas" del obrero, se materializan (a menos que se quiera considerar la ruina de la clase hacendada como un ajuste):

> El desencanto sólo sobrevino cuando la nueva metrópoli hizo claro que la invasión no implicaba la anexión, no implicaba la participación de la clase propietaria puertorriqueña en el opíparo banquete de la expansiva economía capitalista norteamericana, sino su subordinación colonial a esa economía. Fue entonces, y sólo entonces, cuando nació el "nacionalismo" de esa clase, o, para decirlo con más exactitud, del sector de esa clase cuya debilidad económica le impidió insertarse en la nueva situación. (30)

Ya que no se logra la anexión, el hacendado depende ahora de su heredero, el profesional, para intentar un regreso alegórico a "tiempos mejores". O sea que en el terreno ideológico-cultural, el poder agencial del hacendado recae sobre el profesional-literato-político. Este nuevo agente, por su parte, busca legitimarse a través de un discurso hispanista (con fuerte énfasis en la tierra antes poseída) que lo distinga y lo potencie frente a las producciones culturales norteamericanas. El obrero, en su etapa incipiente, se beneficia hasta cierto grado de la nueva legalidad norteamericana, visto que regresar a los "tiempos mejores" de los hacendados implicaría suscribirse a un sistema semi-feudal en condición de jornalero, agregado o peón, opciones no muy alentadoras. Con la intervención de Santiago Iglesias, se establecen lazos con líderes de la *American Federation of Labor* (AFL) y se organizan uniones en distintos lugares de la isla. Líderes obreros como Iglesias ven la afiliación a los Estados Unidos como una ventaja para la clase obrera, por la fuerza agencial que reciben localmente en una estructura legal más abierta al sindicalismo, como jamás lo fueron las leyes laborales bajo el colonialismo de España.

La posición del autor

Es entre "el arriba" y "el abajo" donde se sitúa Juliá Marín, quien resiste la norteamericanización a través de la preservación de valores culturales pertenecientes a la clase hacendada (coplas, bailes, peleas de gallos) y del protagonismo del obrero explotado. El campo que (re)construye Juliá Marín se puede estudiar con referencia al concepto de individuo que se va definiendo en ambas obras. La toma de posición del escritor es su respuesta a las prácticas sociales de su época exhibidas en el campo literario. Para Juliá Marín, el progreso y el capitalismo de corte norteamericanos, al estar enmarcados en una relación colonial en la que todas las clases sociales, incluídas las élites blancas criollas, se supeditan racial y étnicamente al poder extranjero, van creando un individuo (incluyéndose él mismo) ansioso de libertad, melancólico de su pasado e imposibilitado para acceder al campo de poder. Al igual que sus colegas, Juliá Marín aborda temas vinculados con el devenir histórico del año 98, una sucesión de aconteceres que genera cambios bruscos en la producción cultural, que disuelve la clase hacendada y que procrea la clase obrera. Se trata de una rápida disolución que opera con una lógica extranjera, opuesta a las estructuras ya establecidas en la isla (también con una lógica extranjera).

Ante la inminente implantación del inglés como lengua dominante, la colonización del sistema educativo y una re-historización de la isla bajo un modelo colonial estadounidense, a Juliá Marín y a otros escritores no les queda otra opción que valorizar y afirmar a Puerto Rico culturalmente ante los EE.UU., y colocarse en el campo de poder como agentes (sociales, literarios y políticos) de mediación y de representación. Pero, a diferencia de autores como Miguel Meléndez Muñoz (quien no enfatiza los aspectos sociales), Juliá Marín se alinea más a los intereses de la clase obrera emergente, ya que ésta implica una parte integral en la construcción de una nación cultural. En *Tierra adentro* el autor todavía recrea la añoranza y el desengaño, pero le va dando fin al campesinado de sus ancestros. Mediante un dispositivo atribuído al *habitus* campesino —como la décima puertorriqueña— elabora una fuerte crítica del gobierno estadounidense e invita al oyente-lector a regresar a un pasado "menos peor" que el actual. El discurso del hacendado arruinado queda enmarcado en la décima a pie forzado titulada "El tiple doliente", que alude a un espacio melancólico, incierto y fatal:

> Acuérdate borinqueño,
> pálido de la montaña,
> que la despótica España
> fue mejor con el isleño;
> y cesa en tu afán pequeño
> de americano incipiente,

> porque la patria, que siente
> tu humillación, se desdora,
> y, ya no canta, y sí llora,
> la voz del tiple, doliente. (88)

En un momento en el que la modernidad es celebrada y buscada, el tiple la vive y a la vez le teme, la resiste, dando cuenta de las "promesas de traidores": "Ruja la airada tormenta/en el pecho, bruscamente,/de tus cantores, y frente/a los modernos tiranos,/cantando dulces amores/ la voz del tiple, doliente" (88). Mientras busca la armonía imposible en la experiencia fragmentada de la modernidad, la copla da forma a una relación entre poesía e identidad. En la búsqueda del origen se pierde uno en el mundo moderno y en el que se saca a flote la tradición (por más humillante que sea), y a partir de estos elementos Juliá Marín va dándole forma a un individuo. Este "americano incipiente", en su intento de portar una identidad enraizada en lo hispánico para hacer frente al imperialismo estadounidense, termina inmovilizado y dolido. El ser del alma y el ser verdadero no habitan la misma esfera, por ende, no hay noción de pertenencia (*Zugehörigkeit*), aludidad por Gadamer. El individuo se queda estancado en la noción del *Verfremdung*. Se proyecta la no-posibilidad del puertorriqueño de vivir su potencial como humano, de escoger su propio destino y de crear junto a su colectividad una posición unánime y contestataria ante su situación.

El discurso poético, tal como señala Benjamin, se encuentra al mismo tiempo dentro y fuera de la experiencia moderna ("Sobre algunos temas en Baudelaire" 101). No es posible escapar de la modernidad –ni de la colonialidad– sino vivirla, como diría Martí. El tiple doliente le recuerda al "borinqueño" que aunque España haya sido negligente y cruel, su régimen es preferible al de los Estados Unidos. Surge de este doble desencanto repetido en cada estrofa la experiencia de la nueva colonia como modernidad, un discurso antimperialista no contestatario que desea movilizar la identidad hispánica pero que desfallece en el intento. Sus versos están plagados de construcciones antitéticas, producto de una visión dualista, de una polaridad que no encuentra solución. En estos versos cantados, se destacan el contraste y la antítesis, dos mundos que chocan sin que exista entre ellos un punto de encuentro. El campesino, como objeto de atención, no puede superar la crisis identitaria, y es por éso que Juliá Marín introduce un re-enfoque literario en *La gleba*, valiéndose del recién creado proletario para su producción cultural. Así es como resuelve su disyuntiva posicional.

Ya en *La gleba*, el autor orienta su mirada hacia el proletario, pero acarreando aún las disposiciones antiguas de la décima: "Pica bueyes, muchacho,/pícalos con alegría/que tengo que ir a un baile/al pueblo de Juana Díaz" (75). Esta copla, refiriéndose a la labor del obrero, es parte del hilvanar del autor en la composición de la cultura popular. Proveniente de una población proletaria que va en rápido crecimiento, la cultura popular va ganando terreno en el campo cultural, en el económico y en el social; por ende, en el campo literario. De aquí surgirán la novela social y la obrera en las décadas que siguen.

El Modernismo y la autonomización

A pesar de su sensibilidad frente a los temas sociales y de alinearse con los intereses del obrero, Juliá Marín está interesado en jugar sus fichas en el campo literario. En nuestro continente, este campo emergente fue definido por Ramos como aquel que asume "la defensa de los valores 'estéticos' y 'culturales' de América Latina, oponiéndolos a la modernidad, a la 'crisis de la experiencia', al 'materialismo' y al poder económico del 'ellos' norteamericanos" (*Desencuentros* 30). Juliá Marín afirma la cultura hispana ante la ofensiva cultural de los EE.UU. en tanto narra la ruina de un campo marcado por el progreso. En su prólogo a *La gleba*, el autor confiesa su preocupación por poder gestar un mercado literario en Puerto Rico que le permita situarse como letrado, y específicamente como novelista. Tras su experiencia en diversos periódicos de la isla, se ubica de forma ambigua entre su actividad periodística, su creación literaria y la crítica; pero luego del "triunfo" de *Tierra adentro*, su meta es dar el salto y precisar su ubicación con la novela:

> Yo estoy entusiasmado con la novela. Ningún otro género literario ha sido capaz de entusiasmarme tanto. Y creo que si *La gleba* obtuviera la misma acogida de *Tierra adentro* sería capaz de dedicarme exclusivamente a la novela. Pero es que *Tierra adentro* triunfó por la actualidad, por más que la crítica viera en ella

una obra de tendencias moralizadoras. *La gleba* también puede triunfar por un poco de lo mismo. Pero yo necesito un triunfo más sólido como novelista, que es el que no se me ha antojado perseguir todavía por los inconvenientes del medio. La carencia de recursos para hacer a tiempo una edición de *La gleba* me obligó a recurrir al folletín de la importante revista literaria *Puerto Rico Ilustrado*; pero los editores bondadosamente acordaron reimprimirla en una cantidad proporcionada de ejemplares, a fin de que pudiera yo obtener algún producto material por mi labor con la venta del libro. (*La gleba* xv)

Juliá Marín sufre la presión, pero le atribuye el triunfo de la novela a su "actualidad" e inmediatez, algo que le debe a su experiencia como cronista. Dada la relativa escasez de casas editoriales, como bien señala el autor, el periodismo representaba un conducto ineludible para dar salida a la producción literaria de los hispanoamericanos, una fuente de empleo para los escritores; pero era a la vez visto como desafío, ya que si en este medio es posible acoplarse al ritmo de los cambios sociales, políticos y económicos de la modernidad, también se adultera la función estética de la literatura. Sin embargo, Juliá Marín cree en la actualidad y en el éxito de la novela, y en la hibridez de su periodismo y su literatura (tanto en la crónica como en la novela) prepara su visión (su versión) de la modernidad. Aníbal González, en el artículo "Modernismo and Journalism: The Crónicas" (2007), formula la hipótesis de que el periodismo provoca en los literatos modernistas reacciones de acercamiento y de rechazo determinantes en el proceso de su escritura (*A Companion to Latin American Modernismo* 25-26). Para el modernista (considero a Juliá Marín en gran parte modernista), la crónica materializa la esencia de la modernidad textual, situándose en la encrucijada de tres instituciones textuales desarrolladas en el siglo XIX, ya propuesta por González: la filología (se mantiene al tanto de la historia del lenguaje, por ejemplo, en la invocación de vocablos norteamericanos y de artistas europeos), la literatura (realizando una escritura "buena", legible y consciente de la modernidad) y el periodismo (asumiendo la crónica como estética de narración) (28). Para el modernista (considero a Juliá Marín en gran parte modernista), la crónica materializa la esencia de la modernidad textual, situándose en la encrucijada de tres instituciones textuales desarrolladas en el siglo XIX, ya propuesta por González: la filología (se mantiene al tanto de la historia del lenguaje, por ejemplo, en la invocación de vocablos norteamericanos y de artistas europeos), la literatura (realizando una escritura "buena", legible y consciente de la modernidad) y el periodismo (asumiendo la crónica como estética de narración). Las dos novelas de nuestro autor están sujetas a las exigencias de la actualidad y de la novedad de la crónica, haciendo que todos sus temas sean reanimaciones de los temas discutidos en diversos periódicos: la ruina del campo y del *habitus* del campesino, las luchas internas entre partidos, los desplazamientos sociales y la modernidad. Más aún, el autor presenta el periódico en sus novelas como mercancía de lujo, comprada y consumida por personajes como el Doctor Peralta. Además, puede verse que el valor del entretenimiento tiene tanto peso como el informativo, siendo la novela publicada originalmente en forma de folletín (no por gusto propio sino por la carencia de casas editoriales), un formato que transforma su obra en un producto con gran capacidad de fidelización entre sus consumidores. Estos aspectos le dan inmediatez a la trama y validan la escritura de un acontecer "momentos antes". A través de su experiencia colaborando con los diarios *La Correspondencia* y *La Democracia* (mencionados en *Tierra adentro*), *El Correo del Norte, El Múcaro, El Puerto Rico Sun, La Bruja* y, en especial, en la revista *Puerto Rico Ilustrado,* Juliá Marín desarrolla una percepción fuerte de las tendencias, los gustos y las preferencias del público; en fin, del *habitus*; y adicionalmente aprovecha un espacio de experimentación y de entendimiento del mercado literario.

Con el cultivo de la novela, el autor busca una autonomía aún mayor, especializar su escritura encontrando en la división de trabajo intelectual (Ramos, *Desencuentros* 26, 208-209) cierta independencia y, además, lealtad a la labor intelectual en su campo. En desarrollo de este proceso de profesionalización –y en su marginalidad y su alienación– debe enfrentarse y a la vez conciliar con un poder político en transición y en plena recodificación. Siendo *Tierra adentro* catalogada por la crítica literaria como "moralizadora", refleja cómo la prensa tiene unas exigencias precisas, una agenda determinada, entre otras constricciones a la hora de cumplir su tarea de difusión. Pero aún con estas exigencias (condicionadas por las exigencias del Estado), la crítica apoya la labor de Juliá Marín porque la necesita para su propia integración al campo del poder. Tanto Juliá Marín como la crítica ansían participar de la agenda capitalista de oferta y demanda, y alcanzar un nivel de agencia mayor en el preciso momento en que se recodifica el campo político.

A pesar de que su profesionalización demanda un precio, de todas maneras el autor asume los riesgos y publica sus novelas. Su producto representa para él la posibilidad de especializarse en un espacio que comienza a capitalizarse y a valorar al individuo por lo que produce materialmente. La posibilidad de ver su producto material es un problema, a su parecer, mayormente matemático:

> Todos sabemos cuán difícil se hace la venta de cualquier obra editada en el país; pero yo no atribuyo este mal exclusivamente a la apatía o indiferencia con que parece ser mirado por nosotros mismos todo lo nuestro. Existe otra causa poderosa; y es el alto precio de los ejemplares, motivado por lo reducido de la edición. Además no existe en Puerto Rico ninguna casa editorial que se dedique con preferencia al negocio, ni podrá existir mientras el número de lectores que compren libros no ascienda en mucho. (*La gleba* xv)

He aquí la soledad moderna que vive el autor, compartida por sus personajes y por la crítica de entonces. La reseña de José Calderón Aponte sobre *La gleba*, publicada en el periódico *La Democracia*, hace parte de la actitud compartida ante la crisis por la que atraviesan los literatos de la época:

> Cultivar en Puerto Rico la novela, es poco menos que imposible, por las dificultades con que tropieza el intelectual que a ello se propone. Nuestro mercado literario, es muy reducido y, así, pocos son los que compran libros; y al lado de esta falta de estímulo para el escritor, nos encontramos con que las ediciones, por limitadas que sean, resultan siempre muy costosas. Esas dos circunstancias son más que suficientes para hacer que pierda toda su fuerza el entusiasmo más grande en esta clase de asunto. (Citado en *La gleba* 324)

Calderón Aponte, junto con otros críticos, respalda la "meritoria labor" de Juliá Marín; abogan por ubicarlo en una posición clave, tanto en el ámbito regional como en el universal. Como parte de la finisecular crisis latinoamericana, con la división del trabajo intelectual, el arribo de múltiples tecnologías, el urbanismo y la migración, el autor y las casas editoriales se ven obligados a profesionalizarse. Juliá Marín se encuentra en la disyuntiva de todo agente literario latinoamericano de su época: ser autónomo y acomodarse como autoridad intelectual o, al menos, entender la imposibilidad de estos logros:

> Las pequeñas ediciones constituyen un serio inconveniente para autores y editores; pero ¿cómo hacerlas grandes? La venta de mil ejemplares de una obra cualquiera es cosa poco menos que irrealizable en Puerto Rico, y quien se aventure a más hoy día no hará otra cosa que tirar el dinero inútilmente y malgastar el tiempo que pudo utilizar en labor más provechosa. (*La gleba* 5)

Imperan aquí la división del trabajo impuesta por el mercado colonial, y las funciones que asumen tanto el autor y el editor como el publicista y el consumidor. Juliá Marín se va situando en un espacio específico del proceso de producción, aislándose de las demás funciones.

Hay en la obra de Juliá Marín una confluencia de movimientos literarios que articulan la tragedia del campesino con la dificultad del cambio social. En la obra de Juliá Marín se superpone la forma modernista, que opera simultáneamente con la naturalista (o regionalista-costumbrista). Como modernista, Juliá Marín nos prepara para la modernidad y define el *habitus* moderno puertorriqueño absorbiendo el *shock* y la discontinuidad, pero ofreciendo al mismo tiempo continuidad con la elaboración de una segunda parte. Mientras la identidad existencial es vista claramente por el voyerismo de Roque, por ejemplo, la preocupación individual por lo que acontece en la sociedad se refleja en los contertulios. Los personajes de Juliá Marín heredan su *habitus* y lo perciben como algo natural y difícil de cambiar. El *habitus*, es decir la historia encarnada, se internaliza como segunda naturaleza (y se olvida como historia). Pero en medio de esta sumisión inmediata al orden producido, el *habitus* es puesto en cuestión. Aunque el problema es de naturaleza generacional, Juliá Marín no cae completamente en el determinismo, pues alberga la esperanza de que se produzca un cambio de *habitus* que sobrepase la barrera generacional. El autor invita a su lector al pensamiento y al diálogo, convoca a la protesta, al desacuerdo y a desarrollar una inteligencia exigente. Traigo a cuento la reflexión de Scott Fitzgerald, citado por Carlos Monsiváis, que revela la importancia del pensamiento dual en el desarrollo de la inteligencia: "la verdadera prueba de una inteligencia superior es poder conservar simultáneamente en la cabeza dos ideas opuestas, y seguir funcionando. Admitir, por ejemplo, que las cosas no tienen remedio y mantenerse sin embargo decidido a cambiarlas" (15). Juliá Marín invita al duelo de ideas, y apela a sus lectores para generar una opinión pública y poderosa para elegir a aquellos agentes o intermediarios que los representen; pero, más importante, invita también a recibir la modernidad a pesar de nuestras diferencias.

Las tertulias y las posiciones posibles

Cada agente tiene su contrapartida en otros mundos posibles, y se pregunta cómo sería en esos otros mundos. La tertulia, escenario recreado por Juliá Marín, es un espacio público-privado de diálogo y de expresión de posiciones y agencias posibles. Es la expresión no amenazante de la conciencia y del inconsciente, escenario del nacimiento de ideas y de la generación de cultura, al margen de los designios del aparato colonial de poder. El contertulio se da la oportunidad de conocer cómo sería su contrapartida si habitase en un campo diferente. La tertulia es el espacio de los posibles, y los contertulios entran en su juego porque saben acatar las reglas preestablecidas, estudiar los intereses particulares de diversos campos y articularse en cada uno de ellos. Aunque se les impone una "herencia acumulada por la labor colectiva" (Bourdieu, *Las reglas del juego* 348), los contertulios tienen la posibilidad de hacer ajustes a las reglas del juego.

Las tomas de posición –definidas colectivamente– se le presentan a cada contertulio como posibilidades de ser y de estar. La toma de posición requiere ocupar una posición y tener a su alcance disposiciones con respecto a su campo, el de los demás y el campo de poder. Ya sea para perpetuar o para subvertir las disposiciones, la tertulia es una puesta en escena del contrapunteo y de las tomas de posición en el campo político-cultural. La competencia en el campo determina las relaciones que se establecen entre los agentes, basándose en la cantidad de capital cultural, social o económico que cada uno aporte, el tiempo que lleven recorriendo los diversos campos y el dominio que tengan para jugar de acuerdo con las reglas. Estos agentes, provenientes cada uno de un subcampo particular, hacen uso efectivo de los recursos que poseen y de su capacidad crítica racional.

Como parte de una gama de campos (cultural, social, político), las tertulias de Juliá Marín se propician en las calles de los centros urbanos y en casas de vecinos. Los contertulios comparten su afán de acceder a la modernidad y su pavor frente a ella, y reconocen ese espacio como el apropiado para deliberar, discutir, resolver, ensayar y discursar nociones de patria y de ciudadanía. Más importante aún: en la confluencia de noticias sobre eventos, de historias y de rumores, el contertulio opina. Esta convivencia adquiere un contenido ciudadano inseparable de la opinión pública, la que va madurando según se van contraponiendo criterios de una crítica común ante una situación común: el traspaso de la colonia y la identidad nacional. La tertulia se convoca bajo el afán de definir un interés común, vital para la formación del *habitus*.

La sociabilidad y la supresión amistosa

En *Tierra adentro* hallamos contertulios como el Doctor Peralta, el Padre Lara, el Alcalde y el Juez –quienes se dan cita en la calle, frente a la Farmacia Central–, para discutir y negociar ideas en este espacio público y comercial sobre el paternalismo, el fanatismo religioso, el clasismo, la política, la ley y la corrupción, con el fin de crear una conciencia común que compagine no sólo con los medios periodísticos sino, también, con el aparato del estado colonial. Los agentes propician en la tertulia la posibilidad de crear una *intelligentsia* en un campo de poder que les promete un cupo para al menos fungir como actores intermediarios entre el estado colonial estadounidense y el pueblo local (o sea el sujeto colonial).

En la tertulia se socializan los valores, las costumbres, las ideas y las modas diversas. Constituye una zona neutralizada de convivencia entre individuos que llevan consigo luchas interiores, incertidumbres y desasosiegos sobre su porvenir. La amistad y la ociosidad consolidan la tertulia, convirtiéndolos en cómplices amables que acuerdan charlas con normas concretas. La tertulia es el evento en el que el individuo se cree libre por un momento, se representa como –a él o a ella– le gustaría ser, pues la opinión libera. Los integrantes practican el arte de la persuasión y se entienden capaces de transformar los ideales de otros.

Entre los asistentes persuasivos se encuentra el Doctor Peralta, quien encarna al letrado científico de comienzos del siglo veinte, y ensaya un discurso que propone un denominador común; un individuo con la fuerza necesaria para persuadir, y para satisfacer las expectativas de sus compañeros y de la multitud turbulenta que los rodea. Peralta entiende que para lograr su objetivo de restaurar la patria se debe llegar a un entendimiento del nuevo campo. En su papel de médico, sabe que su propósito es curar enfermedades, tanto físicas como del alma, y diagnostica la crisis puertorriqueña como un mal creado por el abandono de España y perpetuado por la falta de voluntad del propio pueblo. En una tertulia intensa, Peralta no pierde tiempo en ganar territorio y tomar la palabra:

> El pueblo es un estúpido; estoy convencido –dijo–. Cree que todas estas cuestiones no tienen otra solución que la del escándalo. Pero verá usted, Padre, nosotros somos los culpables de este estado, porque no le hemos hecho comprender nunca sus deberes. Él cree que lo es todo: la voluntad y la fuerza, el poder y la razón, el espíritu y la materia. Y es, si falta nuestra dirección política, fuerza sin voluntad, poder sin razón, cuerpo sin alma. (*Tierra adentro* 54)

Aquí la asunción de la postura de Peralta como intermediario se basa en su convicción de que puede recetar el reformismo como alternativa para la curación del alma puertorriqueña, "siempre que los pacientes se sometieran al tratamiento moral que él imponía como profundo filósofo de la vida" (*Tierra adentro* 53). Peralta encuentra la cura para la crisis en la intelectualidad, y en la elección de agentes capaces de orientar y cambiar el *habitus*. El discurso pro-americano y libertario de Peralta (que promueve la separación de la Iglesia del Estado) es disputado por el Padre, quien también se posiciona como intermediario. El tema genera tensiones entre el protestantismo y el catolicismo, cuando entra y se contrapone el discurso del Padre Lara, de naturaleza tradicional, contrarreformista e hispanófilo:

> ¡La metáfora es bonita; y sobre todo esa palabra, libertad, suena tan bien...! Pero vayamos a lo práctico. ¿Cree usted que un pueblo sin religión (porque es pueblo sin religión todo aquél que no es católico en su inmensa mayoría), un pueblo que carece de moral, puede interpretar el hermoso sentido de esa palabra? (54)

El Padre concuerda con Peralta y establece una relación amistosa con él a través del denominador común de la libertad. Peralta busca entonces transar con el Padre a través del discurso religioso (siendo él científico) y de negociar su agencia, de manera amistosa, alegando que el americano no es "un pueblo sin religión" sino un pueblo protestante que le abre las puertas a la democracia. Y es que parte del juego de la tertulia consiste en llegar a la complicidad y a la comprensión entre los contertulios. Se trata de admitir y de tolerar lo que dicen los demás, siempre y cuando los demás acepten y toleren lo que dice uno. Pero la tolerancia y la complicidad llegan al límite al escucharse el breve discurso espiritista de Mendizábal:

> Señores —objetó otro de los contertulios—. De sabios es el evolucionar. ¿A qué viene censurar tanto a Catalá? Si aquí el que más y el que menos ha sido inconsecuente con sus ideas; digo políticas, que en cuanto a las religiosas ha sido de notar más perseverancia.
> —Cuéntenme ustedes entre los más perseverantes— dijo Mendizábal.
> —Pero es que a usted se le ha visto frecuentar el culto abierto recientemente en la calle de Borínquen, donde predica el hijo de Bruno, Tatito Lagañas que le dicen por mal nombre.
> —Sí; allí he ido, no lo niego; pero ha sido para enterarme, por mera curiosidad. Oigan ustedes un fragmento de las prédicas de Tatito.
> —No, no; de ningún modo. Suprímalo usted— le dijo el cura.
> —Sí, tiene razón el Padre— se apresuró a decir el médico. (55)

El autor introduce esta línea de fuga para abrir una dimensión del pensamiento puertorriqueño del cual no se habla pero que está vigente, haciendo una suerte de oposición al mundo totalizador que los contertulios intentan construir. El discurso de Mendizábal no puede entrar a la tertulia porque sobra y se presenta como amenaza del consenso que se quiere lograr. El historiador puertorriqueño Carlos Pabón resalta lo siguiente sobre el "consenso":

el discurso del "consenso" implica la "hegemonía de lo homogéneo". Se trata de un discurso que en su deseo de construir la Nación como una totalidad homogénea intenta eliminar, obrar, invisibilizar o subsumir las fisuras, las diferencias. El vector del "consenso" es la homogenización. Es decir, la supresión/subordinación de la diferencia. Dentro de la lógica totalitaria del "consenso" no hay espacio para ningún discurso alterno. Más importante, *no hay deseo de que se articule ningún discurso disidente.* (420, énfasis en el original)

Con otras palabras, el discurso de Mendizábal no se toma en consideración porque no existe. Si existiera, echaría a perder el cierre que intentan Peralta o el Padre Lara; por éso se le pide que lo suprima, aunque preservando la relación amistosa. El aspecto amistoso no radica solamente en permitir que Mendizábal permanezca en el circuito sino, más que nada, en interrumpir su discurso espiritista antes de que sea expuesto para evitar tener que tacharlo de "traidor". La línea de fuga de Mendizábal se sella y se continúa con el proceso de cierres ideológicos. La supresión del discurso de Mendizábal rompe aquí con una de las características universales de la tertulia: el trato igualitario de los compañeros contertulios. Pero para la dinámica social de la tertulia en Juliá Marín es prioritario mantener la armonía, crear un discurso consensual sólido, aunque ésto implique negar temas conflictivos y alternos como el espiritismo.

Para Juliá Marín, a pesar de considerarse un espacio para habladurías y para la expresión de concepciones pesimistas frente a la situación de la época, la tertulia es lugar de sociabilidad y civilidad en el que se relacionan y lucen sus habilidades. Los agentes, a pesar de sus diferencias —con la excepción de Mendizábal— se conceptúan como semejantes, ya que comparten la situación tan equívoca y ambigua de Puerto Rico en su condición social de *decentes*, con "abolengo de patriotas" de tal o cual familia. Como práctica socio-cultural de negociación, las tertulias de la Farmacia Central representan un modo de pasar el tiempo, una estrategia de distinción social e intelectual para quien desea abandonarse a la charla e integrarse al campo cultural puertorriqueño y, a partir de ahí, al *campo* de poder como intermediarios.

La tertulia política y la dificultad del consenso

Las tertulias políticas en *La gleba* también tratan asuntos de gran importancia para la opinión pública pero, a diferencia de lo que acontece en el primer texto, se llega al punto de crear una gleba política en la que el nuevo acuerdo consiste en *no estar de acuerdo*. "Si la política hoy día es un *modus vivendi*, vivamos a expensas de ella; pero con la ingenuidad de (los) convenidos, y no con la hipócrita máscara de patriotas que reclaman para su estómago un pedazo de pan a la sombra del *ideal* más propicio" (*La gleba* 203). Tenemos un contrapunto que no llega a un tratado pues, según los contertulios, esta "gleba política jamás podrá libertarse de la esclavitud a (la) que la tienen sometida los caciques" (213). El *modus vivendi* implica un acuerdo sobre el no acuerdo, es el consenso de un disenso. Deben constantemente bregar con la incompatibilidad de ideales (externos e internos) y reacomodar sus intereses según van dándose los cambios políticos. Los contertulios opinan sobre cómo curar y salvar su país, pero parte de la redención que se busca se basa en agenciar o "arreglar" sus posiciones privilegiadas en un campo no definido e incierto.

> Veremos el mejor modo de arreglar todas estas cosas, de manera que no se lastimen los intereses de nuestra colectividad política... ¿Creen ustedes que la situaciones en política son estables? ¿Quién puede dudar de que mañana nuestras posiciones cambien, en virtud de que estamos cimentados sobre la débil base de una política de impresionabilidades, sin ideal concreto alguno en qué refugiarnos para sostener la cohesión? (*La gleba* 204)

El contertulio entiende que es necesario sobrepasar las diferencias políticas y enfocarse en un *modus vivendi* que permita negociar intereses en el nuevo campo de poder. No se puede "sostener la cohesión" porque no hay consenso sobre el *cómo*, el *cuándo* y el *quién*. El bajo nivel de agencia se invierte localmente para resistir (o apoyar) sistemas como el caciquismo para validar posiciones. Los contertulios valoran posiciones administrativas claves que se debaten durante los procesos electorales del municipio. El debate interno que se da entre Hermida y Castaing, por ejemplo, tiene que ver precisamente con quién ocupará la nueva posición clave de poder en la gleba. A pesar de Castaing perder las elecciones contra

Hermida, aquél no pierde su capital económico, pues entiende las reglas del juego y su estrategia de compraventa le favorece. Hermida, por su parte, entiende que su propósito es salvar la gleba, porque "¡Esa, esa es la gleba que hay que redimir!" (214). La personalización de los partidos (los hermidistas, por ejemplo) y las violencias simbólica y física perpetuadas en las campañas políticas son repudiadas por el autor. Juliá Marín entiende que estos espacios son parte vital en la toma de posiciones, y que se debe forjar una colectividad que llegue a su ideal supremo como pueblo, pero ha visto una falla causada por el posicionamiento de intereses personales sobre los de esa colectividad.

En su columna "Crónicas íntimas", de *Puerto Rico Ilustrado*, Juliá Marín expresa su preocupación por las discusiones que se dan en las campañas políticas, "no sólo en lo que respecta al desmembramiento de la colectividad sino también en lo que atañe al orden" (*La gleba* 334). Espera, en este espacio de tertulia, crear una "verdadera política, de la política religiosa de las ideas, que encarna aspiraciones nobles, santas aspiraciones de amor y de justicia, de libertad y democracia" (336). Pero la democracia nunca llega o, como diría Pabón, siempre estará por llegar. "De ahí que si hay algo milagroso sobre la democracia no es el consenso, sino el vivir juntos dentro del conflicto, que se le conoce como el fundamento mismo de lo político" (422).

El contertulio y la modernidad

La modernidad pasa a ser otra de las temáticas discutidas en *La gleba*, vista a través de un lente nostálgico. En una tertulia de arrabal –compuesta por Matos (ex-hacendado), el maestro Juan (obrero artesanal) y López (colono de una central azucarera)– los tres interlocutores se muestran como productos de la modernidad y comparten la tristeza del nuevo siglo. La socialización en este espacio activa la memoria, llevándolos a recordar el pasado colectivamente. Los contertulios se congregan con la "promesa de un buen rato de tertulia acerca de aquellas cosas del pasado que a él tanto le gustaba recordar, y de las cuales sólo tenía ocasión de hacer memoria cuando se encontraba gente de su tiempo" (*La gleba*

126). La ociosidad anima, nuevamente, pero lejos de un fin ocioso los congregados cuestionan la modernidad.

En el caso de Matos, hacendado arruinado económicamente con el establecimiento de "la central", éste rehúsa a aceptar el progreso porque sabe lo que implica para la extinción del campo y de su agencia. Matos no puede mantener una posición poderosa

> [...] porque todavía él no está desengañado del todo acerca de la política y considera la situación actual como un estado transitorio, peculiar del período de reorganización iniciado a raíz del cambio de soberanía, para aquilatar sobre las sólidas bases del orden y de la justicia la augusta realidad de la independencia. (*La gleba* 125)

Su resistencia y su espera alimentan la esperanza de reapropiar su espacio y su *habitus*. Su convivencia se basa en idealizar el pasado y negar del presente, sigue una línea nostálgica y dandyista. Matos entra en este espacio no tanto para comprometer su conciencia por un ideal sino para reificarse al recordar su pasado *dandy*. Su nostalgia es dandyista porque manifiesta el fin de su clase social y económica hacendada. Matos se considera desclasado, ya que entiende que pertenece a una clase sin modelo que la represente. Baudelaire lo explicaría de la siguiente manera en "Painter of Modern Life":

> Dandyism makes its appearance primarily during periods of transition, when democracy has not yet become all-powerful and when the aristocracy has not been completely shaken and debased. In the turmoil of such times, a handful of men who are *déclassés*, disgusted, devoid of occupation but rich with native powers, may conceive the idea of founding a new kind of aristocracy. (421)

Matos busca "re-enclasarse" por medio de la misma des-clasación, rememorar aquellos tiempos en los que ocupaba una posición privilegiada e impresionante (pero no impresionada) en el campo.

> He de advertirles a ustedes que por entonces era yo un *dandy*. Vestía mejor que ningún otro joven del pueblo; tenía buenos caballos, mucho dinero, y mi padre, que el señor tenga en su gloria, parecía como regocijado por aquel tono de gran señorito que yo me daba, halagando su vanidad, que no era otra que la de aparecer como modelo de esplendidez con los hijos. (*La gleba* 130)

La ociosidad de la tertulia se permuta en la moda que Matos llevaba en el pasado, en los tiempos en los que vivía en el instante de la novedad. Este personaje impresionante pero no impresionado pasa de ser un *dandy*, definido por su buen gusto, a convertirse en un *dandy dé classé* nostálgico. La modernidad es transitoria porque la moda (variable a la que da un valor fundamental) es también pasajera. Su dandyismo hace de su historicidad una experiencia estética.

El maestro Juan es otro sujeto moderno pues, en su condición de obrero artesano, es resultado del progreso (la infraestructura de las carreteras), y rinde servicio a un producto moderno (el automóvil). La experiencia moderna y la velocidad forjan su destino como dueño de un taller de herrería en el que:

> ...veíanse en él ruedas de carro recién enllantadas, armazones de carruajes, vehículos rotos, ejes, railes, vagonetas aboyadas, pedazos de hierro de todas clases y formas, fragmentos de volantes, cilindros enmohecidos y otros inútiles accesorios que en manos de un mecánico pueden ser útiles de un momento a otro. (128)

El cuerpo del obrero equivale a una cantidad de trabajo, y viceversa; es un factor que lo potencia y que lo hace producir y valorizarse en esta fase de la modernidad. En el caso de López, el colono –activo en *meetings* políticos–, encontramos un sujeto que toma una posición ventajosa cuando se devalúan las tierras. López se comprende moderno porque es capaz de representar y de construir el mundo que le rodea. Sabe que le espera la ruina, como dueño de la central, si no actúa debidamente: "¿Ha visto usted –continuó López– como la gleba ha emigrado hacia los *campos*? ...Bien, hombre; así la caña acabará de perder sus dominios. Porque, mire usted, Licenciado, que aquí se ha explotado mucho el sudor de los infelices" (213). López entiende lo que está en juego y lo efímero de su presente.

Los tres contertulios son modernos porque tienen acceso a la estructura de sus *habitus* y tienen sospechas, porque articulan la modernidad de diferentes maneras, inscribiendo sus contradicciones y contingencias. Si entendemos que "la modernidad involucra una autonomización de la esfera estética" (Beverley, *Essays* 123), podemos afirmar que la autonomización se logra estéticamente aquí con el dandyismo de Matos, con la especialización laboral del maestro Juan y con la auto-comprensión de López, en el mundo de los acontecimientos novelísticos. Ramos describe este proceso como "paradójicamente moderno, generado por la racionalización aunque autorizado como crítica de la misma" (*Desencuentros* 81). Matos, quien también es escritor y poeta, resignadamente dice: "Solamente me queda el consuelo de que después de implantado el llamado modernismo los he leído peores" (*La gleba* 132). Como agentes modernos, Matos, Juan y López consolidan en la tertulia un espacio que les permite articular una crítica a la misma condición que los crea. La autonomización de estos agentes en el escenario de la tertulia se resuelve en la autonomización del campo cultural.

Las tertulias celebradas en la obra de Juliá Marín juegan un papel crítico frente a las prácticas sociales de comienzos del siglo XX y contribuyen, con la prensa, a la construcción de una opinión pública en el plano ficcional y de negociaciones identitarias. La toma de posiciones en estos espacios es una práctica necesaria para generar o mantener disposiciones habituales y para resituar o reclasificar agentes en el *campo* de poder. La tertulia es un lugar simbólico de comunicación que engendra cruces entre diferentes agentes de una sociedad que se dan cita y que resalta la dinámica de su interacción. La tertulia es un elemento impulsor de la transformación cultural que se gesta en la sociedad narrada por Juliá Marín.

Los tiznaos y la rebelión de su *habitus*

La agitación que reina desde finales del régimen colonial español hasta los primeros años bajo el gobierno norteamericano trajo consigo confusión y desplazamiento socio-económico para los habitantes de la isla. El Puerto Rico del nuevo siglo XX no tiene la fuerza contestataria (o, al menos, el potencial de los medios comunicativos) que alivie parte de la presión y el descontento del campesino. Pero el silencio llega a su fin en los sectores rurales mediante una serie de robos y actos violentos perpetrados por un grupo de individuos llamados los *tiznaos*. Estas prácticas ponen en evidencia la crisis y el resentimiento que se respira en el campo, así como la puesta en cuestión del *habitus*. En *1898: la Guerra después de la Guerra* (1987), el historiador Fernando Picó analiza los eventos que involucran a estas partidas sediciosas que aterrorizan a los habitantes de las zonas rurales.

El patrón de movimiento que los *tiznaos* siguen en el campo –el narrador lo caracteriza como expedicionario y exploratorio– es una trayectoria social de naturaleza turbia. Se trata de un colectivo no-identificable que actúa de cierta forma por la noche y de otra durante el día. Su recorrido se determina por una constante experimentación y por el riesgo que propicia su andar (a veces es correr y otras volar), por la velocidad con la que se desplaza y por la violenta transgresión de los campos. Recorrer, aquí, es tanto como "volver a correr" por un espacio antes permitido o poseído. Según van atravesando zonas del territorio, los *tiznaos* ocupan posiciones cambiantes en el campo natural, y asumen una manera clandestina de ser y de estar. Como expresión del bandidaje típico que se da en sociedades predominantemente rurales, las partidas sediciosas surgen en Puerto Rico en momentos de crisis económica y social. En América Latina existen estudios que prueban que la formación del bandidaje se puede atribuir al deterioro de las circunstancias socio-económicas que producen desplazamientos sociales, que se dan en etapas formativas del desarrollo de las naciones-estado del siglo XIX (Pérez, 1989; Sánchez y Meertens, 1987; Vanderwood, 1992). En Puerto Rico, Picó analiza a fondo las actividades de estas partidas: "Robaban los alimentos de la tienda de raya o del almacén, y el licor, la ropa, las sillas de montar y algún mueble de la casa. Amenazaban al mayordomo, al administrador o al hacendado presente, y en ciertas ocasiones quemaban los edificios de la hacienda" (98). Su *habitus* va reconfigurándose con el unte de tizne en la cara, con el acumulado resentimiento frente a sus antiguos capataces, con su complicidad con diversos agentes políticos, y con el desplazamiento subversivo. Sus líneas de fuga y sus intensidades les permiten salirse del "camino recto", ir en contra del flujo e interrumpir las dinámicas que animan la vida de las poblaciones. Sabemos quiénes son, no tanto por sus nombres sino por sus prácticas, y por las redes de relaciones que establecen en sus asaltos. Con la invasión, la pobreza y la sed de venganza como marco, los *tiznaos* definen sus leyes de funcionamiento y desarrollan el *habitus* de un campesino rebelde. Su toma de posición depende de la posición que ocupen los agentes institucionales en la estructura del *campo*.

La convocatoria de guías exploratorios resulta beneficiosa tanto para las fuerzas militares norteamericanas como para el *tiznao*. Para la milicia, hay la facilidad del acceso a nuevos territorios, que en el caso del *tiznao* supone la revancha contra el español que le había despojado de la tierra. Si algunos miembros de la autoridad local, como Andújar (jefe de policía), establecen una relación de complicidad con los *tiznaos* para satisfacer intereses personales, ellos igualmente se favorecen con la misma oportunidad de venganza. Es decir, los *tiznaos* se posicionan de acuerdo con las determinaciones impuestas por cualquiera de los dos tipos de autoridades. La situación es actual y potencial en las prácticas del *tiznao*. Ambos agentes institucionales crean condiciones para la obtención de una posición de poder y alientan la formación de espacios para el surgimiento de las partidas sediciosas, que buscan restaurar el derecho, antes negado, a unos capitales.

En *Tierra adentro*, los *tiznaos* no tienen ya nada que perder y están motivados por los efectos de una desigualdad social, económica y política propiciada por el régimen anterior. Introducen, entonces, un tema clave para la creación de un nuevo campo: el impacto de una nueva estructura sobreimpuesta en un espacio insular (ya geográficamente lo era), equipado con un sistema debilitado de sanciones. La pseudo-incorporación de Puerto Rico a las exigencias de un estado moderno crea las condiciones propicias para la actividad violenta, y los *tiznaos* operarán en el conctecto de estos campos superpuestos. Ellos saben jugar en ambos campos y agenciar su acumulación de capital. La complicidad con ellos se ve tanto en las fuerzas armadas del General Stone como en su relación con autoridades locales como Andújar. Como jefe de policía, éste mantiene el orden (y también el desorden) público. Por su interés personal en cobrar venganzas pendientes, Andújar propicia la organización de estas partidas sediciosas, convirtiéndose en autor intelectual de algunos asaltos.

El *tiznao* llega también a infiltrarse socialmente en el espacio de las tertulias, y allí mantiene contacto con contertulios de la élite. En una de las tertulias que se realizan frente a la Farmacia del Centro, el cura sospecha de la transgresión que esto supone: "–Y en la partida estaban –continuó el cura– personas del pueblo que se codean con nosotros, caballeritos que se olvidan por la mañana de sacarse el tizne con (el) que se desfiguran el rostro la noche anterior" (*Tierra adentro* 51). El cura se refiere al contertulio Paco Díaz, quien se muestra lívido. Uno de los indicios de que su complicidad se basa en el miedo y no en el acuerdo (considerando que el Padre es anti-estadounidense, y Paco un agitador americanista), se revela al decir el cura: "Acabo de saber que en uno de los barrios más cercanos, cuyo nombre ahora no recuerdo (y lo advierto para que no me lo pregunten), maniataron anoche al dueño y violaron a dos niñas hijas suyas" (50). El juez queda mudo, el alcalde niega el hecho y Paco deserta de la tertulia. No hay denuncia, sólo una simple advertencia de descuido: "Éso es que a cierta oficina llegó esta mañana un empleado con la oreja izquierda tiznada" (51). Hay complicidad, también, entre el *tiznao* y algunos miembros de la comunidad campesina. Tiburcia, novia de Valentín (*tiznao*), defiende a su enamorado en su lecho de muerte luego de que Carmendía (asistente del Doctor Peralta) exprese su menosprecio por el protestantismo (una traición) del moribundo: "Lo han herido por patriota, por valiente, por buen americano. Porque ése, ahí donde usted lo ve, nunca ha sido español. Bastantes veces se las vio con la Guardia Civil [...]" (43). Vistos como héroes o como enemigos, los *tiznaos* son agentes del desorden (y de un re-ordenamiento) y asumen nuevas formas identitarias y roles según va cambiando el campo impactado.

Salirse del "camino real" implica dejar el "camino recto" y entrar al espacio del peligro. En una escena de *Tierra adentro*, en la que las partidas cargan el cuerpo herido de Valentín, la narrativa nos lleva por las vías alternas que transitan: "Los que lo llevaban, que eran tres, parece que iban cansados y lo pusieron un rato en el suelo, donde se quedó más tieso que un cadáver de tres días. Luego lo cogieron otra vez y remontaron la loma con dirección a 'Los Planes' pero evitando siempre salir al camino franco" (31). La traslación en los campos va en contra de la frase proverbial que reclama al caminante "no dejes camino por vereda". Tomar un "camino franco" implicaría para estos "ladrones de ladrones"

(107) re-velarse y entregarse a unos códigos que no les permitirían hacer su protesta anti-españolista.

El *tiznao* deviene en el jíbaro malo de la novela, un individuo resentido que reformula su *habitus* entre fincas o entre *campos*. Por supuesto, el *tiznao* y el buen jíbaro comparten la misma desolación y el mismo desamparo en los nuevos espacios, pero a diferencia del buen jíbaro literario, quien valora la ética y el valor del trabajo (proceso y producto que aportan paz espiritual), el *tiznao* valora lo que le toca por derecho y se le ha negado. El *tiznao* es un ser que hasta cierto punto es más logrado que el buen jíbaro, porque se rebela. Con el *tiznao* se forma un movimiento de inquietud rural explotado por una clase hacendada desconcertada. Pero como vengador de las injusticias soportadas, el *tiznao* no puede liberarse de ese sistema que le provee el espacio para realizar sus actos terroristas y termina siendo erradicado y, como el campesino, posiblemente se proletariza.

La cárcel o "teatro de la vida"

El capítulo XVIII de *Tierra adentro* muestra la estructura transformada del campo; lo que antes era un teatro de zarzuelas ahora es una cárcel. El narrador hace un llamado a sus "actores verdaderos" para que reanimen y expongan sus disposiciones en el campo. La cárcel es un espacio microcósmico para que el actor represente la tragedia colectiva.

> El teatro se había convertido en cárcel. El retroceso social y moral no podía ser más desconsolador. Era un edificio de fachada lujosa, con puertas de estilo árabe, calados y cornisas de raro capricho arquitectónico, paredes de sólido espesor, de una apariencia exterior hermosísima. Por dentro no, por dentro era una cloaca: piso de ladrillos, siempre húmedo; paredes sucias, techo de hierro, descubierto y enrejados de madera sin pintar, ennegrecida por el humo del hogar. (115)

Ahora la realidad social, política, económica y personal de los personajes carga con una propiedad performativa, haciendo de las disposiciones un acto estético. Para Bourdieu es esencial prestar atención a los espacios microcósmicos que se producen en las obras culturales y analizar el sistema de relaciones que sostiene cada agente con los demás. El campo carcelario y performativo vendría a ser el espacio forzado en donde se reanimarían las estrategias, las alianzas y las creencias que han portado los personajes en su *habitus* pero también, y más que nada, donde se demostraría la constricción del movimiento. El "retroceso social y moral" al que se refiere el autor es la prolongación de un antiguo *habitus* repetido en un nuevo campo de poder limitante pues, como dice Pedreira, "nosotros fuimos y seguimos siendo culturalmente una colonia hispana" (42).

Podemos inferir que el *habitus* creado por la estructura del campo del teatro intenta transformar las estructuras de la sociedad. Juliá Marín juega con las dos estructuras (la teatral y la carcelaria), e invoca la performatividad creando un reparto que exhibe el aislamiento, el abandono y la ruina del campo. Dentro del ambiente carcelario-teatral de *Tierra adentro* se desarrolla una "subjetividad socializada" en un *habitus* producto de las historias colectiva e individual, que se muestran mediante un doble agente-actor: un individuo colectivo e, igualmente, un colectivo individuado. La dimensión colectiva se da porque tanto el sujeto como el individuo y cada expresión subjetiva son sociales. En el espacio teatral que escenifica Juliá Marín vemos la importancia del uso consciente del lenguaje corporal y del discurso interno. El *habitus* de Bourdieu existe en la cabeza del actor y se expresa a través de las prácticas de ese actor y de su interacción con su entorno.

El teatro de la vida

El teatro de la vida que propone el autor dramatizará la experiencia del diario vivir, los patrones que se siguen, además de las condiciones y las estructuras sociales que contribuirán a la perduración de las prácticas y a una extensión del *habitus*. Los participantes de esas prácticas se encuentran auto-monitoreándose para poder entender lo que están haciendo. Aun en una situación de extrema opresión como la que supone el estar en la cárcel, la *performance* —como práctica cultural y social— es el medio *par excellence* en *Tierra adentro* para mostrar el acondicionamiento al que se someten los actores en la creación de su agencia. Mediante prácticas performativas podemos acercarnos a los orígenes de las expresiones del francés *agencer* (en el sentido de "encajar", "arreglar" o "disponer") y *agencement* (como "el trazado", "el ensamblaje" o "la configuración"), y entender el agenciar como posibilidad de configurar y disponer, de actuar y reflexionar. La conversión de los teatros en cárceles es la prolongación de esta intervención, y anima la eterna puesta en escena de los personajes con el motivo de un "teatro de la vida". Tomando la zarzuela como referente, el autor introduce una visión dramatúrgica e histórica de la vida social.

> Uno de los primeros actuaba allí cuando la muerte del caudillo cubano Antonio Maceo y la misma noche que se recibió la noticia de tal suceso, se puso en escena la zarzuela "Cadiz", a petición del coronel de Voluntarios y el teatro se llenó de españoles. Ahora se representaban allí escenas de la vida real, no eran actores ficticios los que hacían el drama y la comedia, sino actores verdaderos que no simulaban sentir las pasiones, porque las sentían realmente. (115)

Las disposiciones que se generaron en las zarzuelas puertorriqueñas y cubanas se asociaban con el tema rural y con la imaginería costumbrista del campo colonial. El *habitus* de la zarzuela "Cádiz", mencionada por el autor, resulta marcado por los tipos populares, el heroísmo, la nacionalidad, el patriotismo y el protagonismo. La decadencia de la zarzuela es parte del proceso de conversión del teatro en cárcel. "La zarzuela Cádiz fue un éxito, aunque su fortuna quedó marcada desagradablemente con los acontecimientos del 98, constituyendo una triste ironía, la alegría y el carácter avasallador de su música se convirtieron en los mismos verdugos de aquella España que la vio nacer" (9). Tanto el heroísmo que se muestra en "Cadiz" como la ruina de España forman parte del *habitus* que Juliá Marín busca extender manteniendo las disposiciones desarrolladas en la época del 98. Según el crítico Antonio J. Molina, la popularidad de "Cádiz" se explica por el tema musical "Viva España", pues se convierte en himno de guerra en el momento en que las tropas españolas intervienen en Cuba y, más adelante, en himno nostálgico tras la derrota (431). Los "actores verdaderos" de Juliá Marín reaniman la nostalgia.

Juliá Marín va produciendo –como dirá el sociólogo y crítico cultural Arturo Torrecilla– un "capital cultural de distinción" (97), una perenne puesta en escena de la cual no hay escape. El encerramiento obliga a un aprendizaje, al desenmascaramiento de continuos engaños, a despojarse de todas las capas falsas del ser. A propósito, Bourdieu señala que el *habitus* es aprendido y adquirido por el proceso de la "mímesis práctica" (*The Logic of Practice* 92). La dramaturgia del *theatrum mundi* que opera en la zarzuela se retiene, pero con una fuerte dimensión trágica. Juliá Marín busca en el Gran Drama de la vida un sentido de experiencia compartida, un mecanismo que rastree las presiones culturales y sociales que responden a modos estéticos e ideológicos cambiantes. Torrecilla señala que, ante la crisis por sentirse fuera de sí, del cuerpo, de la historia y de un rol, la ansiedad de ser puertorriqueño se agudiza, llevándolo a la simulación de ser puertorriqueño con matices heroicos y agónicos:

> Este es el modo en el que el metarrelato de la historia, devaluado por la efímera durabilidad temporal del evento, adquiere convertibilidad, esto es, *deviene en capital cultural de distinción*. Historia retrospectiva desde el posicionamiento que obedece al presente, el pasado sirve aquí para afincar un perímetro vigilante del sentido y de la verdad ideal. (97, énfasis en el original)

La zarzuela aporta la posibilidad de una *reivindicación carnavalesca premoderna*, de la que nos habla Torrecilla, que expande los espacios de libertad a través de la performatividad y la soltura. Juliá Marín comienza aquí a mostrar la cultura como espectáculo y se presenta como intermediario mediático de la sociedad espectacular. Dramatizar la histeria del *habitus* y hacer un despliegue emocional de lo que vive la sociedad permite al individuo pensarse como personaje y jugar su papel, pero también sentir la presión de estar siempre, en la versión de personaje, en un mundo totalmente humano y alienado. Este acercamiento dramatúrgico a la experiencia social por parte de Juliá Marín le permite al personaje entrar en escena y ver su *Yo* en el mundo.

> Escaseaban, desde luego, los dramas de amor, porque en aquella humanidad teatral se había extinguido todo sentimiento noble y elevado. Eran dramas de miseria, de egoísmo, de perversión, los que allí se desarrollaban, Era aquel un verdadero teatro de la vida, de la vida vista y sentida de cerca, no de la vida rica y deliciosa, de encantos y de felicidad, de amor y de esperanza, sino de la vida negra y amarga, llena de desesperación y de desaliento, de la vida pobre. ¡Miserable vida! (*Tierra adentro* 116)

Esta irrupción al "teatro de la vida" proviene de la necesidad de que el escenario se convierta en espacio natural, para exhibir la misma naturaleza de las cosas. La noción de "teatro de la vida" o *theatrum mundi*, ya explotada en la zarzuela barroca, reconoce al actor como poblador del campo escénico.

La cárcel de la vida

En este espacio insular, ahora la realidad no tiene escapatoria, dándose a conocer la pobreza y la marginalización vividas por la multitud encerrada. Como cualquier humano con la convicción anticipada de que todo lo puede, con la fe absoluta en su capacidad, el puertorriqueño en la obra de Juliá Marín había creído ingenuamente en la posibilidad de escapar de la miseria personal, recuperarse de la tristeza del nuevo siglo y agenciar su bienestar. Pero según se va asentando el nuevo gobierno, el individuo adopta actitudes ante el desengaño. Se interpretan, sobre todo, a ellos mismos, implicándose totalmente en su situación de crisis, concebida como vivencia real. Se realiza el sujeto, planteando su juego teatral no como representación sino como presentación. La cárcel fuerza la organización de nuevas relaciones y disposiciones; se presentan ellos mismos en relación con su entorno, con la sociedad y con la historia que se ha ido hilvanando a través de los tiempos en un *habitus*; y se abre un espacio en el campo para al menos poder atender y sufrir la tragedia. Los límites que se delinean en el nuevo espacio carcelario le permiten al reo —a través de la alienación— rencontrarse con los demás y consigo mismo, medir y darle perspectiva a sus dolores y desesperanzas. No estamos hablando de un encerramiento ilusorio sino de uno real que traspasa las paredes de la cárcel y coloniza el campo entero. Marx plantea la alienación como una cosificación del individuo, Lukács como una reificación; pero en el espacio alienador de la cárcel creado por Juliá Marín el individuo no sólo se cosifica u objetiviza por los nuevos sistemas de valores que implanta el nuevo régimen sino que también subjetiviza. Es decir, la sociedad se aliena objetiva y subjetivamente, merced a un espacio carcelario que aún conserva la magia de su estado anterior de escenario teatral. La interacción teatral construye identidades y disposiciones socializadas. El *habitus* se forma con la *mímesis*, pues se revelan prácticas que producen reacciones concordantes con un sistema de disposiciones ya socialmente codificado. Es la "historia corporeizada" y transformada en "segunda naturaleza, olvidada como historia", que produce una "invención sin intención de la improvisación regulada" (Bourdieu, *El sentido práctico* 97). La improvisación se regula en el espacio de la cárcel.

La cárcel supone un momento de detención que obliga a la autocomprensión. No hay escape de la realidad sino intervención, y lo que queda es escuchar la verdad que no se quiere oír. Así, en la alienación (carcelaria y teatral) los personajes intentan comprenderse. Pero no todos los "actores naturales" de Juliá Marín logran hacer su práctica. Atanasio (ex hacendado a quien se le desintegran la familia y su fortuna), en su locura –ya gesticulada en el personaje grotesco de Pierrotto, alusivo a la antigua *commedia dell' arte*– se halla inmóvil, incapaz de performar su posición o de siquiera recrear sus disposiciones. Como explica Feliú Mantilla en su análisis de la obra de Juliá Marín:

> Más atinado para la comprensión de la novela, es interpretar el enfado de Don Atanasio como la manifestación histórica de una clase social, la de los propietarios de haciendas cafetaleras, que ve resquebrajarse, sin poder evitarlo, el orden legal, social y político que durante años había protegido sus intereses económicos. (*La gleba* 173)

Atanasio, "un simple caso de enajenación", es muestra de cómo el personaje, al medirse con la realidad, al sentir la intensidad de una desvalorización y al no tener capacidad de discurso, se destruye. Consciente desde el principio de las injusticias cometidas contra él y su familia, Atanasio –en su nuevo papel de mudo loco– es quien con mayor evidencia refleja el drama de la alienación cuando lo llevan a la cárcel. El perder la voz y la cordura han sido parte de su proceso de extrañeza y de pérdida de su posición en el campo. Su *habitus* ya no corresponde con el campo en donde reside, y no logra operar bajo las nuevas estructuras del mismo. No hay ni práctica, ni socialización, ni relación; el hacendado despoja su *habitus*, queda nulo y eliminado del campo de juego.

Dentro de este espacio contenido y alienador de la obra, se conceptualiza, se siente y se refleja una sensibilidad colectiva. Como corresponsal de los periódicos *El Águila*, *El Correo del Norte*, *Puerto Rico*

Ilustrado y *La Democracia*, el autor es ya un acumulador de observaciones, un registrador de vivencias particulares (y, en muchos casos, extrañas), circunstancia que lo hace un experto en el tema de la lejanía, percibiendo la crisis y el pesar de los ciudadanos de su época. Juliá Marín ve en la cárcel el espacio propicio para entretejer literatura y alienación, y para crear, irónicamente, un espacio libertador y a la vez opresor, para la autocomprensión en el campo. "La libertad había comenzado por convertir los teatros en cárceles. Era un insulto a la cultura del pueblo pero este no se daba cuenta de tal insulto o creía entonces que las cárceles son más necesarias que los teatros en pleno gobierno republicano" (*Tierra adentro* 116). El modelo carcelario-dramático que propone el autor nos lleva a concebir, por un lado, una sociedad incierta y precaria, mientras que por otro hallamos un sistema que la rige como si se siguiera una convención dramática, una ficción que siempre ha existido. Actuar el drama social mantiene a la sociedad creyente en esa convención dramática del "gobierno republicano" y permite sobrevivir dentro de ella, como si no hubiera otra posibilidad de vida. Aunque implique un insulto a la cultura, para Juliá Marín es necesario convertir el teatro en cárcel para crear una literatura más humana y realista, medir la alienación que está tomando lugar y registrar el sufrimiento de la sociedad ante los cambios históricos que le dan estructura al campo. Sus actores enfatizan el componente ficcional del proyecto de creación de una nación cultural. El "teatro de la vida" es la experiencia estética para escribir a Puerto Rico desde sus límites carcelarios, su compromiso de proveer un espacio para el puertorriqueño hacer su despliegue espectacular, aunque pierda la capacidad de agenciar, como el caso de Don Atanasio, quien termina mudo.

Abandono y ruina del campo

La ruina monumentaliza la ausencia y la pérdida de significación pero, a diferencia de la visión romántica de la ruina (como reflejo del yo en crisis), las imágenes que trae Juliá Marín comportan una estética melancólica que muestra un campo desolado, vacío, cargado de falsas promesas y con las fallas de la modernidad. La ruina en *Tierra adentro* y *La gleba* es de naturaleza destructiva, un espacio de reconstrucción y renovación que parte de la aniquilación para permitir una aprehensión del campo moderno que se gesta. Juliá Marín hace de la ruina un acto del presente inmediato que apunta siempre a lo que acaba de acontecer. La caída de la industria cafetalera, el huracán San Ciriaco, la congelación del crédito, el proceso de expropiación, el proceso migratorio y la proletarización son aspectos ruinosos en la obra de Juliá Marín.

La dificultad de las municipalidades españolas en lograr la transición, el nuevo sistema de monocultivo orientado a atender mercados extranjeros, la censura de la prensa, la prohibición de realizar huelgas, el hambre, y las enfermedades pandémicas y endémicas, contextualizan las condiciones bajo las cuales el puertorriqueño se halla inestable, huérfano y desamparado. Desde el punto de vista del agente dominante, la creación de un nuevo campo requiere de la ruina y el abandono del viejo. Se arruina y se abandona cuando se echa a perder la tierra, cuando se deshonra a la mujer, cuando se debe desplazarse por una carretera que ha partido el paisaje en dos, cuando se renombran las calles; en

American Railroad Company railway cut near Guajataca, PR. Detail from real-photo postcard, Attilio Moscioni (attr.), 1910s. Colección de fotografías de Gleach/Santiago-Irizarry.

fin, cuando se implantan nuevas estructuras sobre las viejas. El ente abandonado funciona con y por la ruina, y necesita melancolizar y nutrir su discurso diferencial frente a la nueva estructura económica y política norteamericana. Mientras *Tierra adentro* es campo arruinado, abandonado, observado y explorado por el caminante, *La gleba* es campo ruinoso, deformador, creador de melancolía y con ansias de un regreso al campo anterior de *Tierra adentro*, o sea a "mejores tiempos".

La carretera y otras vías

La carretera, los caminos y las veredas son elementos instrumentales en la burla y la deformación del paisaje, y operan como medios para resaltar la materialidad, la nueva permanencia de patrones y de significados en los espacios disputados. Estas vías cambian la red de movimientos y relaciones, conectando personas con personas, personas con recursos, personas con la vida y con la muerte. Además de su uso diario para transportarse, la carretera y los caminos poseen para sus usuarios una valiosa función performativa en procesiones y eventos tradicionales que conjugan el *habitus* del puertorriqueño. Quien las construye resulta reconstruido por ellos, teniendo como resultado la facilidad o el impedimento para moverse en el campo trazado.

La carretera –con su signo negativo de progreso– separa, arruina y antagoniza: primero con el abismo de tierra, compuesto de peñones que vienen desde la altura, y luego con el abismo del agua que se traga la tierra y a aquellos que la habitan. No importa en cuál de los dos abismos caiga el caminante, la muerte es una gran posibilidad:

> […] porque si el uno amenazaba de continuo desgajar sobre la cabeza del viajero los agrietados bloques que coronan el talud, el otro puede hacer traición en la noche, tragándose al confiado viandante hasta sepultarle en sus profundidades de agua y peñascales de cortantes aristas. Son dos pérfidos abismos abiertos por el progreso, dos misterios de muerte, uno en lo alto y otro en lo profundo […]. (*La gleba* 9)

Toda acción ejercida por el caminante (por más reducida que sea) más la infraestructura de la carretera ofrecen un eje para la práctica social, o sea en la creación del *habitus*. Las acciones del caminante deben ser aprendidas, manejadas y transmitidas. Sus pasos son racionalizados según la carretera va arruinando el paisaje, formando parte de un proceso civilizador. La posición y la disposición se entrelazan en esa trayectoria del abandono de la tierra arruinada.

El campo se convierte en un espacio intrínsecamente histórico a través de los patrones que va creando la carretera, considerada "como un hecho sorprendente que hablaría a las generaciones futuras del talento y la actividad de los antepasados" (*La gleba* 10). Quien la transita se va percatando de su propia historicidad y de la posición que ocupa o deja de ocupar en el campo de poder:

> El caminante pensaba en la gran suma de dinero que se habría invertido allí, en el mucho trabajo que se ofrecería a los jornaleros todos de la jurisdicción, cuando se iniciaron las obras, la felicidad, la fortuna de los desheredados, que conquistan el pan con el trabajo diario. ¿Por qué aquella prosperidad no llegaría antes de que él se marchara para el Hawaii? (*La gleba* 10)

Aquí nuestro protagonista regresa a Puerto Rico, envejecido prematuramente y desilusionado de su experiencia migratoria a un Hawaii lleno de falsas promesas de bienestar y progreso. Roque encuentra que las estructuras de producción y las condiciones laborales en Hawaii se repetirán en Puerto Rico con el establecimiento de las centrales cañeras.

Roadway through a mountain town. Real-photo postcard c. 1930, J. W. Hayman, Mayagüez. Colección de fotografías de Gleach/Santiago-Irizarry.

Roque desciende a la tierra que antes le pertenecía a su familia hacendada (ahora desintegrada), una tierra ya abandonada:

> Muy cerca de estas ruinas estaban el río con sus blancas cascadas y sus caprichosos serpenteos, las pequeñas vegas, que ahora eran herbales y antes fertilísimos sembrados de caña, restos de la derruida represa, bohíos dispersos, pero no lejanos de las inmediaciones, remembranzas del paisaje, huellas de la riqueza agrícola desterrada por la penuria medrosa y sombría, que se había hecho anunciar en la comarca por la tea y el puñal, por el robo y el escándalo. (*Tierra adentro* 62)

El abandono y la ruina de la clase hacendada requieren una separación, pero no por voluntad propia. No existe realmente interés por parte del agente burgués estadounidense en competir con el agente burgués rural puertorriqueño, convirtiéndose este segundo en el proletario incipiente. En este sentido, afirma la socióloga Luz Milagros Alicea Ortega, "se *concreta la separación formal y real* de los productores directos de su medio de producción, la tierra y, por consiguiente, la formación de la clase obrera puertorriqueña, representada en esta primera fase del *desarrollo y la consolidación del modo de producción* capitalista por el proletariado rural" (101). Lo que le queda a Roque es deshabitar el campo a la fuerza, siguiendo el flujo asfaltado de la carretera, dispersarse y aceptar su proletarización en el nuevo campo de la "central".

La central azucarera

Al igual que la carretera —en su condición de símbolo progresista— la central es un espacio antagonizador, monstruoso, activo y maquinado que lleva al obrero a su ruina humana. Es un campo que lo compacta y mecaniza para producir capital económico:

> Los brazos del obrero se suprimen, y hay más precisión en el trabajo, más economía. Luego la mecánica es un signo de vida y un signo de muerte al mismo tiempo. Sus leyes son el movimiento y la inercia, la agitación y la quietud. La rotación de una volanta significa la paralización de cien brazos. (*La gleba* 68)

La central es sustractora de energía colectiva, que a la vez es transformada en combustible. La "promiscuidad de movimientos" organizada por la máquina que opera la central es una fuerza

Sugar crystallizing pans ("tachos"), Centra Guánica. Detail from real-photo lithographic postcard, postmarked 5 May 1903.

deshumanizante que reduce al obrero a un mecanismo. La degradación del humano viene con la densidad, la oscuridad y la viscosidad que se producen en el ambiente de la central:

> Se respira allí una atmosfera caliginosa; y una suciedad de miel lo mancha todo, pisos y paredes, los aparatos de las máquinas y las ropas de los obreros. Visto allí el pisoteo de la miel, la viscosidad del piso, se coge repugnancia al azúcar. Muchos de los obreros parecían haberse bañado adredemente en los depósitos de melaza [...]. Las máquinas hacen mucho. Trabajan ellas solas. El hombre no hace nada más que darles el primer impulso. El vapor se encarga después de mantener el movimiento. (71)

La central crea un sistema de disposiciones que van codificando un *habitus* genérico que puede ser llevado por cualquier obrero. El jornalero, el peón o el agregado, quienes llegan con una serie de disposiciones adquiridas en sus pasadas vidas, deben ajustarse a las nuevas disposiciones. Pero su procesamiento resulta en su deformación, su obsolescencia y su cristalización. Su ruina se basa en su interacción con la máquina y en su conversión a una "naturaleza petrificada". La situación se agrava para la industria cañera, ya que la industria del café promete una revancha económica. En *La gleba*, la central se convierte en las "ruinas de Pompeya":

> Los edificios de la "central" en ruinas, habían pasado a la categoría de las cosas arcaicas; en las maquinas la herrumbre medraba, como un sello de quietud o de reposo puesto por el tiempo sobre aquella férrea mole, sin vida; las gigantescas volantas, como paralizadas, en medio de su loca carrera, por una fuerza misteriosa; las calderas cubiertas de un polvillo negro; la telaraña, meciendo sus caprichosos enredos, tendido entre los tubos y la viguería; los techos como grandes odres vacíos, en donde merodeaban las cucarachas engolosinadas por el dulce; los objetos todos en una misma posición de abandono, como si al llegar la hora de la paralización definitiva no hubiese quedado tiempo para ordenar nada. (174)

Con la putrefacción causada por la lluvia, los vagones inertes y las semillas que ya no retoñan, el campo se echa a perder. Como ruina moderna, la central es una destrucción de sí misma, es espacio erosionado y desértico. El campo creado por la central ha servido en *La gleba* como ejercicio de destrucción y abandono.

El renombramiento de las calles

Ya hemos visto que, aunque no exista en Puerto Rico un poder contestatario entre los ciudadanos que contrarreste el régimen colonial, sí se hacen permisibles el diálogo y la expresión de desacuerdos en el espacio de la tertulia. Un tema del cual parten los contertulios en la Farmacia Central para tomar sus posiciones, es la política del renombramiento de calles. Los letreros de las calles son puntos nodales de los que surgen discusiones imperativas sobre qué constituye la puertorriqueñidad o la identidad nacional. Ellos entienden que el re-nombramiento es, además, un mecanismo estabilizador del campo, una base simbólicamente fundacional, una expresión de poder (siempre endeble frente al cambio) que maneja el sistema estadounidense. Este acto revisionista etiqueta el cambio de período y la transformación de espacios, definiendo y representando la nueva ideología norteamericana.

Los contertulios dan cuenta del efecto simple e inmediato que tienen la borradura y el re-nombramiento de calles en su vida diaria, en su lenguaje y en su espacio. El cambio ruinoso en la geografía política de las calles citadinas da lugar a un discurso propagandístico de gran resonancia pública y de explícito valor simbólico. Hay en este acto discursivo la proclamación del comienzo de una nueva era, una toma de control infraestructural. La lengua vendría siendo un ejemplo de cómo un agente se vale del capital simbólico para monopolizar espacios. Designada por la posición que el agente ocupe en un espacio social, la lengua es considerada por Bourdieu como un mecanismo de poder. Tal como el rótulo "NO ADMITTANCE", que privatiza espacios campestres, el re-nombramiento de calles, en su capacidad semiótica, equivale al re-nombramiento del pasado, al aviso de una borradura y una re-orientación ya vigente o por venir. Para algunos, como el Doctor Peralta, el re-nombramiento de calles equivale a una celebración de triunfo del nuevo régimen norteamericano y a la seguridad de un Puerto Rico que saldrá de su ruina reconstruido y mejorado: "–¡Magnífico! –Exclamó Peralta–. Este pueblo le debe mucho a Stone. Si no hubiera sido por su pericia militar, de seguro que en estas calles se hubiera librado un sangriento combate y hoy nuestras esposas y nuestros hijos llorarían la viudez y la orfandad" (*Tierra adentro* 120). Para quien se oponga al nuevo gobierno, como en el caso del Padre Lara, el re-nombramiento de las calles representa una ruptura con la tradición, el deterioro de una cultura: "–¡Bravo, bravo! –exclamó el cura–. ¡Ah, pueblo tradicional! ¡Qué bien conservas las reliquias del tiempo, el legado de la raza, el ejemplo de la religión! ¡Washington!, ¿qué le deberá Puerto Rico a ese hombre?" (121). Este acto implica para el cura una de-conmemoración de sus tradiciones y un remplazo de creencias espirituales ya arraigadas en el *habitus*. A través de estos re-nombramientos toponímicos y de la re-situación de espacios –preocupación que sigue vigente en el Puerto Rico de hoy–, ¿qué implica esta borradura para la memoria pública?, ¿qué nuevos significados y direcciones se van abriendo?, ¿qué imaginarios hegemónicos se van creando a partir de estos desplazamientos?, y ¿qué lugar o posición toman los sectores de la élite que van habitando los espacios re-nombrados de Puerto Rico?

La disputa sobre la escritura ruinosa de los rótulos deja entrever la doble misión de la élite de poder mantener un sistema de normas y disposiciones españolas que los diferencie de los Estados Unidos, justamente con la idea de verse como entes civilizados con capacidad para actuar como mediadores de la adaptación a las nuevas normas y disposiciones norteamericanas. Se debate entre mantener un legado de la ruina colonial española o anexarse con la menor violencia y resistencia posible a la borradura de los rótulos.

El abandono y el habitus *de la mujer*

La mujer personificada en la obra de Juliá Marín funciona a partir de predisposiciones en un campo demarcado como patriarcal y paternalista: quien la domina condiciona su *habitus*. Ella entra al juego siempre y cuando lo haga bajo códigos y patrones que faciliten su dominación. Es la mujer del Otelo shakespeareano, una Desdemona tomada por promiscua y adúltera que no merece la protección del hombre. La mujer, en *Tierra adentro* y en *La gleba*, está predispuesta a ser débil, instigadora, fea, mentirosa, traicionera, enviciada y deshonrada. Pero para el propio entender de la mujer, la responsabilidad de su ruina cae sobre ella misma; el sistema patriarcal lo ha estructurado de esa manera.

Como ya se ha mencionado, el agente se vale de diferentes tipos de capital para legitimarse y posicionarse en el campo social. Si partimos de la premisa debatible de Bourdieu sobre la mujer —considerada no como sujeto de acumulación de capital sino como objeto portador de capital (perteneciente a su esposo o su familia)— podríamos señalar que en la concepción de la mujer en Juliá Marín los personajes femeninos buscan legitimarse y posicionarse en un campo estructurado bajo códigos y prácticas patriarcales y coloniales, haciéndola portadora de capital. La mujer posee unos intereses ya condicionados para satisfacer los intereses de quien la domina. Cuando no logra satisfacer los intereses del hombre, resulta siendo abandonada. El abandono pasa a ser la fobia predominante en ambos textos. De hecho, el abandono de Faña y su hermana Tránsito, en las páginas finales de *Tierra adentro*, marca el fin del abandono español, mientras *La gleba* reanima el temor de un segundo abandono en el nuevo contexto. Faña, por ejemplo, como mujer violada, muere de sufrimiento y enfermedad por el rechazo de Antero.

La continuidad de *Tierra adentro* en *La gleba* puede verse en la violación de Faña pues, a través del acto sexual, se concibe la fase final de la ruina del campesino —cuyo núcleo familiar hacendado termina siendo desposeído, desterrado y desesperado— para abrir entonces paso a la historia del proletario rural, quien finalmente es deshumanizado e igualmente arruinado. Faña no es capaz de equiparse con nuevas disposiciones y de reconfigurar su posición en el campo. Simplemente sigue negociando sus predisposiciones, su *habitus* ya definido por quién la posee. En el conflicto amoroso entre Faña y Antero, en *Tierra adentro*, se desprecia la mujer que ha sido violada, considerándose carne ya poseída y no deseada. La violación la deshonra y la arruina:

> Él no podía asemejarse a aquellos que viven envilecidos en el amor, después de haber sacado una mujer del arroyo, manoseada de todos y de todos escupida con besos de lascivia, para traerla a la vida honrada, vida del hogar serena en la ridícula apariencia del mundillo social. Faña estaba tan ajada como aquellas del arroyo, porque también había sido manoseada y escupida, y las caricias brutales de la prostitución habían rozado sus carnes de azucena manchándolas con besos de lascivia. (96)

Para Antero el amor de Faña era un imposible, por haber ella transitado el "camino de la deshonra" y arruinado su honor, "que tanto pesa en las cuestiones de amor" (96). Faña y Tránsito son "manoseadas", no dignas de su única aspiración: la de ser amadas y protegidas por un buen hombre.

Ramona, para quien "no hay libre para andar nada más que el camino" (*La gleba* 39), desciende la montaña junto a Roque con rumbo incierto, pero con esperanzas de un porvenir próspero. Ramona comparte con Roque las experiencias del abandono y la orfandad cuando pierde a su hijo Valentín durante un encuentro violento entre *tiznaos* y hacendados, haciéndola huérfana de amor. Cuando se cumple el abandono, Ramona desarrolla una fijación en Roque, su nuevo objeto de afecto, quien le posibilita continuar con su *habitus* de madre dependiente. Y es que Ramona no es capaz de portar otros *habitus* que no sean el de mantenedora y el de mantenida emocional. Dichas disposiciones le provocan a Ramona celos tanto de Tiburcia (novia de Valentín) como de Flor de María (de quien Roque se enamora):

> Los celos de Ramona, como era natural, habían despertado bajo aquellas ideas tan prematuramente formadas, pero eran unos celos maternales, hijos de un dulce egoísmo nacido de su alma huérfana de cariño. Pensaba que ya él no sería en adelante tan solícito con ella, y que en un día, no lejano, vendría el abandono, la ausencia de aquel hijo que la Providencia le había dado para que se consolara en la ausencia del hijo muerto. Entonces quedaría sola, completamente sola. (99)

Ramona funciona en el nuevo campo, siempre y cuando su *habitus* maternal permanezca y ella pueda intercambiar amor maternal y amor filial. Esta es su negociación de espacio identitario. El miedo al abandono y a la soledad, más que nada, sofocan a Roque, quien ha sido intervenido por ella en todos los aspectos de su vida, en especial en el plano amoroso:

> ¡Ingrato! Se olvidaba de que aquella santa mujer había sido para él tanto como una madre. Ella lo orientó en el camino de la vida, cuando a raíz de la repatriación se halló solo en el mundo sin uno de esos cariños que son manantiales de consuelo en la adversidad; ella se prestó a sustituir el amor de una madre abandonada, que sucumbió por el dolor de la ausencia [...]. No; no, Roque, tú no te irás de esta casa, no es posible que me abandones después que he sido toda una madre para ti. No habré de volverte a reprender para no enojarte; te lo prometo. Pero repara en que me has herido en el alma con tus frases y que por no oírte repetirlas diera la vida. (119)

Por más tóxica que sea esta relación, Ramona nutre su *habitus* porque esa es su comprensión en el campo. Estar al lado de Roque y sentirse una madre cuidada nuevamente le da sentido de lugar a Ramona. Su forma de ser y de estar en el campo se realizan a través de su relación maternal con Roque.

El voyerismo como borradura y como ruina

La predisposición de Flor de María a seducir al hombre de buenas condiciones económicas es una construcción de sus padres, Chencho y Leona, con la que buscan beneficiar sus intereses materiales. Desde el modo de caminar, los zapatos que usa, la decoración de su cuarto o la posición de sus pies al acostarse, el *habitus* de Flor de María consiste en crear un repertorio de capital simbólico para atraer a quien le brindará capital socio-económico. Criarla como una muestra de estante y como maniquí de vitrina es parte de su borradura. El *habitus* de Flor de María es alimentado por la mirada y la tasación de Roque, quien visualmente trata de reagrupar sus perdidos capitales simbólico, social y económico. Al pensarse inferior y no merecedor del amor de Flor de María, Roque, a través de su voyerismo, comienza a desfigurar la imagen de ella, lo que también causa su propia ruina.

> El amor lo había puesto grosero. Como que tenía rabia por su desigualdad con Flor de María, y hasta a ella misma la hacía a veces blanco de un odio extraño, inexplicable. Deseaba que se muriera antes de verla en brazos de otro hombre. Otras veces le requería deformidades que destruyeran su belleza, el tifus, la viruela, cualquiera de esas plagas que convierten a una mujer hermosa en un espantajo. (*La gleba* 120)

La mirada voyerista llega al imaginario onírico de la borrachera, intervenido por el aparato cinematográfico que deforma aún más el cuerpo femenino. En el sueño ebrio de Roque, el voyerismo permite vivir una experiencia sin consecuencia, excitarse frente a la desfiguración femenina sin sentir dolor alguno:

> Primeramente sintió un devaneo extraño; locas ficciones que tomaban forma en su agitada mente y luego se desvanecían en el misterio de la sombra; rostros de mujeres bellas que de repente se trocaban en horribles mascarones que se sucedían en el lienzo de su fantasía como las imagines de una cinta cinematográfica; piernas de mujer muy lindas que se tornaban en deformes pantorrillas, y unos perfectos senos de virgen que volvíanse caídos y arrugados como los de una anciana flácida. Luego su imaginación se esforzaba por hacer reaparecer la imagen de la mujer amada y entonces emergían nuevamente, como de un caos, en espantoso aquelarre, los mascarones horribles, haciendo muecas con la boca y con los ojos. (*La gleba* 92)

El cine es voyerístico por naturaleza, y funciona como mecanismo de dislocación y de distorsión de las imágenes femeninas en el imaginario de Roque. Como instrumento ruinoso (a la par con el progreso que traen la carretera y la central), el cine se inserta en la novela otorgándole a Roque control total sobre la imagen y el cuerpo de Flor de María. La crisis de representación del cuerpo femenino se planta entre lo pornográfico y lo subliminal. Las intenciones de Roque con su futura mujer se avienen con sus intereses como hombre, pero no necesariamente con los de ella:

> [...] si encontraba una mujer buena que lo quisiera se casaría con ella, para que cuidara de él, le atendiera a la ropa, le preparara el guiso y le acompañara en sus noches de soledad en que se revolvería en el lecho buscando el calor de la mujer soñada, porque el amor latía en su pecho huérfano de caricias y le hacía adivinar los supremos goces de unos brazos suaves, delicados, atrayéndole la pensativa frente hacia un seno cálido, palpitante, oliente a juventud, que tenía la suavidad de la seda y el color ideal de las rosas tempranas. (45)

La relación hombre-mujer aparece en la obra como un vínculo entre protección y apropiación. El modo del hombre proteger (casándose con una buena mujer) tiene como precio para la mujer la pérdida de su libertad. Roque, como otros personajes masculinos en la trama, busca proteger pero también ejercer un dominio sobre la mujer. La mujer está suscrita a este dominio y lo entiende como algo natural.

Roque enferma de amor por Flor de María, pero no supera su problema de auto-estima (por su aspecto físico deformado y su pobreza), y su ambición de obtener capital se canaliza a través de su obsesión por Flor de María, a quien resiente por su vanidad y coqueteo con otros hombres. Su mente crea un ideal de la mujer como labradora de infamias, pecadora, vanidosa, prostituta. Roque sabotea el amor desvirgándola visualmente por la rendija mientras la espía. Ser pasional es ser poseedor, quien en un momento de locura (de amor) va en sentido de la total posesión de la otra persona. En este campo, el amor se vincula con la posesión de Flor María, que en un principio es visual.

Lo que violenta a Roque es la propia violencia simbólica a la cual ha sido sometido él. Su abyección se cumple con la degradación de Flor de María, cuando decide observarla a través de la rendija. "Él no había buscado adrede la infame ocasión, pero la aceptaba y hasta se satisfacía de ello, gozándose de aquella desfloración ideal que parecía conferirle cierto dominio despótico sobre la inocente espiada, que tan lejos estaría de suponer que sus bellas carnes estuvieran sirviendo de incitante motivo de lujuria" (103). El *hexis*, o la encarnación del *habitus*, se da en el cuerpo de Flor de María de modo permanente:

> Cuando se observa una mujer cuya atención no hemos logrado llamar, es fácil sorprender secretos de su belleza. Las miradas curiosas son detenidas a veces por las de unos ojos pudorosos que parecen rebelarse dignamente contra esa forma de atentado al recato femenino. Mirar desde la indiferencia de lo que no merece ser mirado es como mirar desde una rendija. Por eso Roque veía más que nadie desde aquel rincón donde su presencia no merecía atención alguna. (43)

Roque negocia y transgrede con la mirada los límites del campo de clases. El objeto de su mirada representa un Otro social y sexualizado que invita a un espionaje perverso a través de una rendija, algo que le provoca placer. Es una transgresión ilusoria, ya que la sexualidad está aquí cargada de relaciones de poder, de índole económica, simbólica y social, que objetifican a Flor de María. La mirada de Roque lo carga de poder sexual, el dominio que le resta como individuo para poder mediar con el espacio social que ha estado bajo observación. Hay una huída del mundo, un espacio cerrado, un reino interior, el espacio que le permite fantasear con salir al patio y ser parte del campo de poder.

Flor de María es finalmente despojada de todo tipo de capital, tras ser observada, embarazada, abandonada y violada. En la relación dominante- dominado, las oposiciones principales del orden social se encuentran sexualmente sobredeterminadas, ya que la dominación y la sumisión se materializan en el lenguaje corporal. Es decir, si tanto la relación diferencial hombre-mujer como la relación dominante-dominada se establecen en un contexto sexualizado, se exaltarían aún más la supremacía masculina y la sumisión de la mujer. Se practican estas relaciones hasta convertirse en un orden pre-determinado que va creando las predisposiciones necesarias para comportarse la mujer de cierta manera. En estas prácticas, la devaluación de Flor de María causa la devaluación de Roque, y viceversa. Para mujeres como Flor de María, Faña, Tránsito y Ramona, se mantienen las predisposiciones y se dificulta la creación de nuevas disposiciones. Pero estas disposiciones no resuelven su miedo a quedar solas y desvalidas. La mujer está entonces condenada a participar en la violencia simbólica de género, y a no fallar en seguir lo prescrito por estructuras y agentes dominantes.

Conclusiones

El *habitus*, productor y producto del mundo social, opera sobre la base de esquemas internalizados que se adquieren a través de disposiciones y de la ocupación duradera de una posición en el campo. *Tierra adentro* y *La gleba* son testimonios de la *hysteresis* patente en la sociedad puertorriqueña de comienzos del siglo XX, una condición producida por el cambio de posiciones y de agencias, pero sin la alteración del *habitus*. La red de relaciones que se da cuando se reemplaza lo viejo por lo nuevo produce identidades que transitan, en movimiento hacia nunguna parte.

Se continúa portando el mismo sistema de disposiciones del régimen anterior mientras van perdiendo terreno y agencia. Ya su *habitus* no es apropiado para percibir, comprender, apreciar y evaluar su campo. Crear nuevas disposiciones otorgaría cierta legitimidad en el nuevo orden social, pero dentro de un campo colonial capitalista es imposible. Las disposiciones asociadas al *habitus* "hispano" se convierten en símbolo de complicidad y colaboración con el nuevo poder colonial norteamericano. Quien pertenece a este grupo vive una desintegración y una inmovilidad social, y sus *habitus* pierden valor y uso. Estos personajes buscan reacumular las diferentes especies de capital, algunos a través de una buena ética de trabajo y otros por medio de la convivencia doméstica o, como en el caso del *tiznao*, por medio de la venganza y el asalto. El texto deja entender que esta reacumulación depende grandemente de la comprensión del tipo de *habitus* valorado en el nuevo campo de poder. Debe ser un *habitus* que maneje e internalice los términos *trusts, leaders, dollars, no admitance* o *antitrust*; un *habitus* que reconozca un espacio con nombres nuevos de calles y se oriente en él pero, a la vez, un *habitus* que permita funcionar aún en código de zarzuela o de décima, en una pelea de gallos, en un baile de bautizo o en una competencia de trova.

El hacendado arruinado ya no tiene posición que ocupar, el jornalero debe emigrar y proletarizarse, mientras la mujer se encuentra al borde del abandono y funciona bajo códigos machistas para poder relacionarse y sobrevivir. En el caso de las élites, éstas buscan crear un discurso que medie entre el pueblo en crisis y el gobierno norteamericano, y posicionarse en espacios claves dentro del campo de poder. Lo que a simple vista se entiende como el seguimiento de un protocolo en esta competencia por el poder, en realidad es un sistema complejo de coacción y complicidad que resulta, para algunos, necesaria para la reformulación de un *habitus* apropiado para la modernidad puertorriqueña, mientras para otros es destructiva.

> Eran así. En vano hubiera sido tratar de arrancarlos de aquella triste servidumbre. Infelices bestias de carga, llevaban dentro de si la resignación de aquella vida inhumana, como herencia atávica de los primitivos, que en el progreso había respetado, impotente para destruirla. Era la gleba, la gleba cambiando de dueño, atada siempre a los dominios [...]. (*La gleba* 175)

Capítulo 3

Modernidad y ansiedad en Mancha de lodo (1903), *de José Elías Levis*

> Un barco en el horizonte
> Punzándome, la ansiedad.
> En la lejanía, un monte.
> Junto a mí, la soledad.
> Evaristo Ribera Chevremont, *Canción marinera*

> The status of 'native' is a nervous condition introduced and maintained by the settler among colonized people *with their consent.*
> Frantz Fanon, Sartre, Prefacio de *The Wretched Earth*

Ponce: la capital alterna...y nerviosa

A mediados del siglo XIX, Ponce, el municipio más rico de la isla, disfruta de una singularidad cultural con la cual se identifican aún hoy los ponceños. Conocida como la ciudad señorial, o la capital alterna, va experimentando un crecimiento poblacional y transformándose de manera distinta a San Juan. Su separación geográfica de la amurallada San Juan, el flujo poblacional (tanto de otras partes de la isla como del mundo), más la desconexión económica y social, le facilitan a Ponce ganar terreno en el desarrollo económico y cultural, fenómeno brillantemente recogido por Quintero Rivera. El urbanismo de Ponce se debe, irónicamente, a las relaciones con la creciente ruralía que lo circunda, a los procesos de producción y exportación, y a la creación de una nueva clase hacendada y obrera. El crecimiento económico facilita un despliegue arquitectónico y urbanístico rápidamente incrementado por la construcción de edificios y residencias.

La condición de capital de San Juan contrasta en aquel entonces con aquella a la que podía aspirar Ponce. San Juan se impone y oficializa con el coloniaje español y la influencia de la iglesia, mientras Ponce exhibe un carácter orgánico, y surge con la integración y la oficialización de una ciudadanía rural-urbana. La clase hacendada, que desarrolla algunas contradicciones con el régimen español, encuentra un ambiente de crecimiento económico, político y cultural en Ponce. En este nuevo espacio autónomo y cívico se da una suerte de afirmación puertorriqueña que se contrapone a la peninsular de San Juan. El hacendado encuentra tierra fértil para fecundar su gran familia rural (siempre y cuando él reclame su paternidad, algo que se examinará más adelante). El crecimiento urbanístico se acompaña con la fundación de periódicos y partidos políticos, con la construcción de teatros y con una arquitectura icónica que le da representación a los diversos estratos sociales.

Ponce se convierte en una especie de "ciudad de las luces": moderna, especial, señorial, ruidosa, celebratoria, perfumada, electrificante y a la vez coqueta. Es la ciudad desafiante que también se ve marcada por la miseria, vista claramente en los enclaves de pobreza, en el desempleo, en las desigualdades, en la pestilencia, en la violencia y en los vicios. José Elías Levis, en su novela *Mancha de lodo* (1903), registra un nuevo sistema de sensaciones que se gesta con el crecimiento y la transformación de Ponce, y con el nuevo régimen norteamericano que trae su propia retórica de producción y consumo. Ya en 1899, Levis había publicado *El Estercolero*, la única novela publicada ese año y la última del siglo XIX en Puerto Rico, según la investigadora Estelle Irizarry ("Estudio crítico" 12). En 1901 publica una segunda edición titulada *Estercolero*, novela que construye un puente entre ambos siglos.

Las nuevas sensaciones de la ciudad llegan a los personajes con tal fuerza que los pierde en un mundo de luces, sonidos, olores y emociones. Ante el desencantamiento respirado y agudizado por el paso del huracán San Ciriaco, se produce un re-encantamiento del espacio y de la sociedad, creando un nuevo imaginario mediante los productos culturales recién incorporados. Levis promueve un tipo de "iluminación", o un despertar social. Pero tal despertar tiene un precio: la ansiedad. Los personajes de *Mancha de lodo* se caracterizan por su estado de inquietud ante el peligro posible que trae la nueva experiencia urbana, la ruptura de la tradición y el miedo a romper el modelo de éxito que Ponce había seguido, motivo de frustración para la ciudadanía. Se estimula el consumo pero se pierden empleos, se adaptan nuevas formas de respetabilidad y honorabilidad pero se humilla a los grupos marginados. En la novela, el ponceño se deslumbra con ansiedad por luces que opacan sus orígenes y resaltan las desigualdades. Se gesta una modernidad que plantea al ciudadano depositar su fe en un futuro en el cual los problemas humanos serán resueltos con base en el trabajo, la ciencia y el capitalismo.

Con lo alegre, lo movedizo y lo inquieto que lo presenta el autor, Ponce padece de sensaciones típicas de lo que Taussig llama un "sistema nervioso" (*The Nervous System* 1) y, por lo tanto, inestable e irritado, algo que la primera línea de la novela ya sugiere: "Al anochecer, Ponce recobra la alegría del movimiento. A lo largo de la calle que atraviesa la ciudad como un extenso boulevard, un camino tortuoso casi siempre lleno de polvo, el ir y venir incesante parece un centro de vida animado y nervioso" (Levis 1). Taussig mantiene que el sujeto colonizado sufre de un desorden psicosomático que se manifesta de diversas formas, como resultado directo de la experiencia de la colonización. Las condiciones nerviosas que padecen los personajes son causadas por redes invisibles de poder. La invisibilidad de la autoridad vigilante y el sometimiento del cuerpo social ponen a la sociedad nerviosa en un "estado social de contradicción en el cual uno pasa espasmódicamente de aceptar la situación como si fuera normal sólo para sentir luego el impacto del pánico o el choque de la desorientación por algún incidente, rumor, espectáculo, algo expresado o algo callado" (Taussig 34). En el marco histórico de *Mancha de lodo* chocan los símbolos capitalistas norteamericanos y los precapitalistas del campesino que acaba de realizar su rito de paso hacia el proletariado. La armonía se ve interrumpida, por ejemplo, cuando se ve llegar algo nuevo a la ciudad: "la primera iglesia presbiteriana se alza allí silenciosa y como aislada en aquel principio de ciudad desordenado y poco bello; notas inarmónicas que no emocionan al viajero que llega, algo que se confunde pesado y antiguo con los jardines ingleses a la orilla de la vía" (Levis 5). La presencia estadounidense se muestra amenazante y sigilosa, y promete atentar contra la armonización de la cual ya Ponce disfrutaba.

Nashieli Marcano

La ansiedad de la pérdida

Detrás de las carcajadas, de los murmullos, de los cuchicheos, existe todo un sistema binario de opresores y oprimidos, poderosos y desposeídos, centros y márgenes. Ponce, con su proyecto de nación alterna, es de naturaleza hegemónica y patriarcal. Las relaciones de poder se dejan entrever cuando se hace mención, por ejemplo, de la opresión femenina a través de la moda del *corset*, ya que la elegancia y la admiración en la mujer bien acomodada tienen el precio de la objetificación. Sofocan, lo que llamaría Quintero Rivera en su libro *Cuerpo y cultura*, la "estratificada integración", la transformación de la economía, la convivencia falsa entre individuos de diferentes razas y estratos sociales, el progresismo y, a la vez, la incertidumbre sobre quienes forjan el progreso: "Ponce representaba, pues, más que ningún otro entorno social del país, los logros, tensiones y contradiciones de una emergente cultura nacional señorialmente hegemonizada" (*Ponce: la capital alterna* 91). Sofocan lo indecible, la nueva presencia norteamericana, que no se sabe si aceptarla o rechazarla.

"Furnished rooms to let"–guest-house with English-language sign, probably San Juan area. Detail from real-photo postcard c. 1910 (mailed Oct. 1911), unidentified photographer. colección de fotografías de Gleach/Santiago-Irizarry.

Los personajes habitan el "siglo de la emancipación", mas no viven la libertad. Se debe considerar que todo esto está funcionando bajo un marco colonial que, con el traspaso de régimen, encuentra bajo amenaza a Ponce como "capital alterna".

El intercambio ansioso y sensual se da entre el cuerpo de la "criolla bien modelada" y el cuerpo de la mercancía, o sea entre el cuerpo femenino y la ciudad de Ponce. El paseo por la ciudad equivale al paseo visual por el cuerpo "a la moda" de la mujer ponceña:

> Es Ponce, que tiene alientos de mujer, resuello de hembra; es la ciudad que ríe con carcajada franca y vigorosa; mujer que no oculta su descoco, que no finge ni miente. Hay en ella algo de sublimidad gráfica; dominio de matrona de carnes sonrosadas y boca que amasa besos y carcajadas. Es la ciudad de nervios; hembra que acaricia o insulta; mujer de guante que abofetea con mano de baladrona. (Levis 6)

Este es el protagonismo de la sociedad civil y burguesa que era Ponce en aquel entonces. La "ciudad de nervios" sigue haciéndole frente a toda adversidad y ajustando su *corset*, aunque la sofoquen. Se ve espléndida en su magnificencia, conectándose con la forma del cuerpo femenino, pero también hallándose sin forma en todas partes. Provoca admiración y terror, asombro y reverencia. Sea belleza o sublimidad, la ansiedad se convierte en una experiencia estética. Lacan ha dicho que la ansiedad, o la angustia", "no es sin objeto", y que quien la experimenta se encuentra bajo un efecto de amenaza oculta pero presente de perder su "objeto". ("La angustia 101). La ansiedad llega a *Mancha de lodo* por la posibilidad de la ausencia, por el temor de perder lo que con tanto esfuerzo la ciudadanía ha logrado: su Ponce. Subliminalmente, Levis encuentra cierto placer en la pérdida que sufre Pucha: "Estaba bella así, caída, como arrojada a aquel rincón donde había ido a buscar compañía y valor, pálida, y los labios sin el carmín de la vida" (*Mancha de lodo* 113). El placer por lo subliminal es parte de la experiencia estética del autor, que le produce una de sus tantas ansiedades, a discutir más adelante.

La ansiedad risible ante la modernidad

En su afán de fundar la nación cultural, el escritor puertorriqueño se ha obsesionado por su sentido de pertenencia y ha buscado incesantemente entre diversos dispositivos políticos y capitalistas – subyacentes en el discurso identitario de los partidos políticos en la isla– el que mejor se reanime en el escenario de la puertorriqueñidad. Ya sea risible (Rubén Ríos Ávila) o insoportable (Arturo Torrecilla), la ansiedad se localiza literariamente en la Generación de los años 30, cuando la intelectualidad está obsedida con el "¿Quiénes somos, cómo somos?" de Antonio S. Pedreira. Enrique Laguerre, por ejemplo, lucha por no dejarse "absorber por la frenética ansiedad de adquirir cosas" (Sánchez, *La crítica* 124). Podemos retroceder un poco más el reloj y encontrar a un Manuel Zeno Gandía preguntándose, a finales del siglo XIX: "¿Habrá quién no comprenda el dolor en el semblante de un niño? ¿Se podrán desconocer el espanto, el miedo, la ansiedad, dibujados en su cara?" (*Higiene* 102-03). En el caso de José Elías Levis, se advierte una ansiedad narrada entre siglos, entre colonias, entre el desencanto y el re-encanto, lo público y lo privado. Su transición lo lleva, en su novela *Mancha de lodo*, a pasear los espacios urbanos, y a tener sus encuentros y desencuentros con la luz, con la multitud, con la desigualdad y con la velocidad, haciéndolo partícipe de la conmoción de la experiencia moderna.

Es frecuente asociar la ansiedad (Heidegger y Freud) con la modernidad, por el sentido de omnipotencia del ser humano y por los peligros que esta misma omnipotencia trae consigo. El Puerto Rico de Levis padece de múltiples ansiedades: la provocada por el traspaso colonial del 98, la que produce San Ciriaco en el 99 al disminuir la población y destruir una industria cafetalera que apenas había pasado por un segundo auge económico, y la que trae por defecto la modernidad. En cuanto a la fuerza de naturaleza colonial, innombrable en el contexto de *Mancha de lodo*, se logran mantener las jerarquías, cosificar al individuo, borrar identidades, instar a la violencia (la simbólica y la real), y apagar sentidos de pertenencia. Coincide con la llegada de una modernidad inspirada en una matriz universalista y en una producción capitalista periférica, que arrastra consigo sus promesas, su máquina de deseos, su brillantez, su violencia y su nuevo mapa geográfico.

Simmel, quien publica "Las grandes urbes y la vida del espíritu" el mismo año que sale a la venta *Mancha de lodo*, argumenta que la vida moderna se ve repleta de nuevos estímulos que ocurren en diversas frecuencias e intensidades, y que alborotan los nervios con altos niveles de reactividad. Con el tiempo, según él, estar expuesto a esta reactividad crearía una sobrecarga sensorial. Para Simmel, lo que caracteriza la vida moderna es "el acrecentamiento de la vida nerviosa, que tiene su origen en el rápido e ininterrumpido intercambio de impresiones externas e internas" (247).

En *Mancha de lodo* nos desplazamos por un mundo urbano asfixiante y alegre, donde la existencia de los habitantes fluctúa entre el movimiento y la inquietud, sin poder encontrar un término medio para apoyarse. Aunque manifiesta con variadas maneras e intensidades, a todos los personajes atribula la misma nerviosidad, producida por una crisis de representación. El sociólogo Arturo Torrecilla define así la ansiedad:

> En el momento en que cada civilización percibe como insoportable la participación en los modos de su propia representación, de su administración y su convivencia, ya sea porque resulta trilladamente unidimensional o porque no ofrece espacios para la singularización y las diferencias, ésta rezuma un excedente de discursos del enfado, así como las camadas cuyos gestos no coinciden ya con los buenos modales de sobremesa de esa civilización. (12)

A la muchedumbre de Levis se le hacen insoportables el desempleo, la higiene, la prostitución, el alcoholismo y la violencia domestica; se convierte en un colectivo nervioso en busca de líneas de fuga que le permitan salir de la sofocación que le produce la ciudad. Como puertorriqueño, tanto como sujeto colonial censurado y como consumidor, el autor acepta una situación de violencia y de opresión, sin más remedio que aceptarla como normal y de una manera no contestataria. Como ponceño, lucha por mantener el estado de capital alterna de su ciudad, que ha disfrutado desde mediados del siglo XIX de cierta autonomía y de cierto enriquecimiento cultural y económico. Para entonces, el gobierno norteamericano tiene predilección por San Juan en materia de asuntos oficiales, y Ponce briega por mantenerse como "baluarte irreductible de puertorriqueñidad" (Díaz Alfaro 7). *Mancha de lodo* anatomiza el sistema nervioso creando conexiones entre la inquietud mental y el dolor físico. La sospecha, la genética, la violencia y la censura regulan el cuerpo y lo ponen nervioso. Una de las formas a las que acude el personaje para reconocerse en su cuerpo regulado es el movimiento dinámico de la risa, elemento esencial en la novela.

La risa, al igual que Ponce, se sistematiza, y quien padece de ansiedad se convierte en un ser risible. A través de ella, la experiencia moderna llega a ser intoxicante e hiperestimulante, lo que recuerda la postura de Platón, quien señala en el *Filebo* que "la risa es, en suma, un vicio"

(48c). Por momentos, Levis hace de la risa un acto cortés; otras veces es despreciativa, y en gran parte de las veces resulta irónica. Puede también acompañar la sed de venganza, como en el caso de Rosaura, amiga del personaje de Pucha: "[...] estoy dispuesta a reirme de todo y burlarme de las cosas de los hombres. Ya me pagarán ellos las que pueda cobrar. ¡Querer!"(Levis 114). La risa es también resistencia a (o la negación de) la hostilidad, dar a entender lo contrario de lo que se dice o se vive. Bakhtin nos habla sobre el poder terapéutico y liberador de la risa, señalando que ante la verdad de la risa hay un poder degradado (58). Pucha, quien lucha vanamente por llevar una vida honrada a través del trabajo y el amor, mide su situación y acepta su destrucción a través de la risa irónica:

> La escena era distinta y Pucha no era la muchacha triste, pálida y con la pena revelada en el semblante por el abandono del hombre amado. Se reía en aquella casa, se reía hasta con escándalo...riéndose a grandes carcajadas. Se había iniciado el descenso, la caída rápida y terrible donde se va consumiendo la belleza y se amortajan las delicadezas del espíritu. (Levis 121-23)

Más tarde continúa:

> Así fue cayendo la infeliz mujer. Llegó un día en que pareció haberse agotado en ella, todo resto de pudor, todo fragmento de ternura. Caminaba sobre las calles de la ciudad como una cualquiera, como un trapo sucio que contribuía al montón de la escoria social. Ponce era, para la infeliz mujer pública, sitio de su decadencia, escenario de su desgracia. Ella se reía, se reía de todo como si eso fuese la continuidad de la lección que a tan dura costa había aprendido. ¿Calló por ella misma? (127)

La tragedia se conforma de emociones extremas que se convierten en ansiedad risible, logrando una experiencia estética a través del placer. En ocasiones no se sabe si el personaje actúa como objeto o como agente de la risa.

La autoburla calderoniana se reconoce en Trampolín, personaje que fuera ebanista en mejores tiempos y ahora se encuentra sumido en el alcohol y la ruina, quien se mofa de sí mismo: "Borracho estrafalario y trasnochador. Quiso dar algunos pasos y no pudo. Se echó a reír de su impotencia, se reía como un imbécil" (27). La ridiculización irónica de su propio ser le permite a Trampolín alterar y encubrir la realidad. Para

Trampolín, reírse de sí mismo equivale a auto-distanciarse y asumirse como sujeto-objeto risible. En una ocasión, Javier (novio de Pucha) y sus compañeros se mofan de la tragedia, tanto del ente dominado de la mujer como también de ellos mismos como sujetos dominantes en una sociedad machista y clasista:

> ¿No han hecho lo mismo todos los jóvenes celebrando luego el caso entre risotadas en noches de orgía juvenil cuando el licor baila en las copas y se cuentan los casos, las victimas que se han sacrificado, las chicas que se han prostituido, las citas de amor y las mujeres fáciles; celebrando como nota alegre de la vida, como despojo de la algazara mundanal; relato de carnicería humana donde ruedan y se mezclan cartas salpicadas de perfumes, cabellos de mujer, pedazos de cintas y pedazos de honra. (67)

En medio de ese ambiente burlón y gozoso hay una escena tragicómica que celebra la modernidad brutal y la degradación de la sociedad. La tragedia anima a la risa cuando los nervios están demasiado tensos y las emociones sobrecargadas. Como señala el crítico y analista Kurt Spang, la risa es una manifestación compartida de nuestras relaciones afectivas sociales, y tiene la habilidad de canalizar y darle forma a las emociones que estas relaciones generan (*Géneros literarios* 141-142).

La multitud es, entonces, objeto y sujeto de la risa trágica: "Veía una humanidad que llora y una humanidad que ríe; para unos demasiado, y muy pocos para los demás; carcajadas arriba, hambre abajo, y desesperación cuando el trabajo niega el sustento y llegan los amargos días de inquietud y zozobra" (29). El binarismo, tan presente en la obra, revela una risa que combina el dolor y el placer: es placentera porque responde a una espontánea sensación de libertad, a un espacio de poder y de imposición; es dolorosa porque hay hambre y supresión. La risa nos deja saber que la modernidad oculta algo detrás de la alegría y se confunde entre "[...] oleadas de perfumes, cuchicheos, ruidos y carcajadas, atmósfera cálida que sale de los cafés como algo que arde y colorea los rostros, como vapor cálido que hace sudar a mares; alborotos lejanos, ruidos de coches y campanas y murmullos de algo que vive y se sofoca en la vida del movimiento y la alegría (5). Bakhtin, partiendo del espacio de la multitud carnavalesca, nos indica que la risa le permite al sujeto borrar cualquier distancia jerárquica para acercarse crudamente a su tragedia, exponiéndola y desmantelándola (212).

En el mundo moderno que nos pinta Levis hay elementos que no entran en su totalización, sea porque sobran o porque faltan. Esos momentos suelen ser, al decir de Rubén Ríos Ávila, cómicos, risibles y absurdos. El crítico acertadamente define el sujeto risible puertorriqueño en *La raza cómica* (2002):

> Lo cómico se asocia particularmente a ese momento del movimiento que ya no cuadra, porque se piensa como innecesario. Por eso, se relaciona con un gesto imprevisto de energía, detrás del final esperado del movimiento, se agazapan otros, tendenciosos, impertinentes. El yo quisiera ser cósmico. Al sujeto no le queda más remedio que ser cómico. (12)

La risa es válvula de escape para la ansiedad de la ruina y la incertidumbre. Es expresión de lo indecible y de lo censurado. Y no son simples risas, son carcajadas las que expulsa el individuo y convergen con otros ruidos. En su artículo "Una profecía cómica", Ríos Ávila apunta que:

> Hay algo en la carcajada, esa potenciación alevosa de la risa, que se ríe hasta de la sociología. La gran carcajada, la que hace juntillas con el sublime absurdo de la vida, es un arma que desarma [...] Hay, cómo negarlo, una vulgaridad exhibicionista y grotesca en la carcajada. Embarazosa, dirán algunos. La carcajada es barroca, tercermundista, resentida, colonial, colonizada, la carcajada es puertorra [...].

En *Mancha de lodo* cada personaje conoce bien su precaria situación económica, se comprende sometido a unas intencionalidades que van más allá de su control, va en búsqueda de algo (sin saber a veces qué exactamente). La suya es una búsqueda que genera deseos, miedos y faltas de confianza en que se logre lo buscado. La risa irónica es una de las formas de demoler el temor.

LA CONFLUENCIA DE SENSACIONES Y LA NERVIOSIDAD

La modernización y los estímulos

Ponce es una materialización de la modernidad que se abre paso ante la que Francisco Manrique Cabrera llama la "generación del trauma y del tránsito" (*Historia de la literatura puertorriqueña* 156). La circulación de vehículos, la electricidad, la concentración comercial en calles, enmarcan su trayectoria. El autor abre la trama aceptando la realidad tecnológica y pensando a través de ella. Con la modernización de Ponce vemos un incremento de estímulos externos y unas correspondencias que en ocasiones permiten acceder a la nueva forma de pensar el mundo; pero cuando no, causan desconfianza y ansiedad. Se adaptan nuevos conceptos del espacio y del tiempo, a través de los colores y los ruidos que produce la ciudad. La electrificación de la ciudad, el levantamiento de edificios, más los cambios en el transporte y en la música, modifican el ritmo de vida que lleva a la conciencia sobre el tiempo. Los horarios de las luces, de los tranvías y de los relojes, por ejemplo, traen una nueva concepción del tiempo que se precisa, al cual debe el cuerpo ajustarse:

Street view outside the city market, Ponce. Lithographic postcard c. 1915, F. Liebig, San Juan.
Colección de fotografías de Gleach/Santiago-Irizarry.

> La gente pasa a pie, camina entre una nube de polvo que levantan los caballos y los coches de alquiler siguen de largo moviéndose a compás sobre un camino. Suena un timbre de alarma, otro punto de luz brilla a lo lejos y otro vagón eléctrico llega zumbando, cruza y pasa confundiéndose otra vez a lo lejos y sonando sin cesar su campana. (Levis 2)

El tiempo lleva la batuta en esta secuencia de eventos, coordinándose con la luz, el polvo, la alarma, los pasos pedestres y los vagones. El autor entrena a la ciudadanía para asimilar los cambios, ponerla al día con la velocidad y la sincronización del tiempo, y para lograr su inserción a la modernidad. Dentro de la experiencia definitoria de la modernidad, las sensaciones y la nerviosidad adquieren entonces un nuevo uso para los ponceños: el absorber el *shock*.

Con el tiempo estandarizado, Ponce hereda una doble dimensión: es un espacio de expectativas y posibilidades, y un lugar amenazante y frustrante. "No, no, los tiempos pasan; acuden nuevas emociones; varía el escenario de la vida como el de la farsa teatral; se está frente al peligro, y al porvenir" (94). Se da comienzo a la hiperestimulación, a un acudir de más emociones que causen reactividad en los nervios. La hiperestimulación de los nervios, al decir de Benjamin en "On some Motifs in Baudelaire" (*Illuminations* 186), es instrumental en la modernización histórica de una sociedad, formando parte del diario vivir.

El sensorium

En "The Metropolis and Mental Life" (1903), Simmel se basa en la distinción que Benjamin establece entre la nerviosidad y el *shock*, y la relación entre ambas nociones, sugiriendo que la conciencia elevada, o la ansiedad de bajo nivel, representa el mecanismo de defensa del individuo ante el shock. Es decir, mientras mayor sea el factor potencial de shock ante una impresión particular, más alerta debe estar la conciencia para defenderse ante tanto estímulo y evitar la inercia (*Illuminations* 172). La experiencia que vive el cuerpo en el espacio urbano moderno resulta drástica, ya que el *sensorium* humano se abre a un "entrenamiento de tipo complejo". El sensorium viene siendo el mecanismo que emplea el individuo para coordinar sus señales perceptivas (*Illuminations* 186).

Freud coincide de alguna manera con esta postura de Benjamin en cuanto al uso de la ansiedad para amortiguar el *shock*. Para el psicólogo, la ansiedad es lo que protege al individuo contra el cantazo, pero también lo que lo lleva al desorden y al trauma, definiendo la ansiedad como la causa y la cura. Sobre la ansiedad y el trauma, Freud señala que:

> It must be remembered that in the experiences which lead to a traumatic neurosis the protective shield against external stimuli is broken through and excessive amounts of excitation impinge upon the mental apparatus ... anxiety is not only being signaled as an affect but is also being freshly created out of the economic conditions of the situation. (*Inhibitions* 130)

Levis se vale del trauma para evitar lo mejor posible la entrada del pasado en su narración, porque es preferible olvidar. Volver al pasado implicaría volver a *El estercolero* (1899), a lo estático:

> Ellos lo comprendían; otros lo sabían también pero estos sin esperanzas, no aguardando nada de una raza de hombres victimas de males contraído en el pasado, en la actividad falsa como si sólo fuese fiebre nerviosa de un instante para sobrevenir pronto la crisis iniciando de nuevo el indiferentismo, el abandono de la causa cien veces empezada y vuelta a abandonar por indolencia, por inercia, por calentura de decaimiento. (*Estercolero* 94)

El autor busca purificarse de las manchas que aun tiñen el presente. Además de crear una barrera protectora contra el pasado, el sujeto en *Mancha de lodo* también trata de inmunizarse frente a la modernidad, alcanzando niveles de conciencia que lo ponen nervioso. Con sus nervios, el sujeto moderno creado por Levis busca encerrarse en su mundo para no recibir el impacto. La ansiedad aquí no es la noción romántica del lamento sino el mecanismo de defensa contra el impacto traumático de la modernidad en el *sensorium* humano. Para Benjamin, el *shock* y la hiperestimulación tienen un impacto positivo y potencial, ya que proveen el estímulo para un despertar de los sentidos en los niveles físico y psíquico. Esta "crisis de percepción" hace posible una re-imaginación del *sensorium* y, por ende, una reconfiguración de la experiencia humana de "estar en el mundo".

La ansiedad como experiencia estética

El *sensorium* humano es sacudido por la fuerza de la estética. El término *aisthetikos* se define en la antigüedad griega como la dimensión perceptiva que se alcanza a través de las sensaciones, y tiene su origen no en el arte sino en la realidad material y corpórea de la naturaleza. La estética, entonces, es la toma de conciencia a través del *sensorium* corporal. Como aparato sensorial (que incluye el sistema nervioso), el *sensorium* alberga en *Mancha de lodo* experiencias sensoriales como la interacción (sinestesia), la inhibición (anestesia), la excitación (hiperestesia), además de nuevos modos de movimiento (kinestesia). Pensemos por el momento en las sensaciones sinestésicas y kinestésicas que se dan en la novela para dar cuenta sobre cómo el autor juega con los sentidos y provoca inquietud.

El movimiento que se siente con el viaje de la luz, el sonido de los autos, el polvo que levantan los carruajes, el murmullo, la carcajada, el manoseo, el estrujón y la vocinglería de la masa, forma una colectividad de impresiones. Este exceso de estímulos contribuye a su vez al incremento de una sociedad nerviosa. Mientras el viento carga los ecos, de extender los rumores de la música y de hacer retumbar el ruido de las bicicletas, el sujeto se encarga de asimilarlos sensorialmente. La luz, el movimiento, el trabajo y la vida se equivalen en *Mancha de lodo* y, por tanto, tienen la misma importancia y la misma intensidad en su manifestación. Veamos qué pasa cuando el derrame de luz se hace difícil de contener por el *sensorium* humano:

> Todavía, a la derecha, como dos montones de piedra alineada, se levantan los edificios de los inundados el 8 de septiembre de 1888; dos caserones de puertas numeradas atestados de gente. Sobre la ancha acera de ladrillos alumbrada de luz eléctrica, que sirve de plazoleta, la gente pobre que vive en esos edificios se pasea en las noches de estío, en las noches sofocantes, cuando el calor marea. Más adelante, en la misma línea, la estación de los tranvías eléctricos hierve toda llena de luz blanca, que cae a chorros sobre las oficinas, el camino, el patio, el salón de máquinas como aliento blanco del trabajo, como hoguera de la ciencia queriendo que, al disipar las tinieblas en que sollozan los pobres como sudario de agonía ignorada, se alumbre su miseria menos tremenda cuando hay luz. (Levis 4)

La escritura del autor refleja su necesidad de encontrar nuevas formas que correspondan con la naturaleza móvil de la experiencia urbana en Ponce; en particular, el desplazamiento de la luz. Es una escritura realista, en el sentido de que cuenta una realidad cotidiana, pero esta vez cargada de impresiones y estímulos positivos y negativos. Se recibe la modernidad no sólo para adorarla sino también para cegar y enajenar a la gente de los problemas sociales y económicos que agobian al país. Mediante la sensación sinestésica, Levis sigue marcando su vínculo con la realidad.

La sensación, o la toma de conciencia de la percepción del estado o la condición de un cuerpo, de sus partes o de los sentidos, es también conmoción intensa que puede tomar lugar colectivamente en el "hormiguero nervioso", en el sentido de que se comparte aquello que "causa sensación"; en este caso, la modernidad. A los personajes se les mezclan sensaciones percibidas a través de sus sentidos, creando una textualidad sinestésica que produce la experiencia estética que busca el autor. Sobre la lógica del sentido, Julio Ramos anota que es "profundamente fragmentaria, desjerarquizadora, constituida por una acumulación de *fragmentos de códigos*, en que los lenguajes se sobreimponen, yuxtaponen o simplemente se mezclan con discursos de todo tipo y procedencia histórica imprecisable" (*Desencuentros* 163). Se gestan entonces nuevos significados para expresar la no-naturaleza de una cosa, porque los ya creados por la máquina capitalista no son suficientes para lidiar con "aquel montón de deseos" (*Mancha de lodo* 9).

En una imitación de los sistemas de producción modernos, el autor recurre al uso de todos sus sentidos y de todas las artes para lograr una inteligibilidad con la máquina. Aníbal González señala que los literatos de la época se valen de la "máquina semiótica" para contrarrestar la máquina capitalista: "The *modernistas* thus created a 'semiotic machine,' a system of rules and stylistic conventions governing *modernista* writing that ensured the production of poetic texts of consistently high quality" (6). Esta máquina semiótica reconfiguraría el *sensorium* humano necesario para asimilar la sociedad. Se haría una toma de conciencia, y el *shock* sería reemplazado por la ansiedad.

El Ponce ilustrado por Levis muestra cómo el desarrollo de la vida urbana a comienzos del siglo XX lleva al lector a observar los efectos de estímulos externos en el interior de los personajes, quienes se ahogan en sus propias percepciones de una ciudad que se moderniza ante ellos, tal como los "preludios de piano que se mezclan a la loca sinfonía de la carretera, al ir y venir de las gentes que pasan en los coches cantando a los gritos de los vendedores de helado y al sonido de las campanas de alarma de los tranvías" (*Mancha de lodo* 4). Uno recuerda el simbolismo de Verlaine respecto a la valorización del sonido y del ritmo, la metáfora que cultiva Mallarmé, y las sinestesias de Baudelaire y Rimbaud, cuando se trata de entender la narrativa de Levis y su sistema de correspondencias.

> Entonces se ve la línea de alegres viviendas llenas de claridad a ambos lados del camino, y las ruedas de los coches al deslizarse sobre el cascajo, se mezcla su ruido al de los cantos de la gente sentada a la puerta de sus casitas y al golpe sonoro y seco que sale de la fábrica de hielo, un chalet suizo pintado alegremente que por sus ventanas bajas de cristales deja ver el vapor que se escapa de la máquina. (3)

Hay una valorización del ritmo y del sonido, que se aprecia en la personalización de la arquitectura modernista y de las invenciones tecnológicas. La sinestesia crea una hiperestimulación que aumenta el nivel de ansiedad. Las correspondencias más percibidas en *Mancha de lodo* se dan en términos de la luz, la arquitectura y la música.

La iluminación profana

La metáfora de la iluminación, desde tiempos antiguos, adquiere una interpretación que ha representado el acercamiento a Dios (Platón). En términos bíblicos, "alumbramiento" es sinónimo de nacimiento, y "dar a luz" significa salir del vientre oscuro al mundo, o sea a la luz. Se ha interpretado, además, como el conducto que nos lleva a conocer la realidad natural de las personas, las cosas y los eventos. De la magia de la luz natural se pasa, entonces, a una interpretación utilitaria cuando ésta llega artificialmente en el siglo XIX. La luz se asocia a la modernidad capitalista, a la prolongación del día, a un nuevo ciclo laboral que se vuelve continuo. Levis muestra en su novela la presencia excesiva de una luz que ilumina, despierta e inicia "la obra de regeneración [...]

la obra de [la] libertad [...] la obra de [la] iniciación" (101). Ponce se divisa desde lejos con un "nimbo blanco" que bien puede querer mostrar su sobrenaturalidad y su misticidad irradiante, o su determinismo, que encierra al ponceño en su destino (ya sea paradísiaco o infernal).

Parte del proyecto alterno de país de Ponce apunta a procrear una ciudadanía iluminada y de gran notabilidad mundial. La electricidad, específicamente, nutre la modernidad en la novela y representa la "iluminación profana" de Ponce. Vista por Benjamin como una iluminación de índole materialista, la "iluminación profana" consiste en "ganar las fuerzas de la embriaguez para la revolución" ("El surrealismo" 313). Es un despertar que requiere la presencia de tipos "iluminados", a lo Benjamin, que se pueden asociar a los personajes: "el lector como pensador, el esperanzado y el *flâneur*" (314). Ponce siente la inquietud de ser notado, de tener a sus iluminados que inicien la revolución, específicamente la revolución obrera. Pero dicha revolución exige agitación y acción social. El movimiento basado en tensiones causa una sofocación de la vida pero, a su vez, la vida se convierte en algo sofocante, mostrando así una situación inquietante y paradójica que se va cuajando en Ponce.

La luz aquí posee una significación de carácter arquitectónico, pues es parte de la conformación de Ponce y de la experiencia urbana que vive el puertorriqueño. No sólo se amplifica la luz con la arquitectura sino que también se perpetúa. La modernidad tiende a expresar una resistencia frente a la noche, a esas horas menos saboteadas del día en las que el individuo regresa a su estado natural humano. En principio, parte de los personajes puede todavía conciliar el sueño. De hecho, únicamente se palpa tranquilidad en la novela en las noches, cuando se apagan las luces:

> La noche es tranquila, serena; una noche de los trópicos después que la atmosfera fresca parece que confunde en ella el resuello de la humanidad que duerme. Sobre aquellos tranquilos hogares caía el silencio, el misterio, la tregua; el reposo que hace recuperar las fuerzas para volver al amanecer, al eterno vigor de la vida bajo el sol que alegra y vivifica. (Levis 34)

Como parte del proyecto civilizador de Ponce, el movimiento se debilita y las voces se apagan a horas fijas. Dormir y despertar se regulan de nuevas maneras, creando un paradigma que ayuda a comprender las relaciones de poder de los innombrables que poseen la ciudad. Más tarde, Ponce no puede conciliar el sueño:

> Allá abajo, la fábrica árida inundada de luz pálida que caía sobre las oficinas, sobre las máquinas de miembros de acero que brillaban bajo las lámparas, golpeando, mezclándose al ruido de la correas que resbalaban sobre las poleas; al choque de las piezas relucientes como si un agente extraño agitase las pesadas masas hechas a oscilar en labor nocturna, en trajín silencioso durante la noche para dar su aliento, su luz alegre, su lámpara de progreso. Era la ley del trabajo, la labor silenciosa que ilumina los talleres, las fábricas, las oficinas, el hogar; la ley eterna dando vida, dando su beso de luz cayendo a chorros sobre los humanos como si siempre debiera vivir sobre la tierra, la blanca hoguera de un día eterno y la ley eterna del trabajo. (71)

Hay que darle paso a la luz las 24 horas del día. Dejar que se acerque sigilosamente y trastornar el sueño. La hoguera se va haciendo entonces eterna, sofocante, pero necesaria para la sobrevivencia.

En Puerto Rico se comienzan a resquebrajar las relaciones sociales antes mantenidas entre trabajadores, hacendados y la comunidad rural en general, ante la instalación de corporaciones norteamericanas a comienzos del siglo XX. El autor, por instantes, da espacio a una reificación que pretende entablar nuevas relaciones sociales, sólo que esta vez se darán entre la mercancía y el individuo. Con sus paseos y su rico lenguaje, nuestro *flâneur*-autor no sólo registra las vitrinas, las idas y venidas, sino que también las domina. En el fetichismo capitalista, el objeto es tanto significante como significado, y las relaciones y las labores humanas quedan escondidas detrás de las relaciones entre los objetos. O sea, tienen lugar la personalización del objeto y la cosificación del individuo. Ante esta suerte de encantamiento, Benjamin encuentra una liberación a través de la iluminación profana (afín a la experiencia que en su época se llamará "surrealista"), que convierte una experiencia en algo maravilloso por medio de los sentidos, de esa intoxicación que –según el mismo Benjamin– produce la pérdida del yo ("El surrealismo" 303).

La modernidad, que tiende a ser vista como carente de mitos, es registrada por el *flâneur*-autor como re-encantadora y mágica. La multitud sofocada tiene un encuentro esplendoroso con la realidad tras el mito, y el lujo y la brillantez se le hacen accesibles, algo históricamente innovador para Ponce:

> Más adelante puede decirse que es el centro de la ciudad, con su hilera de coches a la izquierda, con la antigua calle de Atocha que cruzan los carruajes, las tiendas ardiendo de luz, los cafés y la espaciosa acera llena a esa hora de gente que se agolpa y se empuja; chorros de luz blanca sobre las vitrinas de los cafés atestadas de dulces; las farmacias que exhiben sus escaparates dorados y sus vidrieras llenas de perfumes; tiendas de mostradores de cristal cuajados de figuras de porcelanas, sedas, vajillas ricas que brillan bajo la luz de violeta que suave cae sobre los rostros de dependientes y compradores; grupos de gente moza que ríe a la puerta de las tiendas y restaurants y se apartan y saludan cuando pasa una dama elegante, rígida y prisionera del severo corset; oleadas de perfumes, cuchicheos, ruidos y carcajadas, atmosfera cálida que sale de los cafés como algo que arde y colorea los rostros, como vapor cálido que hace sudar a mares; alborotos lejanos, ruidos de coches y campanas y murmullos de algo que vive y se sofoca en la vida del movimiento y la alegría. (5)

Calle Villa and Plaza Degetau, Ponce. Detail from real-photo postcard c. 1935 (mailed 1940), José Rodríguez Serra. Colección de fotografías de Gleach/Santiago-Irizarry.

Los signos peligrosos y desafiantes del progreso son aquí estilizados de forma pintoresca. La modernidad se embellece y se maquilla al modo modernista. Tenemos una ciudadanía que atiende al llamado de la mercancía, uno resplandeciente, perceptible y al alcance de todos. Julio Ramos nos habla de la lógica del fetichismo de la mercancía lujosa:

> A medida que la mercancía adquiere vida –en la palpitación erótica, "tibia y suave"–, el consumidor la pierde en su "embriaguez" y pérdida del "ánimo", ahí celebradas. Ésa es, precisamente, la lógica del fetichismo. Más significativo aún, el fetichismo de la mercancía se representa como experiencia estética. La tienda sustituye al museo como institución de la belleza, y la estilización –notable en el trabajo sobre la lengua– opera en función de la epifanía consumerista. (*Desencuentros* 153)

La ciudad es espacio intoxicante de lo fantasmagórico, de lo que Marx denomina la "apariencia decepcionante" de la mercancía como fetiche del mercado. La fantasmagoría, es decir el bombardeo sensorial de las "tecno-estéticas", demuestra el potencial de lo estético para crear lo anestésico. La realidad visual y sonora que narra Levis abruma e intoxica de diversas maneras, creando un efecto narcótico: "It has the effect of anaesthetizing the organism, not through numbing, but through flooding the senses" (Buck-Morss, *Aesthetics* 127). El proceso estetizante aumenta los estímulos sensoriales, lo que activa una anestetización que contrarresta la hiperestimulación (o el *shock*).

Julio Ramos, quien propone que el paseante es observante partícipe de la modernidad capitalista, habla del privilegio de la vitrina: "es un objeto que nos remite al consumo, en tanto mediación entre el sujeto urbano y su mundo. Pero a la vez, la vitrina es una metáfora mediante la cual cierta escritura finisecular [...] autorrepresenta su sometimiento a las leyes del mercado" (*Desencuentros* 181). Someterse a las leyes del mercado ponceño es subordinarse al deseo:

> Al frente, la calle de Atocha, ahora calle de Baldorioty, se reduce, es más angosta; la gente se cruza en las aceras altas y a ambos lados sigue la línea de tiendas, almacenes, bazares. En las vidrieras de las tiendas de modas, bajo las bombillas eléctricas, están los sombreros adornados elegantemente, pañuelos de seda, botones de oro, corbatas de lujo, y los transeúntes se detienen contemplando aquel montón de deseos. (Levis 9)

La mercancía que se vislumbra, recorrida por todos los sentidos, se acumula en el cuerpo femenino, elegantemente restringido y cosificado.

He aquí el intercambio fetichista capitalista, mediante el cual se personaliza el objeto y se cosifica el humano. Los sombreros, los perfumes, las vajillas, esconden de forma elegante y brillosa el mito. El momento de encuentro –o sea, de la iluminación profana– es aquel instante que permite vislumbrar la realidad detrás del mito de la mercancía exhibida. Tanto la mercancía como el consumidor se reducen a la apariencia, a meros portadores de imagen (Debord 32). Ya sea contemplando, comprando o portando la mercancía, el deseo del consumidor siempre sobrepasa el placer que el objeto real le pueda producir. Mientras la satisfacción que el objeto real pueda dar sea solamente parcial, el consumidor sentirá ansiedad, o sea el deseo de un orden más elevado.

Como parte del intercambio fetichista capitalista se establece una relación sensual entre el comprador, el dependiente y el producto: "De las tiendas, salen compradoras; damas de sombreros que taconean la acera, erguidas, irreprochables en elegancia. Es la mujer del país, hecha a manejar con gracia las exigencias de la moda. La criolla bien modelada que ciñe el vestido a las formas y pasa graciosa y tentadora" (Levis 9). La función prometedora y civilizadora de la ciudad de Ponce exige al transeúnte poner su *sensorium* en función, desear la mercancía, estimularse e inquietarse. Ahora, en el contexto de la pobreza y el desempleo que nos presenta Levis, la mercancía a la que no se pueda acceder por medios económicos es consumible de todas maneras a través de sentidos corporales. En una modernidad que se entiende en esta novela como capitalista, el ojo del transeúnte se condiciona para el consumo inmediato (visual o real) y para su alteración. La inquietud se activa y el deseo se convierte en impulso desestabilizador de la multitud, creando otra ansiedad en el autor.

La música y la arquitectura

Y así como la luz se va integrando al movimiento de la ciudad, también va correspondiendo con la música y la arquitectura. La presencia del cuerpo de bomberos es vital para representar la vida moderna y civil en Ponce. Con la construcción del pabellón principal en la plaza (exhibido en la Feria de 1882, y tres años más tarde convertido en el Parque de

Bombas), y con la organización de la primera banda municipal por Juan Morel Campos en el 1883, va tomando forma la modernidad en Puerto Rico. Quintero Rivera apunta que, como institución ciudadana, el cuerpo de bomberos se dedicó a proteger a sus habitantes de toda clase de peligro que atentara contra la integridad de la ciudad, incluyendo huracanes, incendios e inundaciones. Luis Fortuño Janeiro, en su *Álbum histórico de Ponce*, nos habla del aspecto heroico del cuerpo de bomberos luego del fuego del 1820: "Ponce los proclama públicamente como héroes [...] quienes expusieron sus vidas por salvar de las llamas a toda la ciudad. El acto se efectuó en la Plaza de las Delicias, asistiendo el Cuerpo de Bomberos en pleno. Hubo música especial y discursos elocuentes de alabanza [...]" (citado en Quintero Rivera, *Ponce* 82). En *Mancha de lodo*, el cuerpo de bomberos es la mayor fuente de afirmación urbana, dotado de un heroísmo, una musicalidad y una brillantez que, juntos, por un lado celebran la transformación del pueblo sureño y, por otro, confrontan los cambios por venir:

> Ponce ama sus bomberos; les quiere, les tiene cariño; admira sus esfuerzos, aplaude sus victorias y camina tras las brigadas cuando los valientes hijos del trabajo pasean las calles de la ciudad marchando airosamente a compás de su brillante banda de música. Y en los instantes de peligro, cuando los carros de mangas, los aparatos pintados de rojo, las bombas suenan sus campanas de alarma, los clarinetes y pitos se escuchan por todas partes y el humo del incendio se levanta negro y terrible, entonces toda la ciudad va a ver trabajar a sus bomberos, a verles trepar, valientes, por todas partes, frente al monstruo que destruye, que arruina, que tuesta los rostros que ahoga y abrasa. (*Mancha de lodo* 154)

Descritos como entes alegres, ligeros y brillantes, los bomberos iluminan, musicalizan y se convierten en custodios de la sociedad y de sus edificios. El eje civilizador de Ponce, con un cuerpo de bomberos y un Parque de Bombas tan icónicos y oficiales, es capaz de ensombrecer hasta la presencia y la oficialidad eclesiásticas (ya típicas en las plazas del resto de la isla), logrando que los ciudadanos depositen su fe no en los artefactos religiosos sino en los efectos que producen las edificaciones seculares:

> Es el centro de la ciudad: eminente la plaza de "Las Delicias" que será un magnífico paseo, bajo los viejos arboles medio alumbrada por los focos eléctricos y la elegante farola del centro; a la izquierda, la iglesia católica, mole pesada y de paredones lisos, huérfana de arte exterior; a su espalda, frente a la calle, el Parque de Bomberos, alegre, ligero, con sus pabellones salientes y sus puertas y ventanas coronadas de vidrios de colores que brillan bajo la luz eléctrica que cae sobre los aparatos de incendios siempre limpios y relucientes, y como si tuviesen el oído pendiente al toque de alarma. (*Mancha de lodo* 6)

El protagonismo del Parque de Bomberos, imponente musical y arquitectónicamente, reafirma la ciudadanía moderna. La iglesia, de todas maneras, ya no posee su fuerza iluminadora, y su simbología no compite con el resto de las edificaciones aledañas. De hecho,

> Lo viejo se derrumba. Coronas, cetros, tronos, tiaras; todo el brillo deslumbrador, toda esa fosforescencia falsa, será un montón de escombros. La humanidad no irá a orar a los templos cargados de lujo porque en el dintel de los sagrados obeliscos que alzan al cielo sus agujas como queriendo ascender al infinito, hay miserias, hay carnes desfallecidas que caen al suelo examines, carne hambrienta que se desploma sobre baldosas de mármol frío [...]. (*Mancha de lodo* 137)

Se describe una antigua imaginería fetichista que, por un lado, se ha admirado y deseado pero, por otro, ya no despierta la fe, no consuela, no alberga, no redime, no estimula los sentidos; en fin, no ama. Con la presencia del personaje de Pucha –quien en un momento dado siente la urgencia de rezar– se va desarrollando una relación de desconfianza entre la religión y la razón en la que se disputan la creación de Ponce. "La caravana terrestre sufre; asiste a una época en que no se cree ya, en que la fe se acaba; se vive en medio de viejas teorías, de viejos moldes donde forcejea el espíritu humano ansiando conquistar la libertad de las conciencias" (*Mancha de lodo* 137). La iglesia, con su piso de "mármol frío" y rodeada de una modernidad ensombrecedora y ensordecedora, se encuentra obsoleta a la hora de atender la ansiedad del pueblo; pero además se ve forzada a atender su propia ansiedad ante su muerte. Levis no descarta la creación de una nueva religión y de nuevos templos que le devuelvan la tranquilidad a la ciudadanía, pues la que "estaba al frente de todo; todo, pues, debía estar bajo su dominio" (*Mancha de lodo* 135), pierde su magia y se opaca ante la reurbanización del espacio.

De la música civilizadora de la banda municipal del cuerpo de bomberos, y del "nervioso repicar de las campanas" de la iglesia, el autor pasa al estruendo continuo de la multitud que la alaba:

> De la calle, llegaban gritos y ruidos, murmullos de la vida humana, golpes de carros y pisadas de caballos mezclados a los alegres "eh, eh" de los cocheros. Los tranvías eléctricos pasaban zumbando, llenos de viajeros, y los vagones brillantes de maderas barnizadas, cruzaban entre una nube de polvo sonando siempre la campana, los motoristas. Todo el continuo trajín de la vida; la vida humana, la familia humana obligada a moverse, a agitarse para vivir, empujada a la actividad, condenada a comer, a pisar el suelo y contribuir al progreso uniéndose al esfuerzo de la labor universal donde todo se mueve, donde todo trabaja. (Levis 95)

La ciudadanía debe desarrollar su propio *sensorium*, buscar las maneras de filtrar los nuevos colores, de contener los chorros y el derrame de luz, y llevar el ritmo de la vida urbana. Esto requiere de movimientos intensos, del trajín, pero también de interrupciones que permitan apreciar los momentos de actividad y percibir el peligro. Al ser el autor parte de esta ciudadanía, sería interesante, a continuación, ver cómo desarrolla su *sensorium* y percibe la modernidad.

Las ansiedades del autor-*flâneur*

Vivir entre-siglos, entre-guerras y entre-estéticas

En la obra de Levis hay un compromiso con la realidad social de sus personajes, quienes responden al deseo del autor de gozar de libertad y de justicia, de formar parte de un proyecto grandioso. El universalismo en Levis no es una simple fuga de la actualidad regida por el régimen colonial norteamericano sino que opera bajo el proyecto de nación alterna por el cual ha estado atravesando Ponce desde finales del siglo XVIII. Nos referimos a un pueblo que se forja –de acuerdo con Ángel Quintero Rivera, en su detallado estudio sobre Ponce– no a través del marco colonial sino a través de un concepto ciudadano, de una ideología de renovación social y urbanística moderna, en la cual la ruralía agroexportadora se planta como base de la modernidad.

Ponce, como espacio también de la catástrofe, pasa por un proceso de borradura con la crisis de las guerras hispanoamericanas, el fuego de 1820, la inundación de 1888, el cambio de régimen colonial y el paso del huracán San Ciriaco, eventos que golpean los símbolos históricos de la ciudad. El autor aprovecha el calor y el *momentum* para impulsar su escritura y proponerla como un producto cultural capaz de aliviar el dolor colectivo y de convocar el esfuerzo ciudadano para levantarse. Levis también toma ventaja de estos espacios de borradura, no para encontrar su historia sino para crearla con base en un presente cambiante y un futuro prometedor. *Mancha de lodo* no se apoya en el pasado telúrico sino que exhorta al olvido, y qué mejor que una modernidad capitalista como telón de fondo para olvidar de dónde provienen las cosas y las manos que las elaboran. El autor emprende la gran empresa, intensa, de crear una ruptura con el orden premoderno.

El tiempo de su vida es acelerado y comprimido, lo que causa un fuerte impacto en su narrativa. La llegada del telégrafo, el ferrocarril y las tecnologías agrarias, impone una nueva percepción del tiempo, de la comunicación y del espacio geográfico. La prensa representa, junto a estas tecnologías, otra vara para medir el poder y el control capitalistas que, como señala Julio Ramos, "fue una condición de posibilidad de la modernización y la reorganización social que caracteriza al fin de siglo" (96). Como cronista para los seriados *El Obrero, El Boletín Mercantil, El Heraldo Español y La Democracia*, no sólo se convierte en reflector y coleccionista de imágenes, en fijador de lo fugaz, sino también en creador de nexos filiales con su audiencia, de una identidad del *nosotros*. En un espacio en el que se pierden las filiaciones políticas y biológicas, Levis incita a la fraternidad proletaria. La relación entre el obrero y la tecnología es ambivalente pues, por un lado, en Puerto Rico se elogian las nuevas máquinas, particularmente por parte de los redactores de periódicos y los obreros, ya que la idea de progreso está ligada fuertemente a la industrialización. Por otro lado, el proletario expresa su experiencia como parte de una muchedumbre anónima, explotada, inerte, atada a los ritmos extraños de las máquinas y al servicio de la metrópolis.

Crear el lenguaje

Levis se hace la misma pregunta que formulara Martí ante la ciudad encantadora y descalabrante que habita: "¿qué lenguaje podría dominarla, representarla, mediante un cuadro capaz aun de articular la totalidad?" (Ramos, *Desencuentros* 243). Dentro de un mundo tecnológico y fluido, el autor tiene que trabajar con un lenguaje que aún no está codificado, pero crear la ilusión de que lo está. Gwen Kirkpatrick, a quien le resulta monstruosa la máquina de la modernidad, afirma que los poetas "in their search for spiritual universality and transcendence of everyday reality, collide with a changing historical consciousness as well as with an increasingly urban and technological world" (347). El escritor, fascinado y a la vez aterrorizado por lo invasivo de las nuevas tecnologías, envía sus ondas de *shock* a través de su escritura, mas constantemente entra en innovadoras frecuencias que le permiten hacer legible la modernidad, gracias a su lenguaje sinestésico, a una jerga netamente americana que invita a ingresar al mundo capitalista y, a la vez, rechaza la mercantilidad del capitalismo. Levis se vale de un lenguaje que le posibilita –en palabras de Rama– rendirle culto a la internacionalización pero, al mismo tiempo, americanizarse (*La crítica* 80-81). En esta lucha por asimilar las tecnologías, por hacerlas funcionar a su favor, el autor produce una estética que busca reconciliar armónicamente las tendencias naturalista y modernista.

Urbano González Serrano, en su artículo "El Naturalismo artístico" (1882), nos habla de la modernidad naturalista y de la belleza que ésta produce: "La belleza es la realidad viva, pero la vida, que no se observa sólo en el límite pesimista, ni se contempla en extáticos y optimistas deliquios, sino la vida en acción, luchando incesantemente" (162). El autor no se queda atrapado en la observación y en el presente sino que insiste en definir el futuro y en crear un ideal de cambio. Levis estudia la realidad humana, pero para transformarla en nombre del progreso. También hay una degradación humana, pero no la atribuye a la condición moderna de Puerto Rico. En *Mancha de lodo*, la ciudad acelerada no es lo que facilita la perdición, sino el hábito heredado del puertorriqueño. Algunas expresiones naturalistas-realistas tienden a reducir la realidad a una cadena determinista de causa y efecto, transformando el progreso tecnológico en una degeneración que socava cualquier noción de libertad humana. Pero el autor no se suscribe a esta lógica enteramente, ya que quiere romper con el determinismo y cree posible la regeneración a través del cambio y la acción. Salirse de esta lógica requiere que se den simultáneamente la muerte y el renacer del individuo.

El mundo del texto creado por el autor se financia económicamente con los fetiches del mercado, algo que vemos en la descripción de las tiendas, las vitrinas, las modas, la prostitución, la emigración, los automóviles, etc. Con las alteraciones en los modos de percepción traídos por la modernidad y las tecnologías que ésta acarrea, el autor se enfrenta a una mercancía que esconde el valor de uso o ritual, un valor que se ve reemplazado por el valor de cambio, e incluso por el encanto absoluto del fetiche. Levis, un autor naturalista, muestra tendencias modernistas creando nuevos significados que expresan la no-naturaleza de una cosa, porque los ya creados por la máquina capitalista no le resultan suficientes. En un registro modernista, el autor innova y agudiza las sensaciones, hay cosmopolitismo y ansia de libertad y de renovación. Su narrativa ambivalente reacciona contra la sociedad capitalista, pero se subyuga frente al artefacto y al lujo de la burguesía. Y en esta negación a aceptar el valor de cambio como estándar para juzgar al arte, y en respuesta a la amenaza de la cultura mercantilizada, Levis utiliza el lenguaje como la forma suprema del arte. Es el lenguaje lo que le permite re-valorizarse en su entorno comercializado y a la vez suprimido.

Así como Ponce se crea gracias a la dialéctica entre la ciudad y su ciudadanía, Levis también se apoya en ella. Su escritura representa una atención un tanto dolorosa a la experiencia social urbana. Es, por tanto, una experiencia inquietante, en movimiento continuo y en medio de la relación mundo-sentido. Siempre en compulsión, chorreando letras y extendiéndose en párrafos; su narrativa se convierte en fuerza inquisidora, en busca de frases con andares flâneurianos, con los movimientos cotidianos de su cuerpo, su emoción, su mirada y su pensamiento. Su pulsión, dirigida a mantener la luz encendida, estimula una escritura incontenible, una confluencia de ideas, sensaciones y percepciones que hacen de Levis un artista de la palabra.

Pero insertarse como "hombre de letras" no fue tarea fácil para nuestro autor. No se hace mención directa de la invasión norteamericana de la isla, posiblemente por la cercanía histórica a la misma, o por la censura, que abordará Carmen Centeno Añeses en su estudio sobre Levis y otros autores obreros (*Modernidad y resistencia* 2005). La censura impuesta, primero por el gobierno español y luego por el estadounidense, explica la corta vida de muchos periódicos. Ya que el país cuenta con un fuerte régimen militar y con una apatía hacia la producción intelectual de los sectores marginalizados, la continuidad de todas las publicaciones se hizo una empresa imposible. Esta misma censura, señala Centeno Añeses, no permite a escritores como Levis expresarse abiertamente sobre la puertorriqueñidad, lo que lo inclina hacia un internacionalismo que le procure notabilidad y afirmación (195). Ahora bien, Estelle Irizarry hace una aclaración importante, pues mientras la crítica literaria en general señala 1899 y 1901 como los únicos dos años en que no se publican novelas en Puerto Rico (Manrique Cabrera 116), señala que Levis sí publica en ambas fechas. *El estercolero* (1899) y *Estercolero* (1901) ven la luz en épocas extremadamente difíciles para que pueda publicar un novelista puertorriqueño (*Las novelas* 13).

"Contener la ciudad" de Ponce

La ciudadanía en el Ponce de Levis está compuesta principalmente de hacendados, comerciantes y obreros artesanales, quienes han aportado su grano de arena para constituir el primer espacio de interés urbano en la isla. Remarcamos la idea de "isla" pues justamente la ciudad amurallada de San Juan aísla el resto del país y causa el retraimiento de los pobladores hacia el interior. Esta comunidad de aislados o "escapados", como los llama Quintero Rivera en *Ponce: la capital alterna*, se ven atraídos por los cultivos de caña de azúcar y café, insertándose en la historia que se fragua en Ponce. La población y el porcentaje de exportaciones agrícolas aumentan paralelamente. Lo que comienza como un pueblo de 299 habitantes en 1827, termina en 1899 con 27,952 habitantes. De igual manera, ya para finales de siglo Ponce exporta el 33.2% del total nacional, superando a San Juan, con un 21.2% (hay que considerar que la capital se orienta más a la importación) (44-45). Con el crecimiento poblacional y económico, Ponce hace historia como capital alterna. Pero para los ponceños, ser parte de esta historia implica aceptar el proyecto de "hegemonía integradora", en el cual los sectores dominantes ejercen su poder social y político integrando a individuos claves de grupos subalternos a su agenda (17). Esta estrategia alcanza el consenso necesario para llevar a cabo el proyecto modernizador, que necesita crear la simbiosis ruralía-ciudad y exhortar a la convivencia de ciudadanos de diversos estratos sociales. Como espacio de interés urbano, Ponce celebra su multitud, unificada y, a la vez, segregada social y racialmente. Julio Ramos, en su concepción de la ciudad, detecta la diversidad y la fragmentación de discursos percibidos en su recorrido:

> la ciudad [...] no es simplemente el trasfondo, el escenario [...] habría que pensar el espacio de la ciudad, más bien, como el campo de la significación misma, que en su propia disposición formal –con sus redes y desarticulaciones– está atravesada por la fragmentación de los códigos y de los sistemas tradicionales de representación en la sociedad moderna. (*Desencuentros* 156-157)

El paseo del *flâneur* por las calles y los barrios que constituyen a Ponce va dejando de ser "simplemente un modo de experimentar la ciudad" para ser un "modo de representarla, de mirarla y de contar lo visto" (*Desencuentros* 168). Pero, ¿cómo contar el encuentro, o sea el triunfo de Ponce, la modernización de su espacio, la celebración de su música, el carácter ciudadano, la conciencia cívica; pero también el desencuentro, es decir, las tensiones y contradicciones entre la multitud, la miseria y la muerte dentro de un marco colonial? Hallar la manera de contar lo visto provoca ansiedad en el *flâneur*. Julio Ramos hace un señalamiento de esta ansiedad, tomando el caso del cronista-*flâneur*:

> En el paseo, el cronista transforma la ciudad en *salón*, en espacio íntimo, precisamente mediante esa mirada consumerista que convierte la actividad urbana y mercantil, como señalamos antes, en objeto de placer estético e incluso

> erótico. Por el reverso del intento de contener la ciudad, de transformarla en un espacio íntimo y familiar, la ansiedad del cronista-*flâneur* es notable. Esa ansiedad en varios sentidos es el impulso que desencadena tanto la flanería como la escritura sobre la ciudad en la crónica. La incomodidad del cronista-*flâneur* en la ciudad presupone la redistribución del espacio urbano de acuerdo con la oposición entre las zonas de la privacidad y la vida pública y comercial. (*Desencuentros* 169)

Levis, nuestro *flâneur*-autor, es quien lleva a cabo la labor de "contener la ciudad" desenvolviéndose en *Mancha de lodo* en la observación y en la apropiación del nuevo espacio urbano mediante su escritura. Ponce disfruta de su *flâneur* en la figura de Levis. La transformación urbana lo llena de un afán por crear pasajes y trayectorias, por construir un espacio interno-externo mediante su mirada, por entremeterse en todos los aspectos con los que se topa (sean privados o públicos). La transgresión de la frontera entre lo privado y lo público lo inquieta, pues quiere estar al mismo tiempo en todas partes y no quiere perderse nada; gozar la ciudad como un niño, pero historizarla como un sabio adulto. Su labor consiste en hacer de Ponce un espacio conocible, capaz de ser entendido pero, a la vez, mantener su misterio y su ambigüedad. Benjamin, tomando a Baudelaire como ejemplo del *flâneur* por excelencia (172-173), estudia la ambigüedad y el cruzamiento entre el mundo interior y el exterior habitados por el poeta parisino: "If in the beginning the street had become an *intérieur* for him, now this *intérieur* turned into a street, and he roamed though the labyrinth of merchandise as he had once roamed though the labyrinth of the city" (*The Arcades Project* 12). La ambigüedad de la ciudad descansa precisamente en la ambigüedad del interior-exterior del *flâneur*-autor. La experiencia del exterior se inscribe en su mundo interior.

Como dispositivo literario y perceptivo, el *flâneur*-autor en *Mancha de lodo* es el observador urbano que palpa la modernidad, la ansiedad y la intoxicación que ésta produce en los personajes. Su movimiento en el espacio de la modernidad se le facilita, pues maneja el lenguaje y los códigos de la cultura visual, y vive el presente sin recurrir al pasado. Aunque el *flâneur*-autor no tiene una relación particular con los personajes, sí logra un acercamiento afectivo con ellos, pues percibe los efectos que sobre los mismos ejerce la modernidad. Su afición no sólo busca articular el *shock* a través de las luces que emanan de la modernidad sino también rastrear las esquinas descuidadas por la misma. El desempleo, el alcoholismo, la pobreza, la violencia doméstica y la prostitución son, ciertamente, algunos de esos aspectos desatendidos que el *flâneur*-autor cubre en su paseo por la "ciudad señorial" de Ponce. De las correspondencias logradas en su paseo surge una narración que cuenta lo que la cultura oficial y la historia han dejado abandonado. El *flâneur*-autor narra alegóricamente su época, tal y como se le presenta en el momento.

Captar y dominar la inquietud de la multitud

Para la ciudadanía, establecer las nuevas relaciones sociales en el marco citadino requiere una dosis de ansiedad. Lo que define al *flâneur*-autor es la muchedumbre, y su habilidad para adaptarse a lo efímero de la modernidad urbana. El *flâneur*-autor se nutre de la energía que producen tanto las luces como la multitud en las calles, e interpreta el flujo y el reflujo de la muchedumbre como parte de la vida moderna, una vida que parece animada por la electricidad. Va traduciendo con soltura los efectos de las (con)mociones de la ciudad moderna mediante varios registros sensoriales. Se percata de una multitud que está nerviosa porque la modernidad llega ardiendo:

> Frente al Parque de los bravos bomberos, se detienen los tranvías eléctricos que llegan sonando la campana, ligeros, hirviendo de claridad blanca, atestados de viajeros que se empujan al bajar con los que quieren subir como masa de carne poseída de vértigo; montón humano que baja y sube entre apretones, murmullos y risas; muchedumbre que se estruja como hormiguero nervioso. (Levis 7)

El tranvía, como portador de la modernidad, regresaría continuamente por otro "montón de carne humana" hambriento de "aire fresco, alegría y emociones" (*Mancha de lodo* 7). Existe aquí un gusto por el cambio experiencial y perceptual y por el sentido de asombro. La muchedumbre queda apretada dentro de un aparato que parece *jamaquear* los cuerpos y disipar el espacio personal entre el hombre y la mujer, lo cual atrae y aterra al mismo tiempo. Los pasajeros, inmóviles y a la vez sobre-estimulados, se convierten en cojines o amortiguadores de la experiencia del shock.

El *flâneur*-autor percibe el viaje en el tranvía como una de las experiencias más directas que tiene el ponceño con la fuerza de la modernidad industrial. El sentido de impotencia en esta escena, desde el hecho de que se debe tomar el tranvía en primer lugar (a una hora específica), pasando por el temor de perderlo, hasta los tipos y la cantidad de personas con las que uno debe compartirlo, el calor, la claridad blanca y los apretones que debe uno aguantar. La impotencia y el encerramiento provocados por la condensación de tiempo y espacio dentro del tranvía son motivo de ansiedad. Dice el *flâneur*-autor: "Parece un hormiguero castigado, obligado a sofocarse; millones de encarnaciones culebreando por los senderos de la vida, con distintas emociones, con variedad de sentimientos, presa de grandes inquietudes y zozobras, preocupada siempre, infeliz siempre" (95). El movimiento ondulante de la multitud es serpentino y nervioso porque tiene miedo, siente que peligra y descubre el terror. Su hiper-perceptibilidad la satura de sensaciones, la obliga a caminar y asfixiarse, obligando al *flâneur*-autor a preguntarse él mismo hasta cuándo debía durar tal inquietud en los humanos (85). Nuestro *flâneur*-autor tiene que mantenerse entre dicha multitud, pero es una entidad limítrofe, "activa e intelectual" que se desplaza al mismo ritmo con que lo hace esa multitud para entenderla, saber el peso que carga y dar cuenta de las falsas promesas de la modernidad.

> Todo el continuo trajín de la vida; la vida humana, la familia humana obligada a moverse, a agitarse para vivir, empujada a la actividad, condenada a comer, a pisar el suelo y contribuir al progreso uniéndose al esfuerzo de la labor universal donde todo se mueve, donde todo trabaja…desengaño…teatro y realidad. (95)

Nuestro observador reconoce los síntomas de quien sufre de pánico escénico, el *stage fright* que imposibilita a la multitud ejercitar sus capacidades expresivas cuando debe actuar. Da cuenta de las manifestaciones de ansiedad porque no hay manera de evitar la acción ni escape de la situación, porque la multitud debe asumir su papel sin queja alguna. Y es que el nuevo mundo presentado por Levis, basado moralmente en la ciencia y en el progreso, ejerce la presión de actuar y de evitar la inercia. Ya sea como progresión o como regresión, se constata en la novela un flujo continuo, ininterrumpido e ineluctable. Trabajar es vivir, y la vida aquí no se presenta como algo opcional. El tiempo sigue transcurriendo, el corazón sigue latiendo involuntariamente, inquietante tanto para el que quiere vivir como para que prefiere quedar inmóvil. El *flâneur*-autor entiende que con la universalidad, la labor de la vida se aliviana porque el trabajo sería compartido. De lo que el autor se cuida mucho es de no delatar lo que realmente está operando detrás de toda esta "inquietud social" (84) que invade al sujeto moderno: el código secreto del colonialismo capitalista, que por un lado crea nuevas dinámicas de flujos (del proletariado, del campesino, etc.) pero a la vez impide las posibilidades de cada ser humano al despojarlo de su tierra y al valorarlo por lo que éste ahora debe producir absorbido por la masa. En su narración se enervan reacciones emocionales colectivas que no pueden individuarse o distinguirse, pero que deben sentirse al unísono.

> Masa humana caminando como empujada, anhelando llegar, arrastrando por el arroyo la blusa rota del obrero; corazones honrados latiendo en afán de regeneración. Era la inquietud viviendo en todos los talleres, en todas partes donde se quemaba incienso a la hermosa labor humana. ¡Ah! La lección había sido ruda, fuerte, recia. (89)

El incienso aquí está relacionado con el acto de adoración al trabajo, ideal que promueve la novela de principio a fin. El trabajo promueve el "afán" de movimiento colectivo que muchas veces no genera sino que degenera.

> La revolución se ha iniciado por los más pobres, por los de abajo, por los del taller y el andamio, por los de manos encallecidas en el altar sagrado, el altar del trabajo; el trabajo que hace potentes a los pueblos. Llegará un día en que la revolución triunfará. De todas partes, de todos los confines de la tierra se levantan brazos mostrando sus herramientas de labor, los útiles que contribuyen al progreso humano [...]. (91)

La ley del trabajo se contrapone al arte de no hacer nada, es una ley que descarta las demás leyes de un pueblo donde ni siquiera se habla de jueces o alcaldes sino de manos labradoras y sacrificadas. Sería Carré el personaje que se daría a la empresa de poner en práctica la ley laboral, de incentivar a la muchedumbre a trabajar y de comenzar proyectos de construcción que lo lleven a formar parte de una modernidad que –él entiende– es universal. Hay un intercambio de papeles entre el pensador y el obrero: Levis, el intelectual, se convierte en trabajador (por la especialización de su oficio), y el obrero se convierte en "redentor" de la sociedad. Se van disipando las diferencias entre el autor que labora con su intelectualidad y el obrero, quien labora con sus manos. Mientras el autor estimule la revolución, Carré se encargará de continuarla.

Carré: el espíritu tranquilo

> Y llamo arquitecto al que con un arte, método seguro, maravilloso, mediante el pensamiento y la invención, es capaz de concebir y realizar mediante la ejecución todas aquellas obras que, por medio del movimiento de las grandes masas de la conjunción y acomodación de los cuerpos, pueden adaptarse a la máxima belleza de los usos de los hombres.
> *De re aedeficatoria,* León Battista Alberti

> Tu m'as donné ta boue et j'en ai fait de l'or
> *Fleurs du mal,* Baudelaire

Ennobleciendo la ciudad

El renacimiento arquitectónico de Ponce es producto del esfuerzo obrero, de la mano de obra de albañiles como Carré. Nuestro protagonista es edificador de la belleza, productor de arte y labrador estético. Tenemos en *Mancha de lodo* a Ponce como útero y al albañil como gestor de la humanidad, como quien convertirá, al modo de Baudelaire, lo que queda de lodo en oro. Carré ansía levantar una arquitectura moral que vaya a la par con la arquitectura física que disfruta una ciudad en proceso de modernizarse. Y es que parte de la agenda de Levis es crear un rol protagónico con la habilidad, el espíritu y la fuerza de voluntad de seguir llevando el proyecto de modernidad adelante. Carré es quien vela por el adecuado desarrollo de la nueva sociedad proletaria, ya que Ponce puede trascender como ciudad moderna y conseguir un objetivo más elevado y espiritual. Carré es quien tiene como misión re-codificar el espacio urbano en *Mancha de lodo*.

Como parte de su "arte noble" de edificar y conciliar ideologías, Pedro Carré ennoblece y conjuga lo poético, lo escultural, lo musical y lo pintoresco. Se dedica, tanto en *El Estercolero* como en *Estercolero*, a elaborar su fachada y la de sus conciudadanos, y a empotrar en superficies públicas los diversos significados privados de la época. Quintero Rivera, en *Ponce: la capital alterna*, aborda el tema de lo público-privado en el trabajo artesanal de Ponce:

> En este aspecto, el espacio público se conforma desde lo privado: a Ponce, en gran medida, lo van haciendo sus propios ciudadanos individualmente. En una situación colonial, donde el Estado es básicamente sobreimpuesto, la acción ciudadana autónoma en la conformación del espacio público adquiere profundos significantes político culturales: reviste una connotación de desafío en el terreno de la hegemonía. (63)

El obrero artesanal puertorriqueño parte de una tradición que se remonta a la esclavitud, y parte además de su estilo particular de confección, de su conocimiento sobre la plasticidad, la cohesión, el temple y trabajabilidad del mortero, pero también de la dialéctica que logra establecer entre los plebeyos y los patricios a fines del siglo XIX.

La agitación de la materia

Carré y sus compañeros se especializan en la materia (la cal, la tierra, el barro y el polvo), creen en su transformación y en su permanencia. Entienden que su ciudad es una mezcla de sustancias, de movimientos y de manos labradoras, un proyecto siempre en obra que requiere de la presencia colectiva proletaria. Nuestro protagonista cree en el lodo, pero no en el sentido de agrandar la "charca fangosa del desorden" (*Estercolero* 24), a lo Zeno Gandía, sino por su capacidad de edificar la humanidad.

La unidad que promulga Carré tiene correspondencias con la fraternidad masónica, tema ya abordado por Irizarry en su estudio de *El estercolero*. Como fraternidad iniciática que le da representación a la fraternidad universal, la masonería promueve la idea de que todos provienen de la materia y de la energía. *Mancha de lodo* alude a una materialidad masónica, a una construcción armónica. La profesión de los ideales de

Masonic Temple, Ponce, PR. Real-photo postcard c. 1940, José Rodríguez Serra, Ponce. Colección de fotografías de Gleach/Santiago-Irizarry.

la unión obrera, la fraternidad, la filantropía y la esperanza se inscriben en la novela, esbozando una suerte de espacio comunitario masónico:

> Allí estaban, al lado de los montones de cal que se extendían sobre el suelo confundiendo su blancura con la arena pisoteada formando mezcla gris entre la yerba que empezaba a brotar; allí estaban ante el montón de rojos ladrillos pedazos de barro cocido formando tablillas, duros, bellos fragmentos brotados de la tierra feraz, fecunda eternamente, para servir de base al hermano, unidos, fuertemente, viviendo largos años sobre su lecho de mezcla, semejando la labor humana, el grano unido al otro grano un día y otro, para levantar el edificio, el tremendo obelisco del progreso, la masa de piedra recia, elegante, ascendiendo al cielo, blanca, bañada de cal hermosa para servir de albergue a los otros, a los demás [...] todo construido por la mano del obrero [...]. (Levis 90)

Levis apela a la materia para explicar lo sustancial de la existencia del ponceño. Como símbolo del materialismo, el polvo es real y transformable, capaz de testimoniar una presencia y de manifestar la complejidad de las relaciones que se van cuajando en la sociedad. El "polvo dorado" se sacude y se hace visible por la luz y el movimiento en todas partes, sobre los mostradores de las tiendas, sobre las casas, en las calles; en fin, el polvo está suspendido durante toda la trama. Bien dice el proverbio, "de aquellos polvos vienen estos lodos", cuando se refiere a aquellos males padecidos como consecuencia de errores, descuidos o desórdenes cometidos previamente. *Mancha de lodo* muestra las consecuencias de la negligencia y del error. Todo lo que existe a nivel narrativo se confunde, se va haciendo lo mismo. No hay pérdida ni muerte, sólo transformación de materia. El ejemplo está en Pucha, quien no muere sino que se transforma. La vida y el movimiento continúan con un nuevo amanecer, o sea cuando la luz capta la agitación del polvo y de los brazos obreros. El autor, con su final esperanzador, nos sigue preparando para una modernidad prometedora y laboriosa que seguirá levantando polvo.

La unidad que promulga Carré, además de tener correspondencias con el arte masónico, también corresponde al proyecto alterno de país de Ponce. Su mirada es progresista, ecléctica y multicultural (cabe mencionar que Pedro Carré es mulato). Como albañil, conoce la importancia de convocar a la ciudadanía para continuar con el proyecto de obras que mantiene a Ponce vivo, y es por eso que cree en la fraternidad. Parte de esta unidad implica dejar plasmadas las demandas hegemónicas de los patricios, las afirmaciones de los plebeyos, además de los valores burgueses que los plebeyos están dispuestos a asimilar. En *Mancha de lodo*, la renovación urbanística, así como la renovación humanista cívica y la renovación espiritual, toman un primer plano en la conformación de Ponce. Carré promueve la participación activa de los ciudadanos como agentes responsables de su propia conformación, le da peso a la diversidad de comunidades, y privilegia lo público como espacio de expresión de libertades sociales.

La tranquilidad de Carré

Ya sea el en la construcción o en el escombro, siempre habrá polvo para el albañil trabajar y dejar su legado. Y esto colma a Carré de tranquilidad. El albañil tiene la esperanza de lograr para sí una vida tranquila, porque posee la virtud de la paciencia, porque sabe contener sus emociones y no sobreestimularse. "Él quería la paz, el abrazo de todos los pueblos a través de los mares; que fuese la tierra balsa de ternuras y se alejase del corazón de los hombres el salvaje ronquido de la maldad, la grita infernal del desborde de las pasiones" (30). Carré no cree en el libertinaje, en el desorden, en el exceso, ni en el abuso que está produciendo la modernidad. La practicidad del albañil le facilita simplificar los problemas, le enseña a no esperar nada del gobierno ni de la iglesia: "Seamos prácticos; es necesario, es preciso; el peligro puede tornarse en victoria para nosotros [...] Hablaba con calma, sereno como hombre que está cierto de lo que dice" (100). Cree firmemente que el obrero resolverá la crisis social simple y llanamente a través de la revolución. Es por eso que Carré no pierde tiempo rebuscando el pasado o sofocándose en la ansiedad del presente sino que aspira a una revolución mundial futura, en la que la fraternidad se haría dueña de su propia paz.

Carré edifica, no para gobernar sino para sentar las bases de una nueva sociedad proletaria, para albergar al desposeído y para eslabonar nuevas relaciones sociales. Carré, en particular, se preocupa por Pucha, a quien vio crecer y convertirse en producto de la violencia y la negligencia: "El albañil, el bueno y generoso obrero, lo había dicho; era preciso regenerarse por el dolor, frente a él para triunfar, para ascender sostenidos por la fe que vigoriza y alienta. El obrero la reanimaría; la sostendría como siempre había hecho cuantas veces llegó hasta él solicitando un corazón en qué apoyarse, en qué descansar" (79). Su silencio muestra ser un tranquilizante eficaz para sus compañeros: "El albañil guardó silencio de pronto; estaba magnífico, sublime. Salía de sus labios todo el amor que sentía por la libertad de los humanos y sus ojos grandes expresaban las emociones del obrero. Todos habían guardado silencio" (102). Los compañeros caen bajo los efectos de un sedante y aprenden a no preocuparse sino, más bien, a ocuparse.

Durante una reunión tipo tertulia o logia masónica improvisada entre albañiles, se respiran un aire de inquietud y una preocupación que Carré observa en su silencio y su espera. Él no permite que la agitación de sus compañeros ante la situación del desempleo y la explotación le afecte, pero entiende que hay que ventilar las frustraciones y abrir espacio para la discusión y el disenso. De hecho, es el único momento de resistencia colectiva, el instante en que los personajes hablan abiertamente del descontento con el que se vive en Ponce. Carré reflexiona sobre sus quejas, atiende y estudia con cuidado lo que cada uno aporta a la discusión y toma su tiempo. Amando Hurtado, autor de varios textos masónicos, hace referencia al elemento de la espera y el silencio en la logia masónica y su importancia en la generación de ideas: "El silencio ritual invita y acostumbra al aprendiz a analizarse a sí mismo antes de emitir un juicio sobre lo que oye o ve, asegurándose de que su entendimiento no está mediatizado por sus propias pasiones" (136). Carré espera el momento preciso para tener la atención de los contertulios y tomar la palabra:

> El semblante del obrero, era entonces, tranquilo; se habían borrado aquellas líneas rudas en su semblante que aparecían antes cuando la protesta subía a su garganta. Ahora, frente al peligro común, frente a la inquietud de todos, la santa indignación del caído no brotaba en rayos que se escapaban de sus ojos grandes. Sabía que era necesario luchar pero con serenidad, con calma para que la ola de la rabia no envolviera los corazones y turbara los espíritus. (84)

Para Carré, la espera es necesaria para despejar el clima, para que se aclaren las aguas, para concebir y proyectar ideas que apunten a un lugar más habitable para sus conciudadanos. Carré espera y se tranquiliza porque comprende que tomaría una nueva generación para lograr la renovación que la sociedad puertorriqueña necesita, ya que las condiciones del presente no se prestan para que se produzca algún cambio que los saque del *shock*.

La paternidad como "control de daños" del sistema nervioso ponceño

La fraternidad debe esperar, pues antes debe gestarse una nueva humanidad a través de la paternidad. Y hay que referirse a la paternidad, pues el intelectual puertorriqueño de fin de siglo lucha por crear un discurso unificador que inevitablemente está asociado con la idea paternalista de proteger y redimir a los hijos desamparados por España. Carré, ante todo, es una figura paternal, y a pesar de su propia crisis siempre está al cuidado de su entorno social. Carré es quien protege a Pucha, prácticamente huérfana de padres y de amor. Lo que empieza como una relación fraternal entre Carré y Pucha termina siendo una relación entre padre e hija. He aquí cómo se articula la relación paternal:

> [...] conduzcamos, llevemos a la mujer, a la pobre obrera que tanto sufre víctima de la miseria, sin apoyo, sin ayuda en este marchar de batallones indisciplinados; ayudemos a la mujer, construyamos para ella un sitial de abrigo, un puesto de trabajo digno de ella; santifiquemos el triunfo de nuestro pueblo salvando de la caída y la prostitución a la infeliz criatura que no quiere ser mala, que no quiere convertir su cuerpo en carne de comercio; hagámosla obrera, hagámosla hija del trabajo [...]. (101)

Pero la pregunta sería si, como obrero y protector de la mujer, Carré —sin querer— subordina al sexo opuesto bajo códigos paternalistas. ¿Es acaso su acto benevolente uno que despoja a la mujer de agencia política? Carré termina cuidando de ella en sus últimos momentos y criando a su hijo al momento de ella fallecer. De hecho, Pucha nombra a la criatura Pedrito en honor a su protector. Ésta se convierte en la oportunidad para Carré de realizarse como padre redentor que promoverá la fraternidad.

Quintero Rivera, quien evidencia el crecimiento económico y poblacional de Ponce, nos habla de la necesidad de crear una clase nacional y hegemónica que justifique la desigualdad a través de prácticas paternalistas: "El modo de producción señorial sobre el cual se basaba esta ideología facilitó la concepción paternalista de la patria como una gran familia: familia estamentada, dirigida por el 'padre del agrego' –el hacendado–, pero familia al fin, constituida [...] por una ciudadanía común" (*Ponce: la capital alterna* 51). Carré entiende que hay una carencia de padres y que a él le tocaría realizar un "control de daños" del sistema nervioso, entrar al escenario y actuar su paternidad tras el nacimiento del hijo de Pucha:

> El chiquillo lloriqueaba otra vez moviendo sus manecitas. Pedro Carré fue donde aquel niño que no había tenido a su lado los afectos paternales; que debía ignorar toda su vida, a quien debía tributar sus afectos; criatura infeliz, hijo del desorden, huérfano antes de haber brotado a la vida; hijo del pantano, del escándalo; concebido tal vez en una noche de borrachera; otro organismo heredando el vicio, bebiendo también la ponzoña del mal. El albañil levantó al niño, le contempló con cariño y besándole en la boca, dijo resueltamente. –Yo seré tu padre. Y la huérfana extendiendo los brazos recibió en ellos a su hijo y a su Pedro. Los tres se abrazaron formando un grupo de amor. (Levis 161)

Este "grupo de amor" se integra al álbum familiar del que nos habla Juan Gelpi en su estudio sobre el paternalismo en la creación de la nación en Puerto Rico: "Es paternalista quien se ve como padre y coloca a otros miembros de la sociedad en una posición inferior de niños figurados. La retórica del paternalismo a menudo remite a relaciones familiares por lo que su metáfora fundamental consiste en equiparar a la nación con una gran familia" (2). Ciertamente, Carré asume la paternidad de la nueva generación, de "los hombres del mañana, los futuros ciudadanos que debían libertar la patria de sus errores pasados; la legión que marchará al compás con el siglo, preparada para la revolución, renovada su sangre por el trabajo y las victorias de la ciencia [...]" (Levis 164). Si bien Pedro Carré es un líder obrero, en algunos aspectos distanciado de la clase hacendada y/o profesional que nutre las filas de la ciudad letrada, asume los valores patriarcales de la clase dominante y del intelectual letrado en sus articulación como dirigente político-social. Antonio S. Pedreira, quien en su texto *Insularismo* (1934) funge como portavoz de la cultura nacional de la generación treintista, aduce que los puertorriqueños "Al empezar el siglo XX, huérfanos ya de la madre histórica, quedamos al cuidado de un padrastro rico y emprendedor" (146). El autor de novelas fundacionales ya entonces se había dado a la tarea de redimir, creando una narrativa paternalista que toma responsabilidad en la formación del ciudadano. Levis profetiza un futuro brillante para esta nueva generación, que solamente se hará realidad a fuerza del sudor presente de la humanidad. Con la crianza de Pedrito, Carré materializa la armonía.

Pucha: la ansiedad determinista y capitalista

La sexualidad y la honorabilidad

Los estragos que según sectores nacionalistas o de izquierda en la isla causa el coloniaje estadounidense se proyectan en el imaginario artístico literario puertorriqueño en la mujer abandonada (con sus hijos), en la mujer violada y abusada, en la mujer explotada laboralmente y en la mujer silenciada y desplazada por la sociedad. Se ve a la mujer como absorbente pasivo de la negatividad del capitalismo colonial, y con esta visualización se proyectan creencias patriarcales sobre una sexualidad femenina subordinada a los ideales masculinos del honor. En *Mancha de lodo*, tanto el determinismo naturalista como la modernidad capitalista se combinan para revocarle a Pucha su fuerza de voluntad y su derecho a una vida plena, pues "Era la *víctima del mercado* que va caminando *atraída fatalmente* al matadero; el drama eterno manoseado ya y gastado a fuerza de repetido e indiferente se sucede sobre el estropeado escenario humano" (14). Vemos en este pasaje cómo el estado hegemónico en Puerto Rico se va fundamentando en el plano sexual. La sexualidad de la mujer muestra ser un eje que proyecta la complejidad de las relaciones de poder sobre un pueblo, con lo cual debemos tener en cuenta que no podemos hablar llanamente de polaridades. El pueblo de Ponce, en donde se representa el drama de Pucha (también el drama de la modernidad), funciona en la obra de Levis como epicentro, como lugar de encuentros sexuales y de debates en torno a los derechos y las libertades de la mujer. Se plantea en *Mancha de lodo* lo que le lleva a la mujer a perder y a recuperar el supuesto honor de una sexualidad subordinada al poder masculino, en un lugar –Ponce– en el que no existe un código de honor popular uniforme. Durante la década de 1890, en Ponce, se toman medidas represivas contra toda mujer que se sospeche esté involucrada en actos sexuales ilícitos, llevando a muchas de ellas a exámenes clínicos, a encarcelamiento y a humillaciones. Eileen J. Suárez Findlay, en *Imposing Decency* (1999), hace un análisis sobre el atropello por parte de las autoridades y la sociedad burguesa contra mujeres no privilegiadas. Se daría una segunda ola de represión en las primeras dos décadas del siglo XX.

Podemos apreciar en esta época cómo para mantener el "honor" tiene que existir la prostitución; cómo para obtener el derecho al divorcio la mujer tiene que subscribirse primero a las leyes del matrimonio (las cuales hacen permisible la violencia doméstica, tal como en el caso de Luisa, esposa de Trampolín, el borrachón); cómo para una mujer liberarse del espacio privado debe entrar de forma colectiva a otro espacio contenido y monitoreado como el de las fábricas y los ingenios. En estas narraciones letradas a la mujer no se le permite ser caminante (a menos que "camine las calles"): o es "víctima" de rapto o es puesta en un depósito, o es contenida en su espacio laboral. El rapto o la seducción, en los códigos de honor entre las clases populares en Ponce, representan la opción más aceptable y flexible para aquello a lo que Pucha aspiraba.

La idea promisoria del rapto no es más que la forma en que Javier puede aprovecharse de Pucha. Para ella significa su única esperanza de vida plena. Lacroix, padre de Javier, conoce muy bien el código de honor ponceño o, por lo menos, lo sabe interpretar para beneficio de su hijo y de su familia:

> El padre lo consentía, y fingió no saberlo. La tienda daría para todo con tal que el chico se divirtiese. Ni reprimendas ni sermones–Ea, decía el viejo, date gusto, y no me molestes. Ya se figuraba él, que siendo una cualquiera, nadie se atrevería reclamar, sobre todo, siendo su hijo que valía más que la chiquilla esa. No pasaba de ser todo una calaverada de muchachos que no duraría mucho. Lo que hacen todos los jóvenes. ¿No había hecho él lo mismo, aun después de viudo, seduciendo a dos o tres infelices que se entregaron por miseria? (22)

Serpentine road through the mountains near Barranquitas. Real-photo postcard c. 1920, T. E. Phipps, Ponce. Colección de fotografías de Gleach/Santiago-Irazarry.

Para empeorar la situación, los padres ausentes en la vida de Pucha ni siquiera pondrían la denuncia para que de alguna forma se obligara el matrimonio entre ambos, ni reclamarían el regreso de su hija, pues la consideraban una ingrata. Y aun si se llevara a cabo el rapto, no le sería difícil a Javier defenderse ante la corte y acusar a Pucha de no ser virgen. ¿Qué otro camino tomar funcionando bajo la ideología capitalista que la persuade falsamente de pensar que su vida depende de sus propias decisiones, cuando realmente hay unas fuerzas mayores que deciden por ella?

Naturalismo, capitalismo e intoxicación de los nervios

Si imaginamos esta ideología capitalista en el marco narrativo naturalista presentado por el autor, vemos a una Pucha que sufre una mezcla de sentimientos de responsabilidad, de culpa, de deficiencia y, por supuesto, de ansiedad. La prostituta, a diferencia de la mujer raptada, es la caminante, que por un lado despliega la falla del proyecto colonial (según lo vería el obrero) y, por otro, es lo necesario para mantener la hegemonía patriarcal (según lo vería el patrón):

> Tirada al basurero social sobre el que arrastra las colas de sus vestidos, la mujer pública camina orgullosa y despreciativa. ¿Qué idea tiene de sí misma ni de lo que la rodea? ¿Lo que sabe ella acaso? ¿Ha sido mala porque sintió el vicio culebrear dentro de su esqueleto y de caída cayó en la vorágine del mal? ¿Piensa o siente? ¿Camina, atraída por el caos de su vida o escucha gritar algo dentro de sí? [...] cuenta cómo la empujaron, y cómo la hicieron mala, cómo contrariaron sus amores, cómo soportó insultos, y maldice también y apostrofa el pasado y quisiera aun regenerarse, salvar algún fragmento del naufragio de su alma corrompida creyendo que aún pudiera ser honrada y feliz, y al palparse ajada, golpeada, insultada, embrutecida, abandonada siente que las lágrimas le llenan los ojos, y llora pero llora un momento, un instante, y vuelve a reír, vuelve a ser loca, vuelve a su papel, y se enjuga los ojos y llena su rostro de polvos perfumados dispuesta a seguir rodando como una pelota de fango que se desliza por el plano inclinado de las miserias humanas. (18)

Levis, con su corte naturalista tanto en *Mancha de lodo* como en su novela más leída, *Estercolero*, la describe como una caminante que resiste a través del delirio, que padece de recaídas, que culebrea, rueda y se desliza, llevándola por una sola ruta inclinada y lodosa: hacia el abismo. Hay en su escritura "algo de fatal, algo de huracán" (*Estercolero* 19) que ya predispone un determinismo en la prostituta, como un mal que cualquier mujer pudiera adquirir por el contagio, la genética o el ambiente.

Pucha, "nerviosa y violenta continuaba su obra de destrucción" (*Mancha de lodo* 76) agrediéndose, negándose y adquiriendo una hipersensibilidad ante las relaciones sociales, políticas y económicas que va entablando con su entorno urbano. Pucha necesita reducir las emociones y aliviar su dolor, pues "Estaba excitada; se había puesto pálida y un temblor nervioso denunciaba su emoción. Movía los botones de su chaqueta y sus manos flacas y descoloridas rompían los flecos del abrigo" (55). El alcohol desensitiviza su promiscuidad y le sirve como elemento impulsor de su prostitución y de su trance hacia la muerte. El alcohol apaga el exceso de reacciones que no logran los nervios asimilar con la tragedia en vivo. Es lo que le permite, en su masoquismo físico-emocional, adormecer su ansiedad de proximidad y al menos alcanzar un nivel de placer dentro de su trance. Pucha es deseada sólo en su condición de cuerpo inerte, en un "petrified unrest," como diría Benjamín de Baudelaire ("Central Park" 40). Pero dentro de su estado de embriaguez logra saborear un poco de la afectividad que anhelaba. Mientras que el alcohol apaga sus nervios, la prostitución le va desensibilizando del amor que siente por Javier.

En el marco naturalista de Levis encontramos una experiencia urbana que desafía la misma estructura positivista del autor. Uno de los aspectos dominantes de la experiencia urbana en su novela es la objetificación y mercantilización del individuo. Carré, como albañil desempleado, y Pucha, como prostituta, son prueba de cómo la modernidad produce alienación. Ambos se integran al proceso de producción moderno, marcado por el ingreso de la tecnología y, a la vez, por la decadencia de la sociedad. Ambos forman parte de la experiencia de la metrópolis ponceña, tanto constructiva como destructiva. En el caso particular de Pucha, el espectáculo y la publicidad forman parte de su experiencia moderna. Es cierto que el determinismo se palpa desde el comienzo de la novela, donde encontramos a Pucha abandonada por su novio Javier en el espacio de la calle. Pucha da cuenta de este determinismo durante una conversación que tiene con la Sra. Merle, madre de Javier, quien le dice: "Es la historia de siempre, la historia de la deshonra; luego acaban siendo unas desgraciadas en un rincón cualquiera [...] ¡La desgracia eterna! Lo de siempre" (57-58).

Ansiedad de lejanía y de proximidad

La continuación del drama determinista le produce a Pucha una ansiedad por partida doble pues, por una parte, vive con la muchedumbre la experiencia de la proximidad (física y sexual) y, por otra, el aislamiento. Le aterran al principio la mirada y el manoseo por parte de los hombres en la ciudad, pero también la falta de afectos y de amparo:

> Los hombres insultaron su inocencia, manoseándola y hablando infamias en su presencia. Brotaba entre el estiércol, condenada a los groseros estrujones del mal, a ser pisoteada y echada luego al monto, de un puntapié. El abismo estaba abierto; faltaba sólo un empujón que ya llegaría cuando las miradas del deseo se fijasen en su pobre cuerpo. (14)

La mirada positivista del autor hacia Pucha se centra en los problemas de la higiene y el alcohol, ambos graves en Puerto Rico, en particular, en la comunidad de La Cantera, en Ponce, descrita por el autor como un "hormiguero de viviendas" (122) que alberga una "cueva de borrachones" (49). No toma mucho tiempo luego de la invasión para que se active una campaña anti-higiene muy vinculada a la campaña anti-prostitución, ambas basadas en esfuerzos ya realizados en los Estados Unidos y que, según Suárez Findlay, se convierten en una persecución para las mujeres del sector popular en la ciudad (*Imposing Decency* 181). Las enfermedades venéreas (probablemente lo que mata a Pucha) se asociaban automáticamente a la prostitución. La mujer sospechosa de ser prostituta se arrestaba y se sometía a un examen vaginal. La situación empeoraría en las siguientes décadas, pues aumentarían los arrestos masivos en Ponce, obligarían a casar a las parejas en unión libre, y se crearía un cuerpo policial especializado en la "moralidad" (*Imposing* 178-179).

Se podría decir que aunque la prostituta en Levis encaja muy bien en su esquema narrativo naturalista, la prostitución puede considerarse vista bajo un lente modernista, ya que su escritura va dejando entrever nuevas influencias literarias que ayudan al autor a explicar la modernidad que experimenta Ponce. Es decir, Pucha, como ser "primitivo" en su composición naturalista, es también sujeto-objeto modernista de fascinación. El autor hace una apertura a una modernidad que aproxima a los seres a fuerza de estrujones y manoseos, y que a la vez aísla con la integración al "hormiguero nervioso". El abandono (la lejanía) y la muchedumbre (la proximidad) son motivos de vergüenza y desesperación para Pucha. Saber que el destino es la muerte es saber que no se puede luchar contra ésta: "Pucha como la caravana, tenía el inri rojo grabado en la frente como estigma sangriento, como huella que dejó allí el dedo terrible" (16). Ella no es solamente parte de la caravana sino que, en palabras de Marx, "se convierte en propiedad comunitaria y común" (*Manuscritos* 139).

La prostituta, quien encarna la sexualidad moderna, es un ser amenazante y peligroso tanto para la burguesía como para el proletariado. Pucha se convierte en parte del sistema capitalista, en deseo fetichista en el nuevo mercado, pero también en sujeto deseante. Lacan, quien vincula la ansiedad con el deseo, señala que el deseo también proviene de esa misma falta ("La angustia" 89). La ansiedad de Pucha llega cuando no existe esa falta, y lo que comienza como una aspiración a la felicidad, a trabajar y amar, termina siendo un deseo carnal que la aterra, pues lo que desea no existe. El temor que se alberga tras su ansiedad es un temor a la frustración, a que no pueda satisfacer sus deseos emocionales y carnales (cada vez más crudos), y a su corazonada de que Javier (su objeto de deseo) es inalcanzable. La prostitución le facilita aminorar su miedo, aceptar el determinismo y crear las condiciones para que se termine de cumplir su muerte. Comprendiéndose traicionada, no merecedora de amor, y entregando masoquistamente su cuerpo a la multitud, entiende que cumple su venganza contra Javier. La prostitución, ya predispuesta, se vuelve entonces significativa y justificable, es su estrategia de sobrevivencia para quitarle dolor a su cuerpo "harto de emociones" (119). Como respuesta a su desesperación, vender su cuerpo le produce la indolencia indispensable, ya que era necesario para ella "aturdirse, distraerse para soportar todo el dolor de su herida" (111).

La indolencia de Simmel es muy parecida al *spleen* de Baudelaire, que adormece todo recuerdo feliz facilitando el olvido y la muerte. Benjamín le llamaba al *spleen* la "catástrofe permanente", ya que el humano se va convirtiendo en un ser melancólico, insatisfecho, camino a la decadencia continua y a su final (*Illuminations* 182). Pucha ya no puede reaccionar frente a los estímulos que provoca la prostitución, lo que le permite anestesiar su dolor ante el abandono. Como hombre joven de familia que, aunque en la ruina, aún disfruta de una buena reputación ante la sociedad, Javier es advertido por su padre de no considerar a Pucha como futura mujer por no ser considerada honrada; situación común en las familias que buscan mantener un status ventajoso en la sociedad (al menos en apariencia). A Javier, sin embargo, se le permite tener relaciones para satisfacer sus necesidades sexuales, sea con quien sea pues, según Suárez Findlay, "plebeian women provided a socially aceptable outlet for the sexual energies that a properly virile man was expected to indulge. Their conquest by socially powerful men theoretically ensured that 'honorable' women would not suffer sexual or other types of affronts from men of their own class" (27). Había control social y sexual sobre Pucha, quien ingenuamente cree que es merecedora de un "buen" partido como Javier, sin imaginarse que el sistema de honor en la sociedad ponceña la convertiría en objeto no apropiado para integrar la gran familia puertorriqueña.

Mientras Baudelaire la ilustraría como alegoría de la modernidad, Bhabha la categorizaría como sujeto colonial tanto apropiado como inapropiado. Por otro lado, Marx, quien sostiene que la prostitución es tan sólo una expresión de la prostitución general del trabajador, vería a Pucha como símbolo de la falla capitalísta. Benjamin la observaría de forma paradójica de tres maneras: como mercancía, como vendedora de su propia mercancía y como obrera. De hecho, Susan Buck-Morss va más allá, señalando que la prostituta representa el secreto revelado del capitalismo:

> The prostitute is the ur-form of the wage laborer, selling herself in order to survive. Prostitution is indeed an objective emblem of capitalism, a hieroglyph of the true nature of social reality in the sense that the Egyptian hieroglyphs were viewed by the Renaissance–and in Marx's sense of well: 'Value transforms

[...] every product of labor into a social hieroglyph. People then try to decode the meaning of the hieroglyph in order to get behind the secret of their own social product [...]' The image of the whore reveals this secret like a rebus. Whereas every trace of the wage laborer who produced the commodity is extinguished when it is torn out of context by its exhibition on display, in the prostitute, both moments remain visible. (*The Dialectics of Seeing* 184)

Pucha es la mercancía hecha carne, y viceversa; es el espacio tenso, nostálgico, material e ideal. Si la crisis del desempleo es palpable para el hombre, como lo es para su amigo Carré (quien ya es adiestrado como albañil), para ella sería prácticamente imposible realizarse laboralmente y de forma digna.

Conclusiones

Ya para 1890 Ponce se convierte en el municipio más rico de Puerto Rico, en parte por la industria agro-exportadora, por el vínculo ingenioso entre lo rural y lo urbano y, claro está, por el crecimiento poblacional de diversos sectores de la isla. Como novela moderna, *Mancha de lodo* en ocasiones ofrece una resistencia a los flujos de la modernización, y en otras nada mantiene su orientación para llegar a la meta de la revolución universal obrera. Esta ambivalencia mantiene a los personajes en constante ansiedad. Dentro del mundo fluido e inestable de la novela, Levis busca romper con la tradición, fundar un nuevo orden y dejar atrás toda idea antigua y errónea. El enfoque de sus narraciones es más innovador, en el contexto colonial puertorriqueño, que las narraciones de otras figuras de la ciudad letrada local, en la medida en que él adjudica un rol prominente a una figura como Pedro Carré, que se distancia hasta cierto punto del modelo del líder letrado proveniente de la clase hacendada y los sectores profesionales próximos a ésta. A ese enfoque se adecúa su recreación novelística de Ponce y de los personajes que elige como protagonistas del drama social.

Sin embargo, la ansiedad de Ponce resulta desconcertante y expresable como risa absurda, dada la confluencia de sensaciones, la ambigüedad de la representación y el resquebrajamiento de las relaciones sociales en el espacio contradictorio de la ciudad. Las tecnologías y el progreso traen consigo la velocidad y la movilidad, pero a la ciudadanía se le dificulta moverse luego de su largo estado de inercia. La inutilidad del lujo religioso se ve reemplazada por el lujo de la mercancía. La presencia perenne y descontrolada de la luz anticipa el fordismo que se implantaría en Puerto Rico a comienzos de la década de los treinta. El trabajo se convierte en propulsor de movimiento y de vida, pero su desplazamiento no tiene sentido, ya que la muchedumbre anda desorientada y sin propósito.

Mancha de lodo termina siendo la historia de una sociedad huérfana e incapaz de moverse al ritmo de la modernidad, una sociedad que debe ser salvada por los brazos paternales del albañil redentor. Nuestro protagonista mantiene su temple sereno porque confía en que la modernidad represiva que está viviendo se transformará en una modernidad fomentadora y fraternal. El secreto se halla en tomar ventaja de la fuerza y la dirección del movimiento del progreso, de las luces, de la maternidad degradada de Pucha y de los nervios de la muchedumbre para mantener su proyecto obrero.

Levis narra la experiencia moderna en el sentido del *modo hodierno*, o al modo del hoy, llevando a su lector por la transitoriedad del tiempo. El autor se comprende moderno porque sabe que su presente ya no es el ayer ni será el mañana, lo cual debería ser esperanzador. En *Mancha de lodo* se niega la convivencia de lo moderno y lo arcaico, ya que el pasado, según Levis, es una falta que no se debe volver a cometer. "No, no, decía Pedro Carré, esa familia humana tiene necesidad de creer, quiere amar en el nuevo ambiente de los siglos, pero no amará dogmas pasados, errores que dormitan en la noche del descreimiento" (30). El autor se esmera por crear un lenguaje que domine la modernidad y que re-encante al lector.

Sin embargo, la "mancha de lodo" es la seña de que algo todavía sin resolver queda del pasado. Esa mancha del pasado se relaciona con la situación de subordinación de la mujer en la sociedad colonial, de tal alcance y profundidad que queda por fuera de la conciencia del narrador y de su personaje modelo, Pedro Carré. Es la colonialidad del poder, la expresión de fuerzas residuales de las relaciones coloniales del antiguo régimen español depositadas en la clase señorial. Pucha es parte de ese pasado ya narrado en *El estercolero* (1899), en el que su familia se hallaba atascada en el lodazal de la miseria. Pucha lucha contra el determinismo fatalístico que le impone la escritura todavía patriarcal de Levis, pero también contra la fuerza del mercado capitalista. La experiencia en la ciudad de Ponce combina elementos del espectáculo, el capitalismo, la decadencia y la publicidad. La fascinación (valuación) y la marginalización (devaluación) van de la mano. Esta ambivalencia permite a los personajes ser cómplices del autor-*flâneur*, ayudándole a ejemplificar la alienación del individuo por la máquina capitalista en el espacio central urbano. La naturaleza está a la venta, el cuerpo es drenado y despojado. En el tratamiento fatalista, moralizante y subordinante que se le da al personaje de Pucha, se descubren los límites de la mentalidad más progresista que pudo producir la ciudad letrada colonial en la vuelta de siglo. Pero Levis no es del todo fatalista, no descarta completamente las esperanzas de cambio, de un futuro diferente, un futuro que se forja con la labor de personajes como Pucha y Carré. La muerte de la tradición y el esfuerzo futuro del músculo obrero se le presentan como necesarios para la regeneración y para la recuperación de la tranquilidad en Ponce. Constatamos, además, que la perspectiva acentuadamente social de Levis, junto con el modo como destaca los personajes obreros y las condiciones materiales de su existencia cotidiana bajo los procesos de reurbanización capitalista, se distancia del culturalismo nacionalista y de la nostalgia cuasi-costumbrista mucho más que los otros autores letrados examinados en este estudio.

Capítulo 4

La mediación alterna de Luisa Capetillo

> Ya estamos en la época de las luces para ver muy claro que todo lo que existe en la naturaleza como tierra, agua, aire, sol, luna y los demás elementos que constituyen el Universo, pertenecen a todos los seres de nuestro planeta, puesto que dichos elementos nos han creado y nos conservan la existencia.
>
> *Manifiesto anarquista*, Grupo de los hijos del Chaco, Paraguay (1892)

Anarquismo en Capetillo

Luisa Capetillo, en su rol de escritora y activista obrera, ofrece otra posibilidad para el ser humano, otra forma de desplazamiento, otro curso para su liberación y su realización. La ensayista nos lleva a palpar el drama moral y la ansiedad del puertorriqueño ante la dislocación que la nueva soberanía trae consigo. Como lectora obrera, unionista y exiliada, Capetillo camina, crea espacios nuevos –*loci*– de enunciación y muestra los cruces entre el sindicalismo, el anarquismo, el espiritismo y el feminismo en Puerto Rico, ordenados a una transformación de la *geografía de la razón* (Grosfoguel) o de la *geopolítica del conocimiento* (Mignolo 42).

Las primeras décadas del siglo XX son claves en el surgimiento del feminismo puertorriqueño. El feminismo tradicional en Puerto Rico ya se sentía desde el siglo XIX, cuando se fundaron escuelas y revistas, y se discutía en textos y periódicos la importancia de los derechos de la mujer. Ana Roque de Duprey es figura protagónica en esta lucha pero, a diferencia del feminismo morigerado y burgués de Duprey, Capetillo promovía una moral alterna y un sindicalismo radical que situaría a la mujer en un plano superior y transgresor. La diferencia mayor entre el feminismo de estas dos mujeres se funda en la filosofía anarquista de Capetillo, que se apoya en la ciencia y, en especial, en la naturaleza. En su anarquismo no hay códigos ni dogmas que dicten las reglas del juego, o que privilegien ciertos sectores, sino que se le pierde el miedo a las autoridades o a quienes busquen ubicarse dentro de un campo competitivo de poder. La instrucción de las ciencias, la higiene, el amor libre, la solidaridad, el rechazo de las religiones, el desprendimiento de lo material y la eliminación del concepto de la propiedad privada sintetizan las múltiples demandas del anarquismo feminista de Capetillo.

El anarquismo es para ella la forma natural de la vida. En su visión libertaria y fraternal, la injusticia, la miseria, la desigualdad de sexos y la explotación son violaciones de las leyes naturales. Los gobiernos, el matrimonio, la propiedad privada, la lujuria, lo antihigiénico y el alcoholismo serían algunos de los ejemplos de formas inarmónicas y antinaturales que van despojando a los individuos de su humanidad. Sus escritos alumbran la tensión fuerte entre la naturaleza y la sociedad, entre la armonía natural y el individuo desnaturalizado por las cartografías sociales del gobierno y la iglesia. La sociedad en que vive Capetillo está sujeta a prácticas coloniales y capitalistas que, según ella, atentan contra la naturaleza al codificar e instrumentalizar la tierra, el amor y el cuerpo de tal manera que los separa entre sí y de la armonía natural.

Capetillo, en cuanto figura transgresora, actúa como agente de desplazamiento, como referente que habita un margen borroso a la sombra de la crisis de las categorías que complementa la crisis del país. La transgresión de Capetillo desplaza el eje de clase y el eje de género en el punto en que se cruzan. Habría que ver en el *corpus* de este trabajo cómo Capetillo, como *intermediaria en la diferencia* ("Puerto Rico" 2009), maneja la sexualidad, trasciende las categorías sociales y toma conciencia de la naturaleza para romper con la hegemonía capitalista-colonial-sexista. En Capetillo, la hermenéutica de la corporalidad, de la sexualidad y de la higiene repudia la sociedad patriarcal. El uso del pantalón (la ropa del Otro dominante), por ejemplo, además de ser para ella un hábito higiénico, es estrategia de apropiación del discurso masculino, una forma de acortar las distancias entre el hombre y la mujer

View of Santurce, PR. Lithographic postcard, Gonzalez Padin Hnos., San Juan, c. 1915. Colección de fotografías de Gleach/Santiago-Irizarry.

y de alcanzar igualdad. Hay que tomar en cuenta la postura espiritista de Capetillo y su concepción del espíritu como algo carente de sexo y de propiedad material, ya que facilita el ideal de una naturaleza igualitaria y libertaria. Su travestismo cancela todo desequilibrio genérico.

Como doctrina importada de Europa, el anarquismo se adapta a los contextos latinoamericanos para contrarrestar la opresión que los gobiernos republicanos ejercen contra los sectores emergentes de la clase obrera y el artesanado. En gran parte de América Latina el anarquismo contribuye de manera particular a concienciar a los pueblos, invitando a reconectarse con los orígenes humanos y con la naturaleza en una perspectiva futurista y alterna que deja atrás la naturaleza de los burgueses románticos. Así mismo, esta anarquista puertorriqueña, quien ya no puede voltear el cuello y recuperar su mirada ancestral, se acerca a la naturaleza con visión de futuro. Gran parte de la propaganda anarquista en las diversas organizaciones proletarias reclama una recuperación de la naturaleza y de las leyes naturales. Luisa Capetillo participa en una amplia tendencia de época con voces en muchos ámbitos del continente suramericano y el Caribe. Los movimientos anarquistas en América Latina basan su ideal en una manera alternativa de plantear el vínculo con la naturaleza. En Paraguay, que para comienzos del siglo XX ya contaba con un colectivo de trabajadores en uniones anarquistas, ya había exclamado en sus manifiestos:

> [...] estudiad la Naturaleza, ese movimiento anárquico, manteniendo en ella la armonía por las fuerzas de atracción y repulsión que existen en todas las partes que componen el todo, y os convenceréis que todo lo que existe se rige solamente por la ley natural y no con las leyes artificiales [...]. ("Manifiesto anarquista" citado en Rama y Cappelletti 232)

Para el activista Praxedis G. Guerrero, quien desde California aboga por la mujer en 1910, en la naturaleza se encuentra un espacio propicio para la libertad:

> La igualdad libertaria no trata de hacer hombre a la mujer; da las mismas oportunidades a las dos facciones de la especie humana para que ambas se desarrollen sin obstáculos [...] sin arrebatarse derechos, sin estorbarse en el lugar que cada uno tiene en la naturaleza. (citado en Rama y Cappelletti 435)

Al igual que América, España –en particular, Barcelona– estuvo en las miras de Capetillo. El episodio vivido durante la Semana Trágica da a los anarquistas barceloneses una perspectiva naturalista clara sobre el papel de la naturaleza en la transformación, la re-armonización y la liberación de la vida social. Parte de la doctrina del naturalismo es creer en un orden natural y en la coexistencia de la naturaleza y de la vida social para lograr un comunismo libertario naturista. De hecho, el naturalismo libertario promueve el vegetarianismo, estilo de consumo de Capetillo. Mientras el discurso patriarcal romántico ve la naturaleza como paisaje pasivo, el anarquista la ve como modelo de transformación-liberación de la vida social.

Podríamos considerar la idea de que gran parte de los discursos y manifiestos anarquistas latinoamericanos y barceloneses que se van gestando a comienzos del siglo XX recusan la cosificación del ser humano, al tiempo que dan cuenta de la necesidad de recuperar la naturaleza perdida bajo las leyes artificiales de las oligarquías para replantear nuevas formas de vida social en esa recuperación. El anarquismo naturalista de Capetillo se solidariza con todas las luchas obreras activas en América

Latina y en los Estados Unidos. De hecho, su prédica, que comienza en Arecibo en 1905, se propaga por varios pueblos de Puerto Rico hasta llegar a Tampa, Florida.

Como lectora a sueldo en una fábrica de tabaco en Arecibo, Capetillo aborda temas literarios y políticos, y aboga por la libertad como proceso vital de la vida. Como pensadora fuera-de-escena se sitúa en un espacio

Cigar-factory reader, Havana, Cuba. Detail from real-photo lithographic postcard c. 1905, The Rotographic Co., NY. Colección de fotografías de Gleach/Santiago-Irizarry.

que trasciende las grandes figuras temáticas de la política convencional de su época (patria, orden y progreso), y opta por transformar la vida desde abajo, en la cotidianidad y, en cierto modo, adopta una política "molecular" (Deleuze-Guattari) que desdeña las obsesiones burguesas con la identidad social, nacional y de género. Sin embargo, a diferencia de la postura "molecular" nacida en los años sesentas europeos, el anarquismo de principio de siglo de Capetillo se funda en una concepción integral y vitalista de la naturaleza humana. Capetillo entiende que tanto el obrero (e incluso muchos hombres anarquistas) como el burgués liberal, por ejemplo, no difieren en la preservación del dominio del hombre sobre la mujer; simplemente siguen estrategias diferentes para poder mantener dicho dominio. En obras como *La humanidad en el futuro* (1910), *Mi opinión sobre las libertades, derechos y deberes de la mujer*

(1911) e *Influencias de las ideas modernas* (1916) Capetillo promueve la transformación en un sentido feminista de las prácticas cotidianas, a partir de la dieta, la higiene y la actividad corporal, y abarcando las relaciones amorosas y la actividad laboral, . Dichas obras se encuentran compiladas en *Mi patria es la libertad* (2008), volumen editado por la investigadora Norma Valle Ferrer.

El discurso anarquista de Capetillo se centra en el comportamiento del ser humano de acuerdo con su propia naturaleza, y en lo esencial de la libertad y la armonía. Según Capetillo, la libertad le concede al humano una capacidad creativa de revolución, solamente alcanzable si se erradica toda formulación dogmática que atente contra ese potencial humano. Se observa en su estilo de escritura orgánica y digresiva, así como en su postura ante las instituciones antinaturales de la autoridad, la propiedad privada y la explotación del obrero y de la mujer, la manera en que Capetillo intenta conectarse con la "verdadera" naturaleza del ser humano.

Otro aspecto del anarquismo de Capetillo es la influencia del espiritismo en sus propuestas, tal y como lo vemos en *Mi opinión*, espacio textual que utiliza para comunicarse con su hija, Manuela Ledesma Capetillo:

> Bien; ahora surge otra cuestión de ideas, soy creyente de la diversidad de existencias, y por tanto, de la inmortalidad del alma. Pero dicen mucho que los espiritistas y anarquistas son distintos. Y muchos no quieren aceptar que la anarquía y el espiritismo sean idénticos en el fin que persiguen. (*A Nation of Women* 223)

En "¿Anarquista y espiritista?... ¡Uf, uf!" añade lo siguiente: "No veo la razón que pueda haber en el concepto científico de Espiritismo en contra de la Anarquía; el procedimiento de ambos es cuestión de temperamentos más o menos sanguinarios" (*Obra completa* 171). Ninguna ideología rechaza la otra, y ambas profesan admiración y respeto por lo natural. Según Allan Kardec, sistematizador del espiritismo, los humanos buscan la sociedad y la vida de relación instintivamente, mas entienden que son necesarias la cooperación y la ayuda mutua para la supervivencia y la evolución dentro de la naturaleza (*El libro de los espíritus* 419). Capetillo se suscribe a esta idea del auxilio mutuo y cree fervorosamente que la vida social se sustenta en la naturaleza como condición de base. El espiritismo también le permite a Capetillo aplicar las leyes naturales y descalificar en su discurso las que establecen los humanos. Nuestra ensayista se abre a la creencia en diversos mundos: el *espírita*, el corporal, los transitorios, los inferiores y los superiores, por donde transitan los espíritus. Estos espacios alternos y "habitables" le ofrecen a Capetillo posibilidades de existencia y de evolución.

Puerto Rico, que ya para mediados del siglo XIX está al tanto de las nuevas ideas filosóficas que emergen en los Estados Unidos, tiene entonces un nivel bajo de alfabetismo, carece de derechos democráticos y vive bajo la influencia de la religión católica. Néstor A. Rodríguez Escudero, en su *Historia del espiritismo en Puerto Rico* (1979), explica cómo el espiritismo empieza a diseminarse en la isla por medios clandestinos:

> Ese contrabando fue el que dio lugar a que surgieran los piratas Cofresí, Almeyda y otros, pero también trajo en libros que penetraban a escondidas, ideas nuevas que se discutían en otros países más libres, entre ellas las ideas del médico francés y la libertad del pensamiento. Es decir, el régimen de hierro que padecía la isla no pudo contener la entrada de aquellas ideas "subversivas" que ayudarían más tarde a limitar el poder omnímodo de la religión oficial. (31)

Es interesante que quienes primero adoptan el espiritismo en el siglo XIX sean individuos pertenecientes a las clases media y alta, con acceso a la lectura y la escritura de una filosofía que por sus características y su nivel de elaboración requería ser estudiada. Hubo resistencia y esfuerzos para erradicar el espiritismo entre 1888 y 1898, bajo el régimen español, pero ya entrado el siglo XX, bajo las mayores libertades religiosas garantizadas por el régimen norteamericano, se fundan centros espiritistas, se crean sociedades, se celebran conferencias y se publican periódicos que contribuyen a difundir la doctrina en las clases populares. Con la fundación de la Federación de Espiritistas, en 1903, se sientan las bases para su consolidación y se oficializa el espiritismo en Puerto Rico. En una asamblea celebrada ese mismo año, participan oradores de la talla de Matienzo Cintrón, Rafael López Landrón y Cayetano Coll y Toste.

Capetillo tiene una gran facilidad para eslabonar todo con la naturaleza por medio de relaciones que en ocasiones resultan difíciles de captar. Para ella todo evoluciona y experimenta una transición por los espacios creados, y el ser humano es perfectible y transferible siempre y cuando acate las leyes naturales, y entienda su posición y su temporalidad en la naturaleza. Sus escritos exhortan a un desprendimiento de las religiones y a una aceptación de nuevas ideologías: "Instruíos en la Ciencia Espírita, investigadla, analizad sus libros y aceptadla para ayudaros a emancipar del egoísmo y orgullo, para con vuestro prójimo" (*Obra completa* 57). Para los espiritistas, el ser humano comparte dos espacios de la naturaleza: "por su cuerpo, participa de la naturaleza de los animales, cuyos instintos tiene; por su alma, participa de la naturaleza de los Espíritus" (57). Es por esta línea que corre el pensamiento de Capetillo, quien establece diferencias entre la materialidad y la espiritualidad del humano:

> Así, por conveniencia propia, podemos enterarnos también de lo que pertenece a nuestro espíritu, pues con este es que nos quedamos. La materia se disgrega para alimentar otras vidas. Debemos luchar por mejorar nuestra existencia, para ilustrar nuestro espíritu, recipiente donde quedan grabados nuestros defectos en nuestro *periespíritu*. (57)

El anarquismo y el espiritismo de Capetillo se complementan, pues una ideología facilita la comprensión de la otra. Gracias a la concepción del *periespíritu*, por ejemplo, el ideal de igualdad sexual se logra en su discurso anarquista. Su anarco-feminismo, por su parte, le facilita un acercamiento a la elevación espiritual del ser humano y al desarrollo natural de una comunidad grande.

ACERCAMIENTO GEO-ANARQUISTA AL ESPACIO PUERTORRIQUEÑO

La re-naturalización del espacio y la anulación de la propiedad privada

Como parte de su ejercicio epistémico, con el que desea producir un conocimiento crítico anti-estatista, anti-patriarcal y anti-clasista,

Capetillo ataca el problema de la propiedad privada. Apuesta a una geografía que obedezca las leyes naturales y que corresponda no a un estado nacional forjado por el imperialismo capitalista sino al Estado de la Naturaleza, haciéndose promotora de la propiedad social común en una sociedad sin clases y sin tener que instrumentalizar el Estado:

> Así es que el mejor sistema es que todos los pobres se organizaran para la Huelga General como defensa, no como venganza, y así exigir y reclamar los derechos usurpados para establecer el comunismo en la anarquía, aunque no creo que se quede ningún gobierno ni autoridad en la comunidad [...] Pues el solo establecimiento del comunismo suprimiría todo gobierno [...] porque todos lo tendrán con abundancia, y habiendo abundancia para todos no hay la necesidad del robo. (*Obra completa* 61)

Capetillo, quien ve la propiedad privada como una forma de autoritarismo sobre las relaciones sociales, toma esta relación dominador-dominado para equiparar los conceptos de propiedad privada y hurto. Cuando la Tierra y sus recursos –que, según las leyes de la naturaleza, por derecho les pertenecen a todos por igual– son apropiados por unos cuantos, esto trae como consecuencia la explotación por parte del dueño hacia sus súbditos, o sea hacia los que la trabajan pero no pueden habitarla libremente.

Esta relación "antinatural" es contextualizada en el texto "Gobierno propio", en el que Capetillo critica al Partido Unión de Puerto Rico, denunciando su relación explotadora con el proletario y acusándolo de ser causante de la infelicidad social:

> Porque piden libertad para ellos gobernar, si saben que todos no están dispuestos a disfrutar de ella porque están sumidos en la ignorancia y la miseria más inmerecida, porque ellos todo lo producen, labran la tierra, siembran la caña, el café y todos los demás frutos. Y estos infelices no pueden tener hogar propio, ni por medio de su trabajo, ni tienen la mayor de las veces, café ni azúcar, teniendo que consumir el bacalao que no es de aquí y tampoco cosechado, y que no alimenta, en vez de servirse con abundancia de los frutos que han recolectado. La riqueza de este país que son numerosos productos, no son para guardarlos, convertidos en oro, debe ante todo atenderse a las necesidades de sus habitantes. ¡Ah!, pero eso no lo explican, ni lo discuten, ni procuran remediarlo. (*Obra completa* 65)

Street or private residences, Ponce. Real-photo postcard c. 1915, Attilio Moscioni (attr.). Colección de fotografías de Gleach/Santiago-Irizarry.

Hay que situar esta discusión en un Puerto Rico donde la mayor parte de la población carece de medios de producción, de hogar propio y de alimentación, donde la miseria es cruda y el trabajo no asegura la subsistencia. Para Capetillo, la ambición de gobernar sociedades para acaparar la mayor proporción de bienes sociales, propia de las clases dominantes, le impide a las grandes mayorías alcanzar la vida sana a la que tienen derecho por naturaleza. En su visión, el derecho emana de una naturaleza entendida como igualitaria, y el ser humano simplemente lo debe reconocer. La miseria narrada por Capetillo justifica defender a quien roba para comer, por ejemplo, tal y como lo vemos en "¡Escuela moderna!":

> No acuses a tu hermano que delinque por las circunstancias de la miseria que le obligue a delinquir, no le llames ladrón, cuando tiene hambre y toma un pedazo de pan, cuando tú codicioso y avaro has vendido una pieza de tela o de oro, de $1.00 en $10.00… No castiguéis al hambriento, buscad el origen del delito y destruidlo. (*Obra completa* 80)

Cuando los que no poseen la tierra deben pagar o vender su labor a quienes sí la poseen para poder tener acceso a los recursos que le proveen trabajo y sustento, entonces la posesión de la Tierra se convierte en posesión de la otredad. La idea deriva del reconocimiento de los privilegios de sí mismos y, a la vez, de reconocer la existencia y la humanidad de quien no tiene acceso al capital y siente la necesidad de hurtar para sobrevivir.

Ciertamente, el espiritismo de Capetillo le permite comprender la conexión de la naturaleza con todos los que han pasado y seguirán pasando por ella, y cuestiona el concepto de la "propiedad privada" en un plano más espiritual. En "La mujer en el hogar y en la familia", la ensayista insiste en que los niños enfermos, víctimas de una maternidad inconsciente, deben liberarse del peso que acarrean con la otredad pasada: "empieza otra lucha, una lucha más intensa porque aquí actúa una fuerza desconocida para el niño; sus *anteriores vidas, sus tenencias* y la disposición de la ley que rigen lo animado" (*Obra completa* 96). Las vidas pasadas son apropiadas por el niño, y van dejando registros a su paso y a su muerte. El niño enfermo, por su parte, perecerá, y su alma morará en otro cuerpo que llevará su peso. Es decir, uno posee y es responsable por el pasado de los otros anteriores, porque el mundo ha sido creado por ellos. Es así como define Capetillo la naturaleza de las tenencias y las posesiones. Privatizar la propiedad se presta para que el dueño capitalista domine a la otredad trabajadora y la someta al seguimiento de órdenes y leyes no naturales, mientras esa otredad se encuentre pisando dicha propiedad. El filósofo y economista anarquista, Pierre-Joseph Proudhon, define el concepto de propiedad privada y cómo ésta impulsa el establecimiento de relaciones sociales autoritarias y antinaturales:

> The proprietor, the robber, the hero, the sovereign —for all these titles are synonymous— imposes his will as law, and suffers neither contradiction nor control; that is, he pretends to be the legislative and the executive power at once [... and so] property engenders despotism [...]. That is so clearly the essence of property that, to be convinced of it, one need but remember what it is, and observe what happens around him. Property is the right to use and abuse [...] if goods are property, why should not the proprietors be kings, and despotic kings —kings in proportion to their *facultés bonitaires?*—. And if each proprietor is sovereign lord within the sphere of his property, absolute king throughout his own domain, how could a government of proprietors be any thing but chaos and confusion? (135)

Proudhon conceptúa la propiedad privada como el producto de la fuerza egoísta humana y no de la ley de la naturaleza. Se niega así toda libertad y dignidad a quien tiene que acatar las reglas artificiales del propietario. No existen ni el reclamo ni la participación del trabajador en las decisiones que se tomen sobre su propia fuente de vida, la tierra.

La propiedad privada no tiene sentido tampoco para Piotr Kropotkin, quien en *La conquista del pan* (1892), propone como solución una renaturalización del espacio a través de la expropiación de la propiedad privada:

> Mas para que el bienestar llegue a ser una realidad, es preciso que el inmenso capital deje de ser considerado como una propiedad privada, de la que el acaparador disponga a su antojo. Es menester que el rico instrumento de la producción sea propiedad común, a fin de que el espíritu colectivo saque de él los mayores beneficios para todos. Se impone la expropiación. El bienestar de todos como fin; la expropiación como medio [...]
> ¡Muy diferente será el resultado si los trabajadores reivindican el derecho del bienestar! Por eso mismo proclaman su derecho a apoderarse de toda la riqueza social; a tomar las casas e instalarse en ellas con arreglo a las necesidades de cada familia; a tomar los víveres acumulados y consumirlos de suerte que conozcan la hartura tanto como conocen el hambre. Proclaman su derecho a todas las riquezas, y es menester que conozcan lo que son los grandes goces del arte y de la ciencia, harto tiempo acaparados por los burgueses. (11, 14)

La expropiación, al parecer de anarquistas como Capetillo, no constituye robo sino liberación de un espacio que siempre le ha pertenecido a todos, un balance de derechos y de responsabilidades. En *Ensayos libertarios* (1907), Capetillo le pide a los "padres del pueblo" que le permitan al pobre tomar lo necesario, "pues no es justo que 'ellos' sin gran molestia participen de espléndidos sueldos, y que haya gente muriéndose de hambre; y si toma por hambre un bollo de pan lo encarcelen; esto es anti-cristiano" (51). En tanto, exhorta al explotado a desarmar el sistema:

> No trabajéis para vagos y obscurantistas. No ayudéis con vuestros votos a sostener el sistema actual de tiranía, sosteniendo en el poder hombres que van en contra de los trabajadores después de haberlos explotado, que si no encuentra trabajo y se apodera de un bollo de pan o de cualquier objeto que

necesite y por éso le llaman ladrón y es encerrado en oscura prisión, viéndose por esta causa su esposa e hijos en la miseria y desamparados. (*Obra completa* 56)

Capetillo revierte el rol de ladrón, atribuyendolo al patrón y a su vagancia, pues "hay que saber que los que padecen y carezcan de lo necesario por su egoísmo, egoísmo que es un robo en la naturaleza, serán perseguidos por sus víctimas" (*Obras completas* 53). Este egoísmo lleva a la negación del trabajador poseído, y sólo se podrá erradicar cuando el ser humano se haga consciente de su convivencia con los demás y con la naturaleza. El individuo se comprenderá libre cuando deje de negar la libertad del Otro:

> No hay esclavitud; pero habiendo amos hay esclavos, y ésto es lo que tenemos que abolir: la esclavitud del salario mísero y mezquino, indigno del hombre libre y conocedor de sus derechos. ¿Por qué ellos, partidarios de la libertad, no destruyen la esclavitud individual y la miseria para luego pedir la libertad completa? (65)

Sólo a través de esa toma de conciencia, de la organización y la revolución proletaria, de la liberación del colectivo y de la renaturalización del espacio, podrá el individuo ser libre.

En su visión anarquizante que busca suprimir el Estado, la naturaleza debe ser el único sistema que crea las leyes y las condiciones para otorgar y preservar la libertad de todo y de todos, y el espacio para hacer política. El propio Bakunín insiste en que, siendo el humano parte de la naturaleza, debe rendirle respeto y aceptar sus leyes invariables, ya que resultaría paradójico referirse a su libertad negando las leyes de su propia existencia (*Dios y el estado* 126). Capetillo, quien cree en la simbiosis francesa libertad-igualdad-fraternidad, invita a

> [...] recordar que las leyes naturales deben obedecerse con preferencia a toda otra legislación, y como consecuencia reformar el equivocado concepto que existe sobre la moral, el derecho humano y la igualdad, tratando de que la humanidad sea feliz proporcionando los medios fáciles para su pronta y segura realización. (*Amor y anarquía*, "Fragmentos de una carta" 75)

Capetillo se comprende libre, igual y solidaria cuando es consciente de su parte y de su situación en la naturaleza.

El tríptico tierra, sol y mar en el Estado de la Naturaleza

Capetillo promueve un proletarismo poético a través de sus viajes, su escritura y su activismo. Pero uno de los métodos más efectivos para dar pie a la lucha de los comunes es la creación de diversas ecologías que posibiliten interacciones entre los organismos y su ambiente.

Convocar la huelga y promover la revolución obrera requiere la creación de una geografía físico-cultural anarquista con ecologías que la transformen. La escritura de Capetillo apela a una geografía utópica en la que el cooperativismo y el amor hacia todos los aspectos del Universo reinan, y que precisa de un continuo cuidado de la naturaleza. Su postura geo-anarquista, en teoría, fomenta el desarrollo de una sociedad más igualitaria, aprovecha los recursos naturales, establece lazos solidarios entre individuos y el Universo, resuelve el problema de la propiedad privada y, con éso, erradica cualquier forma de dominación.

El movimiento proselitista de Capetillo está fuertemente anclado a una ecología en particular que contiene el tríptico tierra-sol-mar. La ensayista hace unas interpretaciones con respecto a la naturaleza que, claramente, afectan sus procesos de pensamiento y de escritura, como se advierte en "Visiones", cuando rinde tributo a la misma por su sabiduría y perceptibilidad diversa:

> ¿Sabéis por qué? Porque la sabiduría empezó su jornada en el átomo, y éste está en los abismos como en las cimas de las montañas, se estremece en las ondas del océano como brilla en los rayos del sol. Se agita en las auroras boreales como vive en las sombras de la noche, bulle en el cáliz de las flores, y atraviesa en alas de la brisa en el espacio. Es perfume y es veneno. Está en el fuego y en la nieve. El que ha pasado por todos estos estados tiene necesariamente que ser sabio, justo, poderoso. (*Obras completas* 229-230)

La tierra, el mar y el sol proveen espacios naturales con una multiplicidad de saberes y temporalidades. Capetillo le atribuye inteligencias a este tríptico ecológico, se doblega ante sus leyes, y encuentra inspiración en su capacidad generadora y creativa para entablar diálogos con los diferentes saberes y así, en el proceso, perfeccionarse ella misma como escritora y activista.

El anarquista es, por lo general, un pensador geográfico que establece relaciones entre la sociedad y las diferentes ecologías; en fin, entre elementos fundamentales para la existencia humana. Kropotkin y Reclús, geógrafos anarquistas por excelencia, figuran como exponentes de la aplicación del naturalismo vitalista en sus teorías. Tanto ellos como Capetillo buscan entender cómo la realidad física del mundo da cuenta de los fenómenos sociales creando una naturaleza anarquista. En el caso de Kropotkin, admirado grandemente por Capetillo, en su *Lo que debe ser la geografía* (1885) se lee:

> La geografía debe [...] enseñarnos, desde nuestra más tierna infancia, que todos somos hermanos, sea cual sea nuestra nacionalidad. En una época como la nuestra, de guerras, de auto presunción nacional, de celos y odios nacionales hábilmente alimentados por gente que persigue sus propios intereses de clase, egoístas o personales, la geografía debe ser –en la medida en que la escuela pueda hacer algo para contrarrestar las influencias hostiles– un medio para disipar esos perjuicios y para crear otros sentimientos más dignos de la humanidad. (*El pensamiento georgráfico* 227)

Esta postura es innovadora, ya que sugiere un paradigma para la geografía moderna, que en el contexto social burgués y capitalista tenía fines imperialistas y nacionalistas buscando explicar la sociedad y su desarrollo sin tomar en consideración los cambios sociales y las leyes naturales. Según Juan Duchesne-Winter ("Introducción" 2009), la modernidad no es esencia propia ni exclusiva del capitalismo sino producto del encuentro entre la dominación y la resistencia en el curso de los cambios sociales en que participa el propio capitalismo. El anticapitalismo es también, en ese sentido, constituyente de la modernidad. En su ensayo geo-anarquista, Capetillo presenta lo moderno como el *clash*, como el choque cargado de "ondas expansivas" que cubren el ecosistema político-social de Puerto Rico. Su mapeo *brega* con una cultura que se transforma por un capitalismo de masas, y que va privatizando los espacios y gestando nuevas relaciones de dominio y explotación para la emergente clase obrera. Su visión apunta a alterar su actual ecosistema y a estimular a los habitantes a moverse por nuevos terrenos ecológicos para generar diversos saberes y reconocimientos.

Elisée Reclus es reconocido en los círculos científicos de América Latina por los lazos que establece con notables geógrafos, y por sus viajes dedicados a recoger datos y a realizar observaciones para sus libros geográficos. En las fábricas tabacaleras, que gracias a la práctica de la lectura oral de textos que acompañaba las labores fueron focos de educación progresista (a los cuales se expusieron anarquistas puertorriqueños como Luisa Capetillo), se leían textos de Reclús, y con ello se conmtribuyó a que la geografía moderna infiltrara el espacio obrero. Reclús, quien en su epígrafe de *L'Homme et la terre* (1907) define al hombre como la naturaleza que toma conciencia de sí misma, tiene claro que la geografía –como campo– puede originar una narrativa que forme y perfeccione la sociedad hasta llevar a los individuos a un estado de conciencia y de libertad plenos: "Es la observación de la Tierra que nos explica los acontecimientos de la Historia, y éstos conducen a un estudio más profundo del planeta, para una solidaridad más consciente del individuo, a su vez tan pequeño y tan grande como el inmenso universo" ("Introducción del Volúmen 1" 4, la traducción es mía). El "teatro geográfico" que propone Reclús es el escenario en el que se reaniman los hechos naturales y se inscriben los humanos. Partiendo de su visión anarquista, Capetillo emprende un estudio sobre los recursos naturales y la inapropiada distribución de los mismos, y elabora un planteamiento sobre los problemas de salubridad en los nuevos espacios industriales. Capetillo aborda el contexto físico-geográfico, retomando ciertas ideas de la Ilustración como la racionalidad, el cientifismo y la fe en el progreso, pero sin considerar el dominio de la naturaleza. Capetillo cree en la curiosidad y en la experimentación científicas, que obedecen al engrandecimiento y a la continua "evolución" del ser humano: "Hay curiosidad científica que ennoblece y eleva, que conduce a la sabiduría; hay otra curiosidad que solamente se ocupa de averiguar lo que no debe para criticarlo y rebajar el prestigio de los demás. La primera se convierte en observación metódica y persistente, y toma el nombre de Ciencia" (215).

Al igual que si trabajara en un proyecto de experimentación científica, Capetillo prueba y redacta indagando, examinando, yendo más allá de su objeto mediante la observación:

> Una mañana al desenvolver un pedazo de queso que guardaba, para comer una tajadita, descubrí en una de sus pequeñas cavidades un gusano blanco, con una trompita negra, a modo de pico, luego otro y otro más; observé que se dispersaban al mover el queso y volví a colocarlo cuidadosamente en el mismo sitio; al siguiente día volví a observarlo y otra vez los dejé. No sentí asco, ni repulsión, ni deseo por destruirlo; he sentido por los animales compasión, como si guardasen un alma semiconsciente, en una apariencia grosera. (*Obra completa* 212)

Mediante la observación, la ensayista acumula datos que describen los cambios que sufren las comunidades y permiten medir el desarrollo de su entorno ecológico. En su penetración a los bosques, en su ascenso a los montes, en su descenso a los valles, y en su inmersión en el mar, fomenta una visión transitista, una concienciación de la humanidad y de su relación con la naturaleza. En "Igualdad humana", por ejemplo, busca analizar cómo la conducta del ser humano consuena con la evolución de la Tierra:

> Observé a los átomos y los átomos me mostraron sus continuas evoluciones. Del mineral, al vegetal y animal. Como se desprenden los átomos en solidaridad mutua de un modo continuo e inimitable. De los árboles, la brisa los transportaba imperceptiblemente a los animales y a los humanos. De los minerales a las plantas, animales y seres humanos. En continuada ayuda mutua, nunca interrumpida se nutrían todos, sin egoísmos, sin interés, sin superioridad. (*Obra completa* 243)

Dichas evoluciones contribuyen, según Capetillo, al desarrollo sucesional de su ecosistema y a la fortificación de una (com)unidad que espera ella sea fraternal, interactiva y adaptable. En "A un amigo barbero", se continúa elaborando el discurso de la naturaleza, pero mostrando sus matices armónicos a través de un discurso espiritista-científico:

> En la naturaleza nada hay huérfano, ni solo ni abandonado ni en perpetua erraticidad, los átomos y moléculas se unen por afinidad para formar cuerpos, el sonido se une para formar la sublime armonía, la luz se forma en líneas

indefinidas, el agua se aglomera en millones de partículas distintas que se condensan en nubes. "El amor, como la vida, eterno, ¡sin fin posible! [...] La ley de atracción que rige los individuos y los cuerpos, que impulsa a la inteligencia y a la materia, la constante y perpetua selección de todos los seres de la creación, hacia la perfección indefinida. La vida en sus diversas y variadas manifestaciones regida por el amor [...]. (*Obra completa* 220)

Existen un encadenamiento y un ordenamiento de las fuerzas naturales que irónicamente van atrayendo cuerpos, ayuntándolos espontáneamente hasta que se confunden. Estas conexiones y eslabones, que tienen su origen en el mar, van creando una armonía musical y global. Capetillo entiende que el saber científico no es el único y, por lo tanto, le da validez y rigor al conocimiento espiritista, creando una policultura del saber. Aunque la ensayista le pierde el miedo a las autoridades artificiales, sigue respetando las leyes y los límites establecidos por el mar, por su capacidad constructora y destructiva de la cual tanto dependen su existencia y su labor escritural:

> Oigo un rumor de mil voces que penetra por la ventana... Escucho... ¡Es el mar! Las olas en sus extraños coloquios, llenos de ternura unas veces, otras de imprecaciones como si quisieran desbordar su inmenso recipiente, por ser pequeño aún para extenderse: otras veces, gimiendo como si deseara traer a su seno algo que las consuele arrullándolo dulcemente, o moviendo apaciblemente con los remos en una barca, sus agitadas aguas para luego enfurecerse repentinamente, y devolver en mil pedazos a sus playas las embarcaciones confiadas a su regazo envolviendo en su blanca espuma los restos que balancea una su irritada superficie, como para acariciar los mismo que ha destrozado. Escribiendo estas cuartillas, le oigo aún, y me parece ver sus ondas chochando unas contra otras para llegar a la orilla, y besar la arena. ¡Qué bello es! ¡Imponente es el mar! (*Obra completa*, "Fuerzas naturales" 137)

Ante tal admiración por las aguas y sus ondas, Capetillo finalmente agrupa a los humanos con otras especies del ecosistema social pues, como espacio ecológico creador, el mar no discrimina entre ninguna y en cambio crea condiciones de evolución e igualdad para todo lo que este cuerpo alberga:

> Contemplé las aguas y éstas me cantaron en suavísimas melodías, unas veces, en sordos murmullos otras, en arrogantes y temibles amenazas varias otras, la

> hermosa canción a la vida en diversas manifestaciones, alimentando millones y millones de pececillos en su inmenso seno, sin distinción de color, forma, o costumbres, a todos por igual, "según sus fuerzas, y según sus necesidades", sin violencia ni restricción. Besando incesantemente a las rocas, penetrando por sus miles de hoyuelos y hendiduras, dando vida a los innumerables caracoles, insectos, e infinidad de animalillos de mar que en ellas moran sin preferir a la juguetona "jueyita", ni al tierno caracolito. A todos bañaba por igual. (*Influencias de las ideas modernas* 100)

Capetillo emplea una imaginería marítima para cartografiarse en un espacio fluido y extenso en el que puedan desenvolverse pensamiento y escritura, y tomar direcciones naturales. Así como Reclús logra con los flujos marinos establecer un circuito que conecta todos los aspectos de la vida, Capetillo realiza un contacto directo y una correspondencia con el mar.

La intelectualidad de la luz es tan admirable y digna de ser reconocida como la del mar. En otra muestra de la continuidad y de la fuerza del Universo ejercidas sobre los humanos, Capetillo ilustra una luz que nos supera, ya que "cuando los humanos ha[n] querido poner medida al tiempo y decir el mundo tiene tal edad, la luz solar ha petrificado los huesos de los animales y alumbrado las pirámides y ha detenido la ignorancia humana probándole que nadie conoce la fecha del mundo" (*Obra completa* 173). El sol es el labrador mayor, el más antiguo, el que más se faja:

> El estaño, la plata, el oro, el nikel, todo es obra de ese calor solar. ¿Qué son sino las inmensas minas hulleras? Todos los demás inventos de calor reconcentrado, el vapor, la luz, la electricidad, todo es trabajo de millares de nuestro Sol…De modo que todos nuestros productos y medios de vida, inventos y descubrimientos podríamos decir que es luz solar, acumulada, reconcentrada. Nuestros entusiasmos, nuestras alegrías, es luz solar que irradia de nuestro ser. De modo que no hay nada de extraño en que los antiguos lo adorasen, aun sin comprender la poderosa influencia que ejerce [en] nuestro planeta y en nuestra vida. (*Obra completa* 138)

El sol es fuerza abstracta y concreta, símbolo de vida que está presente en todas partes y en todos los tiempos. Capetillo asocia la influencia solar con la generación y la duración de la vida, con pasiones y afectividades, con vitalismo y bondad, y con la iluminación física e intelectual del ser humano. Su tríptico mar-tierra-sol determina los patrones, los ritmos de cambios y los límites de la evolución; la escritura de Capetillo propone modificar el entorno físico de su ambiente pero, además, inspirar a la comunidad de lectores a tomar control del proceso de sucesión. Su deseo mayor es culminar en ecosistema estable y adaptable, capaz de alcanzar una máxima protección que pueda confrontar cualquier pertubación que atente contra la felicidad y la supervivencia de la comunidad.

Veamos cómo su escritura fluida es prueba del potencial del ser humano para tomar conciencia de la naturaleza pero, al mismo tiempo, como diría Reclús, del potencial de la naturaleza para tomar conciencia de sí misma a través de la escritura de Capetillo. Entrar en este tríptico ecológico constituye una oportunidad para expandir los saberes y las temporalidades, reconocerlos y reconocerse uno como parte de estos espacios.

El ensayo como forma

El ensayo, las aperturas identitarias y la vita activa

Entre las tantas angustias señaladas tanto por Julio Ramos, en *Desencuentros de la modernidad en América Latina*, como por Martí y por otros escritores a comienzos del siglo XX, existe una tensión entre la vida pública y las "pulsiones de la literatura". Esta tensión, según Ramos, es un núcleo generador de formas (escritos) que proponen soluciones. A comienzos del siglo, la obsesión identitaria que se da en dichas tensiones desemboca en el ensayo. Este será ahora el género predominante con el que se pretenderá proteger y seleccionar los materiales de nuestra identidad latinoamericana. El ensayo dará autoridad social al intelectual, quien se siente amenazado por una modernización que produce una dependencia político-económica. En América Latina, el ensayo representa el espacio escénico para la proyección del intelectual. Dada la relativa escasez de casas editoriales, el periodismo representaba un conducto inevitable para dar salida a la producción literaria de la región y, a la vez, una fuente de empleo para los escritores. Los autores ven como solución el ensayo periodístico, ya que suscita en los literatos de la época reacciones de acercamiento y de repudio, tan importantes en el proceso de la escritura. Hay en el ensayo una preocupación por el presente, con el "aquí y ahora" que materializan la esencia de la modernidad textual. Se hacen a través del ensayo un replanteamiento de los aconteceres diarios y una reflexión sobre la contemporaneidad en el tiempo.

Hemos visto en Pedro Henríquez Ureña, en José Carlos Mariátegui y en José Enrique Rodó un ensayismo con la constante de la consolidación de un *ethos* latinoamericano. Los suyos son ensayos fundacionales y, por consiguiente, tienden a ser un acto de cierre, a producir campos del saber reconocibles como entidades autónomas. Era necesario para estos ensayistas "dentro del escenario" que América Latina existiera como una estructura organizadora de pensamiento de variados campos discursivos. En el Puerto Rico de principios de siglo, se intentó crear sin éxito un conjunto de discursos fundacionales con cierres. Hostos, por ejemplo, ensayó una estructura con la intención de reconstruir un proceso histórico que tuviera como resultado la liberación de Puerto Rico de su estado colonial. Pero en su deseo de latinoamericanizar lo puertorriqueño, Hostos crea rupturas en su ensayo, encontrando huecos e irresoluciones. Ni la unidad ni el cierre se logran, según Hostos, en "Ayacucho":

> El ideal cristiano no cabía en la unidad católica, y la rompió. El ideal social no cabía en la unidad monárquica, y la rompió. El ideal del progreso no cabía en la unidad territorial, y la rompió. Cada uno de estos rompimientos era una necesidad, es una gloria, y será un adelanto del espíritu humano. A cada uno de ellos ha correspondido una revolución, una evolución y una conquista. (Citado en Ramos 13)

Estos rompimientos e irresoluciones van, entonces, tomando forma "fuera del escenario". En casos como los de Luisa Capetillo y el ensayista Nemesio Canales, nos encontramos ante un contexto histórico distinto, en el que quizás no se busque fundar sino producir válvulas de escape, vías de interrogación. Se da una amistad magisterial en su ensayismo, un diálogo de carácter esencialmente comunicativo, vinculado al medio de escritura y a la posición que se articula. Este espacio de intercambio marcado por la amistad, nos da una aproximación horizontal que sigue el modelo de la conversación, un espacio con rasgos internos que se prestan a la digresión, y en donde no hay órdenes. Según la práctica de Thomas De Quincey (maestro de la digresión), los temas sueltos que se van entrelazando crean estructuras de red. Ambos intelectuales, con su ensayismo digresivo, se oponen al mundo totalizador que crean Henríquez Ureña, Rodó y Mariátegui, quienes se destacan por un ensayismo patriarcal latinoamericanista. Canales y Capetillo proponen, entonces, no la síntesis sino la creación de un mapamundi de lo que no entra en la totalización, sea porque sobra o porque falta.

El anarquismo y el feminismo obrero de Capetillo no sólo abren nuevas válvulas sino que cartografían un espacio alterno con luz propia, regido por las leyes naturales y en el que no existen jueces, ni policía, ni cárceles, ni iglesias, sino teatros, escuelas y parques. Capetillo, quien abiertamente sostiene que tanto el gobierno como la iglesia y la imprenta ocultan la "verdad", desea vivir esa verdad, no entrar a la *casa letrada*, poder actuar fuera del escenario o en otro escenario: el de la comunidad de seres iguales armonizados con la naturaleza. Ella construye su escenario sin contar con muchos de los instrumentos de la tradición; inclusive, tiene que inventarse una tradición aferrándose a lo que la situación cultural y política de Puerto Rico, en su relativa marginación y aislamiento como pequeña colonia del Caribe, le provee en un momento dado.

Tomemos el caso de su libro *La humanidad del futuro* (1910), espacio onírico en el que se cumple el sueño anarquista de la autora de construir un país alterno mediante la acción (praxis) y la realización (poiesis) del obrero, quien está a punto de revolucionar. En este espacio utópico moderno el pueblo se ve y se hace ver, y se hace triunfador, luego de una huelga inicial que fue gestando. Para lograr la revolución obrera tan ansiada hay que hacer las paces con la Naturaleza, cultivarla en todos los sentidos y fecundar el bien común. Los personajes experimentan una modernidad vinculada con la labor (en que todos participan de una actividad asociada a su necesidad de supervivencia), el trabajo (todos participan de la creación y la realización de la poiesis) y la acción (todos forman parte de una praxis continua). La acción en *La humanidad del futuro* se enfoca en la pluralidad y la diversidad de perspectivas, en la red interactiva de las relaciones humanas, en el papel que juega cada individuo para mantener un colectivo, y en el potencial de ese individuo para contribuir a un nuevo comienzo. Capetillo diseña un espacio cultivado por escritores, artistas, periodistas, abogados, campesinos, médicos y otros científicos a través de la praxis y de la poiesis. He aquí una suerte de biodiversidad en los diferentes espacios ecológicos que comprende el mundo, que permitirá la pluralidad de perspectivas y productividades. La acción y la creación son aquí los modos superiores de la humanidad para naturalizarse en el mundo. Además, la modernidad relatada por Capetillo diseña un espacio posible y adecuado para el ser humano sostenerse, identificarse, afirmarse, realizarse y, por ende, liberarse. Su ensayística descubre el significado de una humanidad que forma parte del proceso mayor de la realización del Universo. Su visión y su pensamiento la llevan a relatar e instruir sin caer en la clausura, y siempre aprovechando momentos de creatividad y de novedad. Vemos en su obra digresiva la naturalidad de su texto y la textualidad de la naturaleza.

"La verdad nos hará libres": la escritura natural y su acercamiento a la verdad

Como fervorosa creyente en las leyes naturales, Capetillo entra en el tema de la cotidianidad, algo que según ella la potencia. La naturaleza le provee herramientas para concebir su escritura como producto no tanto capitalista sino más bien artístico. A Capetillo sí le interesa la producción de riquezas, pero sólo con el fin de contribuir a una riqueza común, pues en sus dedicatorias la escritora habla de recaudar fondos para fundar revistas que difundan sus ideas modernas, o escuelas industriales que ayuden a la superación de la mujer. En este sentido, sí se dejan notar los efectos de la autonomización de la escritura como nueva manera de subsistencia y de pensamiento del intelectual de nuevo siglo; de hecho, ella asume su rol y se sitúa como intelectual. En su ensayo "A un amigo barbero", aclara la importancia de su actividad escritural, poniéndola a la par con la labor agraria:

> Me has dicho que los que escriben no producen, que solamente los que aran la tierra son productores. Esto es un concepto equivocado de la frase. El que labra la tierra, siembra, y cosecha luego, solamente lo que hace es cultivarla; quien produce es la tierra, el que la cultiva, es ayudante, su labor especial es

> vigilar los frutos para que las cosechas no se pierdan. El mérito artístico de una obra de arquitectura por ejemplo, no la tiene el que la hace, si el que la concibe. Su utilidad está en el que la inventó no en el que la hizo. El que hace una casa, hace una cosa útil, pero no la crea, la construye. La naturaleza crea y produce, el hombre utiliza sus productores. Aquí verás la superioridad de la inteligencia creadora, esto no quiere decir que tenga el intelectual, más derecho a la vida ni a las comodidades ni a ser superior como ser humano. (*Amor y anarquía* 218)

Hay un sutil gesto de posicionamiento y reconocimiento como intelectual, sin caer en dimensiones de orden jerárquico, al admitir que como escritora-labradora es sujeto diferenciado y distanciado (por la "superioridad de la inteligencia creadora" que le ha otorgado la naturaleza), aunque a la vez igualado y cercano al obrero agrario. Pero lo importante aquí es el posicionamiento de la naturaleza en la posesión del lenguaje para la auto-comprensión de Capetillo. La escritura viene siendo naturaleza pura: "Un árbol da un fruto, es el producto natural del árbol, cultívese o no; un hombre o mujer, escribe un libro y es el producto de su inteligencia" (*Amor y anarquía* 218). Capetillo quiere rebasar el concepto de libro como producto y llegar a la esencia de las esencias:

> ¿No quieres llamarle producto?, pues le llamaremos destellos luminosos, irradiaciones de luz, condensada en principios de sabiduría, conceptos, definidos de unas ideas, ciencia, investigación análisis, invención, descubrimiento, observación, en sus diferentes formas y variedades. ¿No es un producto el que define el concepto de una forma visible de la naturaleza, la divide, la clasifica y la selecciona? Pues será más, será inventor, y el que inventa, produce, el que siembra no ha inventado el modo de hacerlo, ya la naturaleza lo había hecho, no hizo más que imitarla. (124)

La autora no descarta el poder escritural y superior de la naturaleza, de su capacidad no solo de producir una materia prima que conduce a la transferencia de pensamientos en superficies sino, también, de producir la inteligencia para poder realizar la concreción y la expresión de ideas.

> El primero que produjo e inventó el libro no imitó, creo, porque no se ha encontrado ningún libro como producto de un árbol o de la tierra. Esto no niega ni rechaza que la naturaleza es un libro abierto para el que sepa leerla; y que ella contribuye a la formación de todo con la materia prima que es el

algodón, la resina y líquidos colorantes de árboles y plantas. El papel y la tinta no son productos del agricultor, ellos cultivan la materia prima pero no la *crean* no la han combinado para *crear* el papel y la tinta, estos son productos de la inteligencia. (*Influencias* 62)

Se imita el lenguaje con el cual viene equipada la naturaleza. Y a través de la comprensión de ese lenguaje se imita, además, la capacidad creadora de la naturaleza. Vemos un gesto de historicidad en Capetillo al rastrear la textualidad hasta la naturaleza misma, en la cual la materia prima es el mero lenguaje. Y ya que entendemos la escritura como producto del pensamiento de la naturaleza, veamos ahora cómo Capetillo le atribuye un valor estético a su pensamiento, a su escritura y a su vivencia conjuntamente:

> Una poesía que provoca en ti deleite, éxtasis amoroso, abstracción mental, es el producto de un hombre o mujer. Un libro, que por sus detalles críticos, conceptos filosóficos, argumentos científicos, narraciones históricas, descripciones sociales, te hace meditar, conocer, concebir, reflexionar y protestar, ¿no es el producto del estudio, observación y asimilación de la vida y de las cosas que ese hombre o mujer ha hecho? (*Influencias* 124)

Volvemos: el poeta posee una imaginación productora que le permite hacer una epistemología de la escritura que lo va conduciendo desde la naturaleza hasta la naturaleza misma en el plano social. Es así como Capetillo se comprende en este sistema de relaciones que establece entre la naturaleza y las *impresiones* que provocan la escritura. He aquí la importancia del pensamiento como generador natural de pareceres o impresiones, como propulsor de una acción integradora ante el proceso de la lectura, también un acto estético.

En su parecer, la escritura como vínculo con la naturaleza es tanto una forma del arte como de la verdad. Todo lo que emane de la naturaleza (incluyendo la escritura) es considerado verdadero. Al integrarla al concierto de los procesos naturales, Capetillo pretende conferirle un sentido real y esencial a la escritura, legitimándola:

> Me atrae de un modo irresistible la literatura, escribir es para mí la más agradable y selecta ocupación, la que más me distrae, la que más se adapta a mi temperamento, así pues me siento dispuesta a cultivar este arte y

perfeccionarme en él, no por ambición a la gloria, de un renombre, ni por hacer fortuna, ni para establecer distinciones, mi única intención, el móvil único que me ha impulsado a escribir, aparte del deleite que me proporciona, ha sido decir la verdad, señalar como inútiles ciertas costumbres, arraigadas por la enseñanza religiosa convertida en una imposición tradicional; recordar que las leyes naturales deben obedecerse con preferencia a toda otra legislación y como consecuencia reformar el equivocado concepto que existe sobre la moral, el derecho humano y la igualdad, tratando de que la humanidad sea feliz proporcionando los medios fáciles para su pronta y segura realización. (*Obra completa* 225-226)

Como anarquista, Capetillo siente la obligación de seguir desarrollando su entorno físico, de encontrar la verdad en lo tangible y lo visible, aunque la lleve al nivel molecular. Su escritura forma parte de ese cultivo porque apela a la naturaleza, a sus leyes y a su poder sobre la humanidad (un poder antepuesto a las leyes creadas por los humanos). Si el poder radica en la verdad, y si ésta se encuentra en la naturaleza, entonces su escritura es poderosa. Aquí vemos cómo reafirma el anarquismo su búsqueda de un fundamento natural que establezca su verdad universal. Para indagar más en el tema de la orientación universalista del anarquismo transnacional que se vivió en Puerto Rico a comienzos del siglo XX, estudiar el texto *Black Flags Boricuas* (Shaffer, 2013). Desde este cimiento, el anarquismo rechaza los sistemas de gobierno establecidos por el hombre, que se han prestado a la tiranía. Capetillo desea existir bajo las leyes naturales, tanto para encontrar la verdad como para crear la belleza, dos actividades que conducen, según ella, a la libertad y a la felicidad. En su ensayo "¿Anarquista y espiritista?... ¡Uf, uf!", apuesta por la escritura y por la lectura para la instrucción de la sociedad, pero luego las subvierte diciéndonos que la naturaleza viene ya equipada con esa capacidad: "Para ello no es necesario que lo haga en libros impresos; se hace en la gran página del libro siempre abierto de la naturaleza. Esa es la gran maestra y directora de los sabios prudentes" (*Obra completa* 174). Mientras la naturaleza define las pautas, la estructura y los límites, al lector le corresponde hacer una lectura de lo que le rodea y modificar sus actos.

La pensadora fuera-de-escena y su mirada natural

En el ensayo y en la oratoria teatral de Capetillo figura una voz que escapa de los confines del escenario discursivo del ensayista tradicional. A diferencia del ensayista en escena, quien desde el escenario porta su *persona*, o su máscara con un orificio (bocina) que le permite amplificar su voz y dirigirla en una sola dirección, la máscara de Capetillo se vale de varios orificios por los que afloran sus ideas y que hacen derramar su voz en múltiples direcciones, haciendo su voz proliferante. Capetillo cuenta con su máscara para dramatizar lo que ella entiende que es, para hacer surgir su yo de mujer no sometida al sujeto patriarcal, es decir su verdadero yo. En cuanto al espacio, es natural para ella salirse de los límites del escenario reglamentado por la escritura y el pensamiento tradicional, y buscar vías alternas de expresión y de discurso. Capetillo se concibe como la actriz natural que con la mente fresca mantiene sus reflejos independientes de cualquier control que intente ejercer la sociedad.

El ensayismo de Capetillo, además de mostrarse como una gestión de resistencia, constituye el espacio de despliegue de su drama. Visto como ejercicio, como práctica o como juego, el ensayo que elabora, en cuanto espacio dramático, no es lineal y ni siquiera se encierra en el escenario tradicional del ensayista latinoamericano de su época. Comienza con un Yo que se va multiplicando y que dispara roles e ideas. En esas iteraciones del sujeto va surgiendo naturalmente el Yo de la mujer no sometida al patriarcalismo. Capetillo se hace más humana porque actúa como humana en la vida cotidiana y porque predica sus ideas de transformación a partir de pequeños pero impactantes cambios, que aconseja a sus lectores en sus prácticas diarias, tales como la dieta, el cuidado del cuerpo, la higiene doméstica, y el sostenimiento de relaciones amorosas en condiciones de igualdad con la pareja (a las que llama expresiones de amor libre). En su ensayo "Exageraciones", Capetillo discurre sobre sus prácticas cotidianas y sobre la importancia de la moderación y la higiene para el disfrute de una buena salud:

> La civilización, el progreso moderno, descansa sobre la higiene. Por tanto, para estar con el progreso y llamarse civilizado es necesario hacer un poco de gimnasia y bañarse diariamente y, además, antes de acostarse volver a lavarse

> las partes expuestas al aire libre; sin recomendar que para comer es obligatorio lavarse y desinfectarse las manos bien. No se debe comer demasiado, porque eso es faltar a la higiene del estómago [...]. (*Obra completa* 241)

Su anarquismo reitera la importancia de la praxis y de la acción a la hora de actuar de manera cada vez más natural y suelta en las relaciones humanas, incluyendo las amorosas. La interacción entre su vida y su obra se centra en relacionarlas de forma indisoluble para crear un efecto reversible hasta el punto de observar la influencia de una sobre la otra y de entenderlas como algo cotidiano. Por la naturalidad que adquiere su presencia, ya no hay distinción entre su vida y su actuación. En su actuar y su vestir, Capetillo muestra actitudes agresivas y contestatarias, comúnmente reservadas para los hombres. Ella realiza el actuar tanto del intelectual como del proletario, de la mujer y del hombre, con el fin de encontrar su verdad. Además, para Capetillo mostrar la verdad impone vivirla. En su prefacio al texto *Mi opinión*, escribe:

> El único móvil que me impulsará a dar a la publicidad este tomo es decir la verdad; la cual, aún aquellos que están en mejores condiciones y con más talento para decirlo no lo hacen. ¿Por qué?...Diréis que esto es equivocación de conceptos, que no es utopía. Es cuestión de opinión...Más yo entiendo que lo que otros consideran utópico, es en mi concepto realizable. (*Amor y anarquía* 73)

Tanto su anarquismo, como su feminismo y su espiritismo son sus modos de vida expresados a través de la hermenéutica de la corporalidad. Por ejemplo, vemos la *actuación* y la realización de su enfoque discursivo en su biografía concreta, en las relaciones que ella establece con obreros y mujeres, en su sexualidad, y en sus hábitos de consumo e higiene. Más esencial que su obra misma es el hecho de que ella se desarrolle, desde su niñez, como protagonista de los textos que lee y escribe. Su obra y su vida son una y la misma cosa. La libertad y la igualdad las practica como ejercicio diario, y así lo testimonia en sus escritos. Capetillo actúa, y a la vez ficcionaliza y teoriza sus pensamientos, integrando su vida a su pensamiento y haciendo de sus experiencias (de vida y de escritura) la ficción y la teoría por la que aboga. Es decir, la historia que escribe es la historia que vive, y viceversa.

Parte del arte de la fuga del escenario se basa en salir de la zona iluminada hacia zonas marginales, cambiar sin miedo el centro de atención a la penumbra que Capetillo ilumina y activar la mirada natural del lector. Inscribir la luz en la sombra es la manera de ajustar los parámetros conceptuales que le permitirían transformar su mundo. El recorrido de la luz creada por la escritora re-dirige la mirada del espectador-lector, quien tiene que desviarse, pues le resulta natural buscar la zona más iluminada del teatro. Iluminar el espacio fuera-de-escena consigue provocar el movimiento que busca Capetillo cuando salta de un espacio a otro. Quiere iluminar un mundo olvidado y digno de atención. Invita a una mirada no sólo empática sino, además, participativa y activa. La mirada que sugiere exige la labor de discernir, de entrenar el nuevo modo de mirar hasta hacerlo cotidiano. Supone crear un espontáneo interés por las cosas desapercibidas u obviadas por intereses personales y hegemónicos, pero que nos rodean a diario y hay que atender. Con la luz natural de Capetillo se aprende a mirar de forma práctica, a confiar en la percepción de los sentidos, a encontrar la esencia de lo que se mira.

Como espectadores, la libertad puede ser obtenida reconquistando la atención de aquello que la modernidad ha desenfocado. Su ensayo descentra la lectura de la tradición moderna desarmando la luz convencional y ofreciendo una visión espiritista de los mundos:

> Por la descomposición de la luz, en la atmósfera de todos los mundos quedan retenidos y fotografiados todos los sucesos y acontecimientos, como en los individuos se graban en sus cuerpos astrales o Karma sus ideas, pensamientos, intenciones, vicios y todos sus actos: de igual modo que el fotógrafo obtiene la imagen o figura en la placa por descomposición de la luz. ¿Quién hace de fotógrafo en el concierto de los mundos? ¿Quién utiliza esa fuerza-luz descompuesta, y para qué? ¿Será para recordar a las almas, a la inteligencia la razón-luz que viaja a través de los espacios y se detiene en los mundos, sus hechos pasados, sus errores y crueldades? (*Obra completa* 170)

Ciertamente, el espiritismo forma parte de esta descomposición y fugacidad de la luz, de su viaje y sus estancias en diferentes espacios. La función de la descomposición de la luz está directamente relacionada con los cuerpos astrales, o *periespíritus*, que generan electricidad. Estos cuerpos energéticos se ven circundados por espacios compuestos por algo que responde a una luz que, en su descomposición, los modela. En una perspectiva espiritista, mediante la luz los cuerpos pueden re-aprender el ritmo perdido de la vida. La luz facilita la encarnación, necesaria para aprender a equilibrar las energías espirituales y corporales del pensamiento y de la acción.

El foco de recorte que emplearía un ensayista tradicional como Henríquez Ureña, que proyecta un haz de luz recto y preciso, lo reemplaza Capetillo por uno que proyecta manchas de luz sobre zonas antes no vistas o no deseadas por la mirada. Pero, ¿hacia dónde quiere enfocar Capetillo la luz? ¿Qué representa ese fuera-del-escenario? ¿A qué audiencia apela? ¿Cuál es el show?

La lectura del drama

Hay quienes pueden pensar que escribir es escoger no hablar. Pero en el caso de Capetillo se reconcilian las dos formas de comunicación, y ella se interesa por escribir y recitar textos que le permitan amplificar su audiencia. Para ella, leer, escribir y recitar espacializan el lenguaje. El Yo de Capetillo también se interpreta cuando hace sus lecturas y las actúa. Su oratoria no se limita a sonidos efímeros sino que atribuye la misma potencia de la escritura cuando se trata de crear lenguaje y pensamiento, la ilusión de un movimiento progresivo, la edificación de una sociedad firme en sus ideas y conciente de sus derechos. Capetillo comprende, tanto como lectora individual como en su papel de escritora y de lectora oral, la importancia del paradigma oral. La palabra oral es poderosa, accionaria, situacional y capaz de ejercitar la mente. Su oratoria le permite ser redundante –elemento indispensable en la oralidad– pues su escucha debe retener lo que pronuncia. Su lectura asegura proximidad y participación al pensamiento diario, un presentismo y una visión equilibrada del mundo.

Sabemos que la oralidad era parte de la cultura anterior a la era de Gutenberg, una cultura basada en el manuscrito en la cual la escritura aún sentía gran respeto por la palabra sonora. Los textos se leían en voz alta, logrando producir a través del proceso de transcripción oral una experiencia social entre la audiencia. Pero ya con la imprenta, el texto invita a una lectura silente, rápida e internalizada, que otorga gran importancia a la dimensión visual frente a la oral. Capetillo, quien vive una era en la que el texto se hace objeto y la escritura se autonomiza, enfrenta su propia transformación como autora, ya que retiene muchas de las ideas del paradigma retórico y oratorio pre-Gutenberg. Toma lugar, entonces, en un fuera-del-escenario que abarca las plazas públicas y las fábricas tabacaleras de Puerto Rico, Tampa, Nueva York y Cuba. En esos espacios no privilegiados para la construcción de una nación, Capetillo –vestida con pantalones, chaqueta y sombrero– *performaba*, discurseaba y ensayaba una revolución social. Su lectura oral apela a una audiencia obrera que ya siente ocupado todo su cuerpo, con excepción de su oído, disponible y atento a cualquier estímulo que rompa su atadura y altere su monotonía laboral. Con la oratoria el texto se externaliza, convirtiéndose en *medium* de transmisión que cultiva tanto el cuerpo y la mente de Capetillo como los de sus escuchas.

En su espacio performativo, Capetillo intercala la obra de diversos autores (entre ellos, Diderot, Kropotkin, Hugo, Tolstoy, Malato y Zola), representando su obra de manera dialógica e intertextual. Su audiencia en las fábricas disfruta sobre todo la lectura de sus propios textos, en particular de *Influencia de las ideas modernas*, un ensayo-obra que plasma toda su acumulación de ideales anarquistas y feministas. De hecho, en su espacio fuera-de-escena (las fábricas), Capetillo *performa* temas fuera-de-escena (la liberación de la mujer y del proletario).

De manera expositiva e instructiva, este drama en tres actos se caracteriza por su construcción coordinativa, por su compromiso con los intereses de la clase obrera y de la mujer, por su intención de exponer las injusticias del sistema capitalista. Capetillo se apoya en la dramaturgia y en su función pedagógica para hacer un reclamo urgente, por proponer una toma de conciencia, por una puesta en alerta sobre las posibles formas de liberación y de transformación socio-políticas. La ensayista, dramáticamente, busca privilegiar la voz obrera y la voz femenina, expresando y recreando la cruda realidad de su época.

En *Influencias de las ideas modernas,* el personaje de Angelina –hija de un rico comerciante y propulsora de ideas modernas y emancipadoras– es la máscara que porta Capetillo cuando quiere mostrar uno de los dramas de la modernidad. Angelina actúa con un magisterio amistoso, ya que muestra, ilustra y educa, pero sin herir. Siente la necesidad de decir lo que piensa, sabe articularse y tiene un estilo de intervención con gran poder influyente. Desde el comienzo se hace notar el aspecto expositivo de su discurso.

> (Un elegante salón amueblado estilo moderno. Al levantarse el telón Angelina está sentada en el sofá en elegante traje de mañana leyendo muy abstraída "Esclavitud moderna" de Tolstoy, y no siente a Ramón entrar.)
> (Ramón, entrando con una bandeja con algunas tarjetas, se acerca a la joven y dice: Señorita, ¿no recuerda Ud. que hoy es su cumpleaños?)
> ANGELINA: –En verdad, no lo recordaba, tan abstraída estoy hace días con la lectura de este libro de Tolstoy, "La esclavitud moderna", que me ha convencido de que la esclavitud moderna es la férrea ley del salario. (Tomando las tarjetas y mirándolas déjeles sobre la mesa).
> RAMÓN: (guiñando un ojo para sorprender la opinión de la joven) –¿Y de qué manera haríamos para no percibir salario?
> ANGELINA: –Ilustrando a los pobres de que nadie tiene derecho de valorar el trabajo, ni de señalar horas de labor; el trabajo debe ser libre, espontáneo y el consumo igual. Cada individuo debe trabajar según sus fuerzas y consumir según sus necesidades.
> RAMÓN: –Esa es una máxima anarquista, pero ¿cómo ponerla en práctica?... ¿por la violencia?
> ANGELINA: –No, por la instrucción y la educación; la mayor parte de las injusticias y crímenes se cometen por ignorancia. La clase capitalista, por conveniencia propia, debía de tratar de suprimir los crímenes y enfermedades que crean la miseria engendrada por la explotación. Existiendo la fraternidad no habría esta discordia establecida por la competencia que origina la ley del salario. (*Influencias* 6)

De entrada, Capetillo cumple la función pedagógica y la metapedagógica, ya que instruye a la audiencia para que asuma un rol pedagógico. La mujer es aquí punta de lanza en el ejercicio de esta función admirable, por cierto: "¡Oh! Bendita instrucción que llena mi alma de alegría, al encontrar a Ud. el ideal de mujer soñada... Continúe, me quedaría oyéndola, sin cansarme, una mujer libertada de los dogmas religiosos" (198). Angelina, encarnando a la diosa romana Libertas, es sujeto emisor que transforma a Carlos –semi-deidad del Trabajo– en futuro emisor. Capetillo crea con Angelina y Carlos dos figuras tan fecundas e influyentes que funden amorosamente la libertad y el trabajo.

Todos los personajes que entran en diálogo con Angelina se formulan preguntas que ella está más que dispuesta a responder elaboradamente y con naturalidad. En la trama, las ideas principales de Capetillo se acompañan con constantes interrogantes, como: "¿Cómo abolirán la ley del salario?", "¿qué temes?", "¿te agrada esa lectura?", "¿veré mis sueños realizados?", "¿ya ve usted?", "¿es Vd. partidaria del socialismo?", "¿en qué piensas?", "¿cómo hacer para que no las hayan [las necesidades]?", "¿qué ha sido, o qué ha motivado, estos sentimientos en Vd.?", "¿está Vd. dispuesto a conceder lo que pedimos?", "¿se pueden saber las condiciones que presentan?", "¿Vd. está conforme con esas condiciones?", "¿hacia dónde van?", "¿cómo va la huelga?", "¿y la agricultura?", "¿y cuál de todas es la que debe seguirse?", "¿pero él acepta tus ideas de igualdad?", "¿todos estarán preparados para eso?", "¿para qué tenemos los centros de instrucción?", "¿y cómo se arreglan los de ideas diferentes?", "¿los católicos, protestantes y demás sectas?", "¿qué sueldo tienen?", "¿y mañana?", "¿eres feliz?", entre otras. Estos interrogantes preparan a la audiencia para hacer conciencia sobre sus propias dudas y cuestionar constantemente, tal y como lo haría un buen científico, y a prepararse para actuar. Una suerte de entrenamiento para la praxis.

La micro-realidad recreada apuesta por la indagación, el reclamo, la duda y la incertidumbre; todavía más, provee una guía, un comienzo de resolución, una fuente de referencia, una nueva expresión dramática en la que se asume el compromiso social de Capetillo con la mujer y con la clase obrera. En la cuarta escena del segundo acto, casi como documento suplementario, se incluye también la redacción de unas peticiones declaradas por la Federación Libre de Arecibo en una huelga. Para la audiencia, ésto se presenta como parte del juego de herramientas para una posible organización y la presentación de demandas que incorporan temas como la ley del salario, la salubridad industrial y la repartición de terrenos. *Influencias de las ideas modernas* cristaliza teatralmente un plan para negociar concesiones. La lectura oral de *Influencias* se convierte en un teatro de tesis que ensaya un drama de tesis. De hecho, encontramos a Ramón (sirviente de la casa), casi al final, haciendo un ejercicio de práctica de pensamiento:

> RAMÓN (solo): –Será un escándalo, para esta sociedad llena de fórmulas hipócritas, esta niña dará un fuerte golpe a este sistema (con exaltación). Unos explican la anarquía como una doctrina de crímenes y violencias; sin embargo, en nombre de Cristo sus representantes quemaron millones de seres humanos; en nombre de la libertad, los liberadores del '93, en Francia, guillotinaron millares, la anarquía no ha cometido esos crímenes, que algún fanático haya suprimido de la escena a un Carnot, a un Cánovas, a un Humberto, a un Ravachol, Pailas, Caserio y Angiolillo, son pocos; los Torquemada, los Cánovas, y los Luis IX se multiplican con una facilidad asombrosa.
> MARIANA (entrando): –¿Con quién hablas, Ramón?
> RAMÓN: –Ensayando, Sra. Permítame que le entregue las llaves… (*Influencias* 38)

De sirviente, Ramón pasa a emisor activado por el pensamiento. No se sabe ni importa el motivo de su ensayo; lo que interesa aquí es que deviene en agente didáctico y confronta al espectador con la idea falsa que se tiene sobre el anarquismo. Se escenifica aquí un teatro que intenta hacer entender los conceptos de idea y de idealización. La pretensión pedagógica de Capetillo se cumple tanto con el contenido del drama como con la lectura oral del mismo. Hacer una lectura oral de *Influencias* ciertamente transforma las fábricas en espacios laborales espectaculares, despertando un potencial creativo y una nueva manera de concebirse en la comunidad proletaria. Capetillo comprueba con la meta-teatralidad dos hechos: que la revolución obrera es la vía para pertenecer a la gran Obra de la vida, y que hay que *obrar* para lograr la revolución.

El ensayo como pensamiento digresivo

La obra de Capetillo logra momentos de reflexión y de instantáneas; hay en ella intentos de fijación en la escritura que, además de servir como juego espectacular, generan una propuesta de mundo basado en digresiones e interrupciones necesarias. Su escritura está destinada a tomar desvíos, pues le interesa demasiado presentar material adicional, tener un exceso que desordene la linealidad de la historia, escapar al tiempo y posponer un cierre. La digresión, como estrategia, alcanza un estilo desarmónico de escritura que corre paralelo a su situación como ente moderno desplazado.

La disrupción y la reorganización se convierten en pequeños obstáculos que proliferan y expanden los temas hacia otros temas; un proceso muy parecido a la vida misma, ya que es también producto de desviaciones y eventualidades, de eventos sorpresivos, de encuentros y vivencias. Veamos una digresión típica de la autora en sus *Notas*:

> Si alguna [araña] me picase, seguramente que otro la mataría, yo no...
> Los relojes públicos estarían en otras épocas en los palacios de los reyes, luego en las iglesias, durante siglos fue ella la que lo exhibió y nos señaló la hora...
> La madre que ama a sus hijos no los azota, los dirige y les impone privaciones de paseos y diversiones...
> La cólera es la madre del crimen, aquella hija de la ignorancia...
> Hay ladrones de levita que los llaman caballeros, y ladrones con harapos que los llaman pordioseros.
> Calumniarse, envidiarse, desconfiar, injuriar, morder, y arañarse de uno u otro modo...
> La política, no hacer leyes que beneficien a los ricos, no es malgastar los fondos públicos para usos particulares...
> Si ve un matrimonio feliz, aunque esté enamorado de la mujer no provoca un rompimiento para aprovecharse de él y satisfacer un capricho o su amor...
> Progresamos y aún hay miles de padres que se creen con derecho de castigar a sus hijos y de imponerles sus gustos, caprichos, ordenarlos a obedecer sin consultar con sus deseos... (*Influencias* 52-53)

Podemos afirmar que la vida y la obra de Capetillo son digresivas, que están compuestas por una serie de contingencias, bifurcaciones y expansiones impulsadas por la acumulación de encuentros inesperados.

Calle Mayor en Ponce. Detail from real-photo postcard c. 1915, Morel Bros., Ponce. Colección de fotografías de Gleach/Santiago-Irizarry.

Su vida se fragmenta en los muchos desvíos y en las reflexiones en las que se halla perdida en su narrativa.

En su ensayismo hay pocas cláusulas subordinadas o jerarquías de pensamientos. Mediante la desviación, Capetillo le da igual importancia a cada una de sus anécdotas y sus personajes. Hay una conexión muy fuerte entre la digresión y lo que cuenta Capetillo. Su fuerza es de naturaleza centrífuga, porque no permite hacer el cierre a una historia o a un flujo de ideas.

Como patrón mental, la digresión cuestiona y deconstruye la identidad ya forjada y aquella que se está gestando. Ésto lo vemos cuando Capetillo se percata de que está narrando, o sea cuando cae en cuenta de su plena vivencia, de su pensamiento y de su escritura simultáneos:

> Escribía sobre la fuerza mental y su poderío, detallaba la influencia benéfica y su extensión, de los que sabían vivir la verdadera vida natural, exenta de malos deseos e inútiles pequeñeces; me detuve en la quinta cuartilla; escribía, mi mente reflexionaba y comparaba recordando detalles de las manifestaciones individuales y colectivas; detuve mi narración y me dije no es justa esta opinión si esto sucede, es necesario. No se vive una existencia sin recoger algo bueno. (*Influencias* 51)

Se muestran la mente, tal y como discurre, y la vida, tal y como acontece. He aquí, en su reflexión, aperturas que producen meras pulsiones que establecen relaciones entre múltiples significantes. Mientras más consciente se encuentra Capetillo de su escritura, más acude a la digresión, a resistir el ordenamiento secuencial y lógico de sus planteamientos. La digresión se concibe, entonces, como modalidad de la mente capetillana, que reproduce sus múltiples direcciones e impulsos. Capetillo piensa y sobrepiensa, lo que la lleva a intentar múltiples miradas sin permitir la clausura de ninguna de ellas. Capetillo quiere estar en todas partes, acumular y escribir lo que nunca se ha escrito, lo que la hace revolucionaria. Y para poder estar en todas partes debe desplazarse y situarse en diferentes puntos. El ensayo anarquista debe ser vehicular para lograr el pensamiento filosófico y para conjuntar la dimensión material con la simbólica, para armar el juego de posiciones en el que se existe y se reconoce uno como parte de un espacio natural y compartido.

Pero parte de este juego son la inconclusividad, la multiplicidad y la no posicionalidad. Al parecer de Thomas De Quincey, autor digresivo por excelencia, la digresión permite entrelazar temas sueltos, establecer relaciones horizontales que permiten cambiar de posición. Invita a entender conceptos sin mucha formalidad. Capetillo rechaza los dogmas y los mitos de origen, ya que no ve originalidad alguna en ellos, y su dialéctica supone la desviación, la interrupción, un movimiento de ruptura-continuidad, la confrontación, la disensión y la afirmación-negación.

Capetillo no tiene miedo de pensar o, como diría Adorno, miedo de pensar más de lo que está pensando. El pensar siempre se halla en construcción. La acción de pensar logra cierto efectismo sin que ella caiga en el esteticismo. Acercarse a la expresión artística, sin llegar a ser completamente una manifestación de ella, hace de su ensayo un instrumento analítico, una orientación que une la creatividad con el trabajo y con la actividad humana. La estética anarquista de Capetillo considera el arte como expresión necesaria para mejorar la condición humana. En esta estética, el pensamiento se recorre en el instante mismo de su formación, manteniendo al lector muy atento al momento del decir artístico de la autora.

En el ensayo de Capetillo hay contingencia, polémica y desarticulación del espacio, de un espacio creado y dominado por el capitalismo. Sus extensas travesías por diferentes pueblos de la isla, y sus viajes a Nueva York, Florida, Cuba, República Dominicana y México, le permiten llevar a cabo su activismo obrero y desarmar estos espacios. El tren, como vehículo para el desplazamiento capitalista, ya había sido señalado por Julio Ramos –en su introducción a la obra de Capetillo– como conector de relaciones en su ensayística: "Así como el dinero opera en el relato (y en el capitalismo) como un *shifter*, un proveedor de engranajes que articula, imperiosamente, las relaciones actanciales, el transporte –el tren– es la figura que establece lazos y conexiones entre los diferentes espacios [...]" (*Amor y anarquía* 45). Capetillo desciende del tren en varios pueblos de la isla y emprende sus propios recorridos a pie, al igual que sus montajes de pensamientos fuera de escena. El mundo medido y limitado por la trayectoria del tren se desestabiliza con las paradas y las

View of Santurce, PR. Lithographic postcard, Gonzalez Padin Hnos., San Juan, c. 1915. Colección de fotografías de Gleach/Santiago-Irizarry.

caminatas de la autora, lo que forma parte de su proceso emancipador del sistema del cual quiere deslindarse y deslindarnos. Las paradas que hace para visitar camaradas, para llevar auxilios y mensajes a mujeres y familias, son posiciones nuevas que asume y espacios contestatarios que abren la posibilidad de ejercer la solidaridad. En cada espacio y en cada posición que toma, Capetillo establece una relación entre problemas en la cual el problema de uno se hace problema de todos. Este espacio recíproco de solidaridad lo convierte en una zona natural y común de lucha y de potencial liberación.

El traslado en sí mismo no tiene significancia hasta que se logran una unión y una conciencia de ayuda mutua. Solidarizarse implica medir la distancia entre su hogar y el lugar visitado con base en lo que tienen en común ambos lugares. El desplazamiento no sería auténtico para Capetillo si fuera para auto-destacarse, pues en ese caso se convertiría en un acto competitivo que negaría la solidaridad, y equivaldría a una expresión de egoísmo y elitismo. En ese caso, el desplazamiento no crearía unión sino separación. Capetillo es comprendida cuando quien entabla una relación con ella se siente parte de su entorno. Ella busca el encuentro, pues le da significancia a su viaje y a su colección de pensamientos. Cuando ocurre el desencuentro, ella persiste en buscar el encuentro en otros.

En el movimiento, en el vagar del tren como en los pasos naturales de Capetillo, su ensayismo adquiere valor, pues le permite estar en todas partes, propiciar la transformación de su sociedad, que tanto anhela, y, más que nada, sentirse viva. El merodeo curioso se convierte en el proceso para dar forma a su diseño espacial. Es decir, esta forma sólo existe en los caminos que ella se va trazando. A partir de las personas que observa, y de sus propias vivencias, Capetillo dirige sus preguntas a la vida misma. El recorrido anecdótico le permite construir, además, los eslabones de sus juicios. Para ella no hay un eslabón primero ni un eslabón último, no hay principio ni fin, sino preguntas que dan lugar a nuevas preguntas. Su narración no se basa en fines ni en clausuras. La libertad se conjuga en el presente discontinuo, que no dura porque no forma parte de ninguna duración. Capetillo apuesta por vías alternas para superar las lógicas tradicionales de igualdad y fraternidad, sobre-identitarias y totalizantes, que se han ido incubando en su época. En el tren descubre los parámetros de un mundo en el que uno se mueve y en el que se ve forzado a inscribirse. Capetillo parte de esos límites (expuestos por los avances de la ciencia) para acercarse más a la naturaleza de las cosas.

Descender del tren para dar lugar a otras expresiones de su narrativa no provoca un déficit de articulación. Por el contrario, Capetillo no empieza desde cero sino que, en su lógica de discontinuidad, articula ideas que la llevan a transformar el humanismo y a reconocer la vulnerabilidad de los dominados. Hay un gran registro humanista que intenta formar una comunidad integradora y atada a la naturaleza:

> Salí de Arecibo a las diez de la mañana para Isabela: partió el tren y en el trayecto, por entre las campiñas próximas a ese pueblo, entre las plantaciones, en la tierra preparada para recibir las semillas, ví una niña que con una mano recogía su pobre falda, en la que estaba la semilla, y con la otra la regaba entre los surcos abiertos en la tierra. ¡Bella y poética figura! (*Amor y anarquía* 42)

Capetillo muestra la situación como ilustración de un problema común que materializa nuestra condición humana. Su propuesta aquí es plantear el problema de la desigualdad en la comunidad puertorriqueña en la lógica de los cuerpos interdependientes y vulnerables, lo que difiere de ensayismos del tipo de Rodó, en los que se trata no del cuerpo sino de la estatua marmolizada. La vulnerabilidad del cuerpo de la niña forma parte de la vulnerabilidad del cuerpo común, convirtiéndose en una condición fundamental para la humanización. A través de este ensayismo la humanización toma lugar en diversas formas: Capetillo establece nuevas formas de reconocer la vulnerabilidad de las personas observadas. Habla de una humanidad atada a la Tierra y relacional, tanto individual como colectivamente. La niña es lo no-contado, lo impensable, el exceso potenciado que disuelve el límite entre el yo y el nosotros. Lo que libera al ser humano es vivir la experiencia estética (mediante una nueva sensibilidad) y disonante (en condiciones de igualdad) que ofrece el Puerto Rico de Capetillo.

Pero desde su posición en el tren vemos sus contradicciones. Luisa cree fielmente en la ciencia y en sus descubrimientos, algo que atenta contra la idea de fuga en la medida que reglamenta el espacio. Hay que reconocer, también, que el tren es su aliado, pues le permite tener una mirada panorámica de la situación. Para ella, la distancia es tan importante como la cercanía. De hecho, entiende la importancia de las tecnologías para el bienestar de la sociedad: "El hombre más revolucionario y amante de la libertad fue el que inventó la fuerza motriz, para trasladarse él y los objetos a largas distancias, proclamando la libertad de los animales, el derecho a vivir sin esclavizarlos" (*Influencias* 61). El tren puede generar un movimiento libertador que le da la posibilidad de realizar sus labores como activista obrera al ritmo de la máquina.

Las nuevas coordenadas trazadas le permiten reposicionar la luz en las sombras, hacer aperturas continuas y prolongar la ventana de atención del lector. Y así como sus viajes en tren, que la llevan a diferentes pueblos de Puerto Rico, le producen una acumulación de pensamientos, sus viajes a la Florida y a Cuba siguen generando un flujo y una acumulación mayor que le resultan ser, en ocasiones, incontenibles. Le afecta la distancia de su isla, de sus hijos y de su pareja amorosa, como vemos en una carta fragmentada en sus *Notas,* dedicada a un amigo con quien parece haber tenido una vivencia especial:

> ¡Qué esfuerzo enorme tengo que hacer para no llorar!... Cada vez que asoman lagrimas a mis ojos, impongo a mi voluntad, como un supremo mandato a mis sentimientos, a detenerlas, ¡no debes recordar! ¡corazón no debes latir!, ¡pensamiento detén tu actividad!, ¡sentimiento huye, ahógate en el vacío! Alma mía, vuela a otras regiones, no te preocupes de las miserias de este suelo. ¡Vuela! ¡vuela! y volando ¿dónde irías? Allá, donde están los frutos de mi amor perdido! (*Obra completa* 222)

Hay momentos de flaqueo y vulnerabilidad en Capetillo, quien se ve dominada por la nostalgia que produce la distancia, y además perturbada por la relación. Las lágrimas representan ese abrir de compuertas para que el flujo excesivo pueda encontrar escape. Incluso su anarquismo se ve cuestionado al pedirle a su alma que se despreocupe del dolor ajeno para atender su propia pena. El extrañamiento la abruma, pero toma ventaja del mismo para continuar su afanosa búsqueda de una armonía sinestésica entre tanto pensamiento:

> Bulle y rebulle pensamiento, busca salida, ahora mis lágrimas que pugnan por brotar. Vuela más lejos aún, atraviesa el aire, la pesada atmósfera, elévate aún más, registra los espacios siderales, busca un mundo ideal, imagínatelo formado de miles de pensamientos, que esos pensamientos tengan colores, sonidos, luz, millones de luces, mezclados de colores diferentes y diversos sonidos, ¡qué armonía deliciosa escucharía! (222)

Se palpa claramente la desesperación por encontrar líneas de fuga, por no hacer clausura, y por canalizar lo que no puede contener. Capetillo se responsabiliza por este desvío emocional e intelectual frente al amigo a quien dedica la carta:

> Un día era tal mi abstracción pensando en un monólogo que había escrito y deseaba recitar, para contribuir al beneficio de un amigo, que tomé la pluma, para abrocharme las polacas, (así las llaman en Cuba) y cuando me fijé, me reí al sorprenderme hasta donde podía llevarme la abstracción, que podía llamarse distracción. (223)

Ya sea una consideración aislada o una distracción, la digresión la lleva a emociones y a instintos naturales que van desde aceptar su amistad a batallar por mantener bajo control sus deseos sexuales, hasta releer la carta y a auto-cuestionarse. Capetillo se mantiene alerta ante la peligrosidad de tal desvío:

> Que a pesar de mi vigilancia, por una de esas ingenuidades, me sorprendan y conozca mi desvío después de sorprendida, es natural y demuestra mi buena fé y que si me abstengo, no es por egoísmo ni causar dolor, sí por creerlo innecesario, pero cuando se ha hecho muy necesario a otros y me he visto colocada en un callejón sin salida, he rendido mis armas sin rencor ni soberbia. Pero me evito provocar esas guerras, por no dejar moribundos en los campos de batalla mis propósitos y mis energías mentales. (221)

Es por ese peligro que Capetillo se reitera, tomando ventaja para seguir formulando pensamientos y deteniéndose en puntos importantes. Esta es la humanidad de Capetillo.

LAS LEYES NATURALES Y LA LUCHA FEMENINA

El sexo, el honor, el matrimonio y el divorcio en las primeras décadas del siglo XX

A medida que los Estados Unidos se instala política y socialmente en Puerto Rico, se redefinen los términos *matrimonio, honor, respetabilidad, divorcio* y *sexualidad*, entre muchos otros. La transformación en el significado de los conceptos la llevan a cabo todos los actores de la sociedad (las corporaciones estadounidenses, la administración de la colonia, la milicia, los letrados y el pueblo), siempre para beneficio del individuo que va a crear su discurso (o a crearse en un discurso). Estados Unidos entra a Puerto Rico en medio de reformas (*Progressive Era*), y como parte del proyecto de *Americanization* trata de implantar en la isla una reforma moral, instalar ideales socio-culturales anglosajones, aprobar el matrimonio civil y legalizar el divorcio. Pero ya que las estrategias para redefinir la moralidad y la sexualidad en la isla están en el centro de las relaciones de poder, terminan siendo mecanismos para facilitar el dominio colonial. Con las reformas de la legislación sobre el matrimonio, y con la legalización del divorcio, el gobierno estadounidense intenta establecer en Puerto Rico una "modernización" moral comparable (no igual) a los estándares morales de su nación. Mientras que el estado hegemónico tiene como meta reprimir la sexualidad, lo que se produce son cambios en la construcción del concepto de ésta, y nuevas estrategias para que cada quien reclame derechos y tome partido. Una de las maneras en que los Estados Unidos intentó "reparar" la moral en la isla fue "modernizando" la familia puertorriqueña a partir, claro, de sus relaciones (hetero)sexuales.

Se promueve en Puerto Rico el proyecto del estado hegemónico para "modernizar" el matrimonio, facilitar el acceso a dicha institución y evitar la unión libre. Con la apropiación de territorios para poner en funcionamiento la máquina capitalista norteamericana, y con las nuevas reformas morales, tienen lugar desplazamientos y reconfiguración de espacios en Puerto Rico. En el plano de género, con la creación de la clase burguesa y el ingreso de la mujer al espacio laboral la mujer es reconcebida, pero en gran parte mediante una redefinición aún codificada y jerarquizada por lo masculino.

No podemos deslindarnos de los aspectos racial y de clase que atraviesan el plano de género cuando se trata de mantener el dominio colonial. Para el gobierno norteamericano, la mezcla racial del puertorriqueño equivalía a una transgresión sexual, al resultado de prácticas que no se equiparaban moralmente con las norteamericanas. Eileen J. Suárez Findlay explica la relación simbiótica entre raza y sexo en la mujer puertorriqueña en el período del cambio de soberanía: "Because sexual and racial meanings were often inseparable, racialized sexual norms and practices were central to the construction of social and political orders in a number of ways in Puerto Rico" (*Imposing Decency* 8). La mezcla de razas era algo ininteligible y primitivo para el sistema racial norteamericano (racialmente bipolar), y en oposición a ella el gobierno colonial justifica su reforma moral y criminaliza la sexualidad. Suárez Findlay recalca que cada actor de la sociedad puertorriqueña en aquel entonces, independientemente de la clase, la raza y el género, muestra su capacidad de crear su discurso a través de sus relaciones sexuales (*Imposing Decency* 6). La investigadora explora las posibilidades y los límites de la política del sexo en la creación de una agenda emancipadora. Suárez Findlay señala aquellos espacios y momentos (por fugaces que sean) en los que la sexualidad, la "impureza" racial y la "decencia" juegan un papel central en la relación compleja entre Puerto Rico y los Estados Unidos.

Los discursos en torno a la sexualidad se van creando en diversos espacios en Puerto Rico: en los movimientos sociales y políticos, en los periódicos, en los debates públicos, en las fiestas y en las prácticas cotidianas del individuo. En el caso de la mujer, la soberanía norteamericana podría crear con la reforma marital un espacio (dentro de los mismos límites físicos) en el que tenga más derechos como individuo. Irónicamente, fue la ley de divorcio y no la de matrimonio lo que más le permitió ganar popularidad al gobierno estadounidense entre los sectores populares. Con el divorcio se debaten temas identitarios del puertorriqueño, pues se definen los conceptos de matrimonio, relación conyugal, respetabilidad, responsabilidad, patria potestad, moral y honor. El honor, para Capetillo, es indicador de la condición de esclavitud a la que es sometida la mujer, según refleja su afirmación de que "Es necesario que la mujer se liberte de su ignorancia y estudie la naturaleza humana y la física, para que pueda orientarse en el caos en que la ha dejado el hombre, y del cual no quiere ayudar a sacarla" (*Obra completa*, "La mujer en la época primitiva" 165). Capetillo ni siquiera ve la necesidad de permanecer virgen para mantener el honor, pues implicaría ésto una degeneración del cuerpo y de la raza, "una tiranía para su evolución intelectual del ser femenino" (*A Nation of Women*, "Magdalena Vernet, explica" 174). La virginidad y el matrimonio representan la valorización del cuerpo como propiedad privada que puede negociarse, idea que va en contra del pensamiento anarquista feminista de Capetillo.

Con el cambio de soberanía, el concepto de matrimonio se va transformando, al igual que las maneras en que cada quien se apropia de dicho concepto para crear su propio discurso sobre el honor. Suárez Findlay propone una buena analogía entre las dos soberanías y el concepto de matrimonio, señalando que "The result would be more democratic, less 'despotic' marriages" (121). Parte del proyecto de *Americanization* buscaba disminuir la alta incidencia de uniones conyugales, la presencia de la mujer como proveedora principal en la familia, y la promiscuidad. Para el gobierno norteamericano, una reforma marital traería consigo "[...] a more modern familial policy was necessary if the 'backward'

Puerto Rican social system was to be replaced with 'rational' North American one" (120). Luisa Capetillo lucha contra esta inadecuada interpretación de la unión libre como promiscua, insistiendo en que es en sí el matrimonio lo que realmente prostituye a la mujer.

La sumisión al marido, el deber conyugal, en fin, todo lo que se reprocha fuera del deseo y del amor, lo considera la ensayista como prostitución. El matrimonio no es una ley natural; por ende, no corresponde con la naturaleza de los seres humanos. De hecho, Capetillo entiende que el matrimonio entorpece la noción de la libertad de amar y el orden de la Naturaleza: "La unión de la carne no puede ser regida por una regla única idéntica para todos los individuos: no puede estar sometida a ninguna ley determinada, inmutable; por consiguiente, no se han de crear deberes ni construir derechos si se quiere conservar la libertad completa del amor" (*Obra completa* 126). No debe, entonces, haber obligaciones, códigos, deberes, declamaciones morales ni derechos que rijan sobre algo que Capetillo considera tan natural como el amor entre un hombre y una mujer.

Por otro lado, el amor libre representa para Capetillo la base de su filosofía anarquista, ya que en él no interviene ninguna autoridad política, social o religiosa para que dos seres se desenvuelvan sino que solamente las personas en dicha relación determinan sus propios acuerdos y compromisos, apropiados para mantener o terminar una relación. El amor libre es definido por Capetillo como amar la libertad de pensamiento y el sentimiento del otro, supone considerarse cada uno igual y tomar las decisiones de la relación de mutuo acuerdo. No hay obligaciones pero sí un compromiso, hay sexualidad pero no libertinaje, ya que el individuo sí toma responsabilidad de sus actos. Capetillo define la humanidad como racional y el amor libre como natural; por tanto, para ella no es necesaria la existencia de instituciones que tomen control sobre las relaciones naturales entre personas con facultad mental.

La relación más natural para Capetillo es, entonces, la que expresa el amor libre. Considerando que el instinto natural del ser humano, en su supervivencia como especie, se basa en satisfacer sus necesidades sexuales, afectivas y reproductivas, el individuo siente impulsos involuntarios que manifiesta para conservarse. El amor, para Capetillo, es una expresión consciente en los humanos de ese instinto de supervivencia, una ofrenda de la Naturaleza. Sentir esos impulsos del amor le parece natural, crear reglamentos para regularlos atenta contra su integridad y fluidez, o sea, sería antinatural. El amor libre es la esencia de la Libertad y tiene una responsabilidad con la naturaleza de mantenerla libre. Es decir, si el amor es un impulso natural y la naturaleza es libre, entonces el amor debe ser libre.

Capetillo, sin embargo, debe vivir en una sociedad en la que el amor ha sido politizado y regularizado para el beneficio de la burguesía. La ensayista propone, entonces, transformar la sociedad en su esencia a través del amor libre, mediante la unión entre dos seres que luego formarán una familia y una nueva generación de puertorriqueños revolucionada socialmente. Para lograr dicha revolución habría entonces que partir de una ruptura, de una pérdida de respeto por las tradiciones y la moral convencional, de un desarme de relaciones mecánicamente impuestas. La ruptura debe darse en un contexto ambiental de completo despojo en en el que no exista tal cosa como la propiedad privada. Es decir, el amor comienza con el respeto hacia la Naturaleza y una relación armónica con ella.

En el caso de la mujer de clases media y alta, la *Americanization*, a través de las dinámicas de matrimonio-divorcio significaría en primera instancia la llegada de nuevos derechos a la hora de pedir el divorcio y reclamar propiedades y manutención. Diferente sería el caso de la mujer marginada, quien demostraba que la institución del matrimonio no garantizaba ni la estabilidad de la familia ni su realización como ser humano, por su propia condición de mujer, negra y pobre. Para el hombre bien acomodado, la reforma marital aparenta traer desventajas, pero lo que realmente ella logra es recodificarlo como representante del sexo "fuerte", legitimar su superioridad. Para Capetillo, el matrimonio esclaviza tanto a la mujer burguesa como a la marginalizada. El anarquismo feminista rompe los estigmas pre-establecidos que han convertido a la mujer en propiedad privada, exclusiva y absoluta del hombre. Este rompimiento intenta desestabilizar el concepto de matrimonio, denominado por ella "la prostitución dorada, la de arriba" (*Obra completa* 113).

En Puerto Rico se democratiza no el matrimonio sino la disolución del mismo, la separación de espacios y la distribución de bienes. La idea de poder divorciarse hizo que el matrimonio fuera más atractivo. El puertorriqueño no se apegó a la idea de homogenizarse a través de la institución del matrimonio, creando así sus propias reglas del juego. Capetillo lo concibe no como incentivo para el matrimonio sino como la salida frente a uno fallido: "Procurad haceros lo más agradable posible. Se puede hacer estos sacrificios cuando el marido es casero, cuando no se pueda sufrir: el divorcio" (*Obra completa*, "La mujer en el hogar y en la familia" 90). Para Capetillo no habría siquiera necesidad de recurrir al divorcio si, en primer lugar, no se casa la mujer, de suerte que el amor libre será la mejor y la más saludable opción.

Mientras durante el dominio español la mujer abusada por su marido era enviada a un depósito (en el caso de la mujer pobre a una casa de locos), durante la colonia norteamericana podía mantenerse en su espacio hogareño. Según Suárez Findlay, "The *depósito* became the battleground where estranged wives, husbands, placement heads of households, and church officials struggled over whose interests the institution would serve" (115). Pero lo que se ve por parte de las masas populares como un acto benevolente de los Estados Unidos, fue realmente una institución aún codificada por el dominio del hombre sobre la mujer. La facilidad de acceso al matrimonio no logra que la sociedad puertorriqueña crea en dicha institución. El acceso al divorcio llegaría a crear espacios para que todos los actores reclamaran nuevos derechos.

Capetillo entiende, y lamenta, la estigmatización que puede traer consigo un divorcio: "Ahora si opta por el divorcio, no se liberta de la crítica que la injuria, calumnia y trata de anularla, como honrada y buena mujer, y la convierte en una prostituta, si se divorcia o se va con otro que le guste más" (*Obra completa*, "El matrimonio esclavo y el matrimonio libre" 110). A su vez, descarta el divorcio como camino a la perdición moral de la mujer y lo redefine como espacio potencial para desenvolverse y realizarse como persona, sin ser tachada como objeto usado e inservible por la sociedad.

La filosofía anarquista fomenta y alimenta el feminismo de Capetillo. Y así como la ensayista plantea la creación de un mundo sin gobernantes, jueces ni clero, también reformula las relaciones conyugales sin autoridades que dicten el comportamiento de los cónyuges. Así como la sociedad y el Estado han tomado la sexualidad y la han construido discursivamente, otorgándole un papel esencial en la conformación del orden social, el anarquismo hace su propia construcción. Todas las formas prohibitivas, coercitivas e institucionalizadas de la sexualidad y de las relaciones conyugales las cuestiona Capetillo. Su propuesta intenta "aclarar" ciertas nociones de la sexualidad que han sido consideradas como peligrosas y desestabilizadoras del orden social puertorriqueño, desenmascarando las que en su criterio son las realmente peligrosas. Citando a la escritora y filósofa anarquista Magdalena Vernet, Capetillo establece unas distinciones básicas en las relaciones entre el hombre y la mujer:

> El matrimonio, el amor y el deseo, son tres cosas distintas.
> El matrimonio es la cadena que tiene al hombre y a la mujer prisioneros el uno del otro.
> El amor es la unión integral de los dos.
> El deseo es el capricho de dos sensualidades.
> Yo dejo el matrimonio, del cual soy adversaria, para venir a la cuestión del amor libre. (*Obra completa* 125)

Para que su audiencia lectora femenina capte esta propuesta y se identifique con ella, anarquista del amor libre, Capetillo invita al auto-estudio y a la comprensión frente a otros seres cuando se trata de relacionarse y complementarse. A través de este estudio la ensayista pretende crear un proceso que ayude a entender por qué la mujer de la época se halla donde está, y cómo puede ella transformarse en un ser libre.

En "Introducción al estudio de la mujer" (*Mi opinión*), Capetillo, quien se dirige principalmente a la mujer ya casada, entrará en el tema del amor libre no sin antes analizar la vida matrimonial y el papel de la mujer en su contexto social y familiar, reglamentado y limitado. Como punto de partida, señala la presencia española en América Latina como período histórico clave que marca el comienzo de la paralización mental y física de la mujer. A pesar de su ascendencia española, no apoya la "España de los curas, de los toros y de los privilegios" (*Obra completa*

88), una España que introduce el matrimonio y la profesión de fe en un convento como las únicas opciones de amparo para la mujer. Claro que esta propuesta tiene sus contradicciones. Veamos la tensión entre tradición y ruptura en su escritura:

> La verdadera madre de familia debe saber hacerlo todo, tanto en la parte intelectual como manual. Es de imprescindible necesidad que sepa no solamente confeccionar un traje, y disponer la combinación de colores y de encajes si es necesario... Pero si no tenéis alguna práctica para desenvolver vuestra habilidad con facilidad, bambolea la paz del hogar, una mujer limpia, exacta, cariñosa, indulgente y persuasiva, hará las delicias del marido. (90)

Pero, entonces, retoma el discurso feminista: "No le demostréis que tienes más razón que él, esperad que él os la de, de acuerdo con el sistema actual, que no reconoce que la mujer pueda tener razón" (90). Tiene que haber este tipo de ironía en su escritura, pues la realidad es irónica: por una parte, se le da la responsabilidad a la mujer de formar a sus hijos y, sin embargo, no les dan herramientas para la instrucción. Capetillo se comprende en medio de esta ironía, alentando a la mujer subyugada a por lo menos trabajar con el sistema, de manera que pueda en su marco restringido lograr persuasiones y concesiones que le den más felicidad y perduración en su relación conyugal.

De trabajar con el sistema Capetillo pasa a cuestionar la institución del matrimonio y su construcción falsa de la felicidad. Veamos cómo intenta desparalizar la mente femenina con esta serie de preguntas:

> ¿Podrá existir verdadera felicidad en el matrimonio, siendo el hombre el único que puede resolver, y disponer de su albedrío, y satisfacer sus deseos, sin observar si le gusta o no a su mujer?...¡Pobre felicidad doméstica! expuesta a la triste soledad, de días y noches sucesivas, huérfana de amor, de atenciones delicadas, de alegrías, mientras el compañero expresado juega, baila...o se enamora...Y así en esas condiciones puede la mujer conservar su felicidad amorosa?...¿Quién es culpable? ¿Esto es moralidad? ¿Acaso ha comprado a su mujer como una esclava, y en forma que ella no pueda disponer de sí misma? (*A Nation of Women* 138)

Capetillo expone el matrimonio y la familia como instituciones patriarcales que se basan en el poder masculino y en la "doble moral" sexual, y que juzgan de forma desigual el comportamiento del hombre y el de la mujer. Como parte del proceso de ruptura de las convenciones bajo las cuales vive la mujer, Capetillo va desarmando la moralidad del matrimonio y, a la vez, sentando nuevas bases para una relación más digna y libre. En una sociedad en la que la unión libre se considera prostitución, y se condena con humillación y hasta con cárcel (Suárez Findlay 78-100), Capetillo invierte los términos estableciendo que el matrimonio civil –y no la unión libre– es en realidad prostituyente y, encima, esclavizante tanto para el hombre como para la mujer: "No solamente el matrimonio legal es una prostitución, sino que generalmente es una especulación de uno de los dos esposos sobre el otro, y siempre es una prostitución, toda vez que la virgen ignora lo que hace contrayendo matrimonio" (*Obra completa* 125).

Capetillo ve claramente el paternalismo sobre la sociedad a través del matrimonio. De hecho, cree que el matrimonio es el dominio del gobierno dentro del espacio doméstico:

> He aquí la esclavitud empezada en el hogar. Se esclaviza a la mujer, para que ella esclavice a los hijos. El matrimonio es el más fuerte sostén del gobierno; si no acostumbraran a obedecer en el hogar, no reconocerían a nadie con derecho de mando y por tanto de superioridad. La mujer esclavizada en el hogar, sostiene el gobierno y la religión, inculcándolo a sus hijos. (114)

Capetillo entiende que el cambio social debe darse de forma paralela en el aspecto personal y en el político. Su discurso contrahegemónico es parte de su proyecto alterno de país. La ruptura del yugo del Estado sobre la sociedad comienza, entonces, en el hogar, aboliendo la ley del matrimonio. La postura de Capetillo es desafiante porque despoja tanto al gobierno como al hombre de toda autoridad sobre una persona u objeto. Ante este paternalismo vicioso en el "hogar domesticado", la pensadora propone un compañerismo y una maternidad modernos que cuestionen la base de la relación matrimonial y, a la vez, instruyan y formen una nueva humanidad libre: "Si no se instruye a la mujer, ¿podrá educar, aconsejar y dirigir convenientemente a sus hijos? No; y este es un asunto importante que debe interesar a la mujer" (*Obra completa* 95). La ruptura no puede ser absoluta, pues inevitablemente el anarquismo de

Capetillo impondrá, irónicamente, un nuevo discurso regulador de la sexualidad. Su propuesta es innovadora, pues hay transformación social, se establecen nuevas formas de relacionarse, y quedan excluidas toda autoridad y coacción, pero entran nuevas prácticas que según Capetillo son más apropiadas, específicamente la de no tener coito por placer sino con fines reproductivos.

La ensayista entiende que el proceso de liberación de la mujer es largo y conviene empezar, primero, con la auto-comprensión de la mujer como ente merecedor de libertad y felicidad, y luego con la crianza de entes que entiendan la libertad absoluta con naturalidad:

> La mujer libre. ¡Ahí está el problema! ¡Libertadla, decidle que tiene tanto derecho como el hombre; empezad por la niña, dejadla que corra, brinque sin temores ni pudores ridículos con el compañero de escuela; que no le tema, que no le huya, que sepa defenderse frente a frente; que si la empuja, ella lo empuje más fuerte, que no huya cuando ocurra cualquier accidente; que sea valiente; que cuando el hombre la acose, la persiga, como es natural, que recura a otros medios para defenderse, no huyendo, sin perder su salud […]. (102)

Esta es la semilla de la nueva generación de mujeres que desea Capetillo para la sociedad. Su deseo la lleva un paso más allá en su ensayo "A mi hija Manuela Ledesma Capetillo", en el que muestra un vivo ejemplo de lo que, como madre moderna que es, desea ella que su hija pueda internalizar. Como manifiesto, este ensayo representa el legado de su pensamiento y la expresión de su solidaridad anarquista, en el que le inculca la ruptura con todo dogma religioso, el desprendimiento de lo material y un mejor entendimiento de la crudeza del siglo que le tocará vivir si Manuela ayuda a seguir fomentando su propia explotación y atrofiamiento: "Lo único que deseo y espero de ti, es que seas una buena humana no una cristiana de rutina, no" (*Obra completa* 139). Capetillo aconseja a Manuela: "Hija mía, escoge, analiza, reflexiona […]" (*Amor y anarquía* 100).

El espacio privado y doméstico sigue siendo íntimo, pero no privatizado ni domesticado, libre pero sin libertinaje. Ya en el ámbito público y laboral, Capetillo enfrenta las mismas adversidades con el fin de conseguir igualdades entre ambos sexos. Es así como la doctrina de la *Americanization*, con su proyecto de reforma sexual, encuentra su contramarcha en Capetillo. Como parte esencial de su proyecto alterno de revolución social, ella incorpora como requisito la libertad de la mujer, la igualdad de sexos y la promoción de una nueva moral sexual que no requiera de la una intervención autoritaria burguesa. Capetillo busca, a través de su discurso sobre el matrimonio y el amor libre, establecer una comparación para ver cuál de las dos alternativas ha sido la que más reprime, coacciona y pervierte. Concibiéndolo como un acto biológico natural, el amor libre para la escritora desmonta todas las construcciones artificiales de relacionarse, y conduce tanto a la armonía como a la libertad y la felicidad plenas. Pero, claro, en el contexto del Puerto Rico de Capetillo, donde la sociedad niega la igualdad económica, sexual y política, el amor libre no es tomado de la manera que ella hubiese deseado. La sociedad de Capetillo no está preparada para aceptar el amor libre como la forma natural de relacionarse y compenetrarse.

Conclusiones

El espacio anarquista capetillano es una geografía desinstitucionalizada que va rompiendo con las perspectivas epistemológicas que han mantenido sucesivas relaciones hegemónicas e infligido violencia en el sujeto puertorriqueño por siglos. Capetillo lo define como escenario de la sociedad en el que precisamente la actuación de los individuos los va haciendo humanos. Su geografía parte de un *utopos* anarquista que intenta transformar la realidad a través del ideal y de la práctica. El anarquismo naturista y feminista de Capetillo arremete contra la idea misma de autoridad. Se recrea un espacio natural e instintivo en el cual los elementos y las fuerzas naturales están imbricados entre sí, y las únicas leyes que rigen deben ser las de la Naturaleza. Capetillo produce la cartografía de un espacio alternativo tanto para quien se hunde en la miseria como para quien goza del lujo. Es un espacio organizado, no en el sentido social de estructurar relaciones, pues esto sería anti-natural, sino en el sentido de la toma de conciencia colectiva obrera para la recuperación de derechos naturales. Es un espacio pedagógico e higiénico (en el que la higiene equivale a un restablecimiento del orden natural) que crea las condiciones para transformarse y revolucionar. En el espacio anarquista no hay expropiación ni privatización sino liberación de cuerpos. Es un proyecto comunal de amor libre sin instituciones que controlen la espontaneidad de la Naturaleza o le otorguen privilegios a unos cuerpos más que a otros. La escritura de este espacio ejerce movimientos con fuerte horizontalidad y digresión, haciéndose liberada y a la vez libertadora, provocando la acción y la realización, tanto en el plano individual como en el colectivo. Ella crea, a través de este espacio fraternal, igualitario, armónico y amoroso, su propia metáfora de la libertad. Capetillo es la única, entre los autores representativos aquí examinados, que en el cambio de siglo y de soberanía plantea un discurso que trasciende la figura del intelectual como representante de la identidad nacional. Es decir, ella trasciende el discurso de la representación y la identidad.

Epílogo

Con figuras como las presentadas en los textos estudiados, vemos no tanto una docilidad en el puertorriqueño sino una resistencia al doble reajuste colonial; primero, el reajuste de la colonia convencional española a la convencional norteamericana y, luego, a un nuevo tipo de colonia que comenzaría a reemplazar al campesino por el proletario. A la hora de internalizar la condición de Puerto Rico como "posesión, pero no parte" de los Estados Unidos, tal como lo plantean los Casos Insulares, el intelectual puertorriqueño de comienzos del siglo XX –ante dichos reajustes– expresa sus tensiones y sus mecanismos de sobrevivencia ante la relación colonial y su política cultural. Surgen durante este tiempo esferas literarias que ponen en evidencia las prácticas de subordinación y de diferenciación cultural. La figura del *tiznao* en las obras de Juliá Marín, por ejemplo, representaría una de esas válvulas de escape frente a todas las contradicciones que emanan del coloniaje capitalista.

Los desarrollos que se gestan en las tramas proveen el marco para una espacialidad capitalista que se caracteriza precisamente por el dominio del espacio. Cada uno de nuestros autores, en diferentes medidas, articula una posición discursiva como mediador en la relación colonial y de los reajustes de ésta, que asumen diversas expresiones espaciales. Sus escritos muestran una incongruencia entre el pueblo puertorriqueño y un estado que realmente no le ha interpelado. Cada quien ha articulado su rol como mediador, ya sea como custodio de la identidad cultural (del pasado), según se vio en Meléndez Muñoz; como voz agencial de la opinión pública, en el caso de Juliá Marín; como portavoz de las clases populares, bien logrado en la escritura Levis; o como desarticulador de todo tipo de clasificación hegemónica, en la propuesta de Capetillo.

Bajo la amenaza de una represión cultural (que se extiende al nivel lingüístico), a Miguel Meléndez Muñoz se le hace necesario producir un discurso de identidad homogéneo que pueda resistir la fuerza imperial.

Su mediación crea, como consecuencia, nuevas formas de diferenciación y de afirmación, pero también, e inevitablemente, de subalternización e intensificación de jerarquías. O sea, una homogenización modernizante que más bien procede por exclusión. Sus *Cuentos de la Carretera Central* presentan un contexto definido por una "élite criolla" capaz de servir como intermediaria entre las clases proletarias (rurales y urbanas) y la metrópoli y, a la vez, capaz de sobrevivir ante las fuerzas hegemónicas del Norte. La carretera (como articulación del espacio) se convierte en Meléndez Muñoz en su podio de interpelación, pero también en institución posibilitadora (y deshabilitadora) de previas interacciones e intercambios. El autor pasa por un trance artístico, tipo mediúmnico, que le permite ensayar un doble proceso de desencarnación y reencarnación de espíritus intelectuales, hallar y movilizarse a nuevos espacios de negociación que van más allá de los trazados por la carretera. Su fórmula funciona hasta cierto grado con el campesinado, pero cuando se trata de mediar con las clases populares, se encuentra con un sector que no le resulta tan legible.

Como mediador sociocultural de "lo nacional", Meléndez Muñoz monta su escenario, expone sus rutas estéticas y le da representación a la experiencia afectiva del lector. El lector "nacionalizado", en la experiencia estética y positiva de la melancolía creada por el autor, en su capacidad anti-depresiva, encuentra un sentido de pertenencia en la pérdida, en los puntos ciegos y en la ruina. Como parte de la élite mediadora, Meléndez Muñoz contribuye exitosamente a la elaboración de un régimen afectivo y estético capaz de definir su versión de "lo puertorriqueño". Su mayor desafío como mediador es entender y definir una identidad que le parece contradictoria, encontrando en la identidad obrera, por ejemplo, un sector que no se suscribe a la identidad hispanófila de la élite criolla. El autor intenta romper con el culturalismo hispanista que se ha ido entretejiendo con la creación del espacio carnavalesco, pero tiene dificultad en encontrar sujetos interpelables en él. Su escritura, hasta cierto grado, muestra una dificultad como sujeto letrado (como en muchos de los autores de la época) para converger con el sujeto popular.

En el contexto contemporáneo, tenemos a Eduardo Lalo, quien en su novela-ensayo fotográfico titulado *donde*, llega a inventar un mecanismo de extrañamiento, de espaciamiento y desfamiliarización, un generador de melancolía que crea una experiencia estética sorpresiva e inusual, un tiempo-espacio ruinoso y portátil en que el lector puede percibir la historicidad de su propia experiencia afectiva de pérdida, haciendo del acto de la lectura otra experiencia estética. En la melancolía, Eduardo Lalo puede ensayar dicho desencuentro y construir un mapa afectivo sobre la base de imágenes con valores afectivos que lleva consigo y que lo han ido formando socialmente. Melancolizar, en ese espacio cuestionado de imágenes fotográficas y textuales, permite crear un mapa afectivo habitado por cuerpos, letreros, grafitis, maniquíes y otros puntos nodales que apuntan hacia otros puntos nodales, manteniendo un continuo extrañamiento. A diferencia de Meléndez Muñoz, quien busca autentizar, la melancolía in-autentiza, hace una borradura que provee acceso a todo tipo de textualidades, desposee de la textualidad para poder crear nuestra propia versión del texto activando la imaginación. En el caso de Lalo, la melancolía –el "lugar del no-lugar," el "Donde indonde"– cumple su función cronotópica bajo la lógica de la espesura, de la mirada, la espera y la ruina. Lalo propone una mirada "extranjera" sobre San Juan que le permita verla con frescura y apreciar una belleza y una verdad, en su calidad de espacio tanto arruinado como ruinoso. Vemos la melancolía en la mirada, en la "fotografía" que ella capta y en la crisis de representación que crea: "A pesar de la pluma, el papel y la tinta, la escritura no es bidimensional. Esta noción es producida por los ojos y, acaso también, por la forma en que, desde el Renacimiento, se han entendido retinalmente las imágenes" (121). Lalo se enfoca en el desenfoque, en el fragmento de imagen, en darle luz a las sombras y en sombrear lo que ha recibido luz innecesaria. Su acto de escritura se palpa en tiempo de exposición, en la apertura y el cierre del diafragma, en la distancia focal y en la profundidad y la textura de cada campo visual.

Aunque ambos autores realizan un juego espectacular en su narración, tenemos por un lado a Meléndez Muñoz produciendo un solo significante (en el espacio rural), mientras que, por otro, Lalo (en el espacio ruinoso de San Juan) genera pulsiones que establecen relaciones entre múltiples significantes.

La melancolía de Lalo ya se puede apreciar en el desencuentro de la mirada al saber que, aunque hoy en día uno puede ser visto por más miradas que nunca, es justamente cuando menos localizables o singulares son esas miradas.

Mientras que el "donde" de Meléndez Muñoz debe ser historizado a través de la carretera, en el "donde" de Lalo no hay texto escrito, no hay objeto creado. Lalo, quien vive en una era en la que se suprime la espera (el mercado te obliga a consumir en el momento), encuentra en la espera la huída, la no-fijación y la seducción. La ruina moderna hace monumental la ausencia y la pérdida de significación pero, a diferencia de la visión romántica de Meléndez Muñoz sobre la ruina (como reflejo del yo en crisis), las imágenes de Lalo expresan una estética diferente que muestra desolación y vacío, falsas promesas, fallas de la modernidad. Para Lalo, rayar la escritura implica desjerarquizar el orden y el género, entrar a la densidad de la letra hasta confundirla con la imagen, rechazar el mito y cuestionar las "hegemonías de la visibilidad" (Amar Sánchez 8). Lalo deconstruye: "La incertidumbre, las áreas grises de la definición, son parte integral de la definición. ¿Donde o d-o-n-d-e? Incluir los guiones. Incluir el espacio entre los guiones" (*donde* 26). Aquí el autor logra romper con su proyecto melancólico y con la "pasión de nación" en Puerto Rico por medio del paradigma lingüístico. El *donde* ya no es Puerto Rico sino la propia melancolía.

La mediación y la moderación de Ramón Juliá Marín construyen espacios que buscan alcanzar un consenso y gestar una opinión pública que vaya a la par con la agenda pública que elaboran los diarios de la época. Pero pronto descubre que el *modus vivendi* del puertorriqueño implica un acuerdo en el desacuerdo, el consenso de un disenso. Parte de su mediación consistirá, entonces, en bregar con la incompatibilidad de ideales (externos e internos), en reacomodar sus intereses según van dándose los reajustes políticos y en organizar las opiniones sobre cómo sacar el país hacia delante cuando no se poseen la autoridad o las herramientas para hacerlo. El autor se propone redimir al país agenciando o reconfigurando las posibles posiciones dentro de un campo no definido. La tertulia es lugar simbólico de las posiciones posibles que engendra cruces entre aquellos diferentes agentes de una sociedad que se dan cita y que resalta la dinámica de interacción entre ellos. Siendo descendientes de la clase hacendada arruinada, escritores como Juliá Marín intentan un regreso alegórico a "tiempos mejores". Ideológicamente, el poder agencial del hacendado recae sobre el literato quien, a su vez, busca legitimarse a través de un discurso hispanista que lo distinga y lo potencie frente a las producciones culturales norteamericanas.

Entre "el arriba" y "el abajo" se instala Juliá Marín, quien busca resistir la norteamericanización con un discurso preservativo de valores culturales pertenecientes a la clase hacendada (coplas, bailes, peleas de gallo) y del protagonismo del obrero explotado. La toma de posición del escritor como intermediario es su respuesta a las prácticas sociales de su época exhibidas en el campo literario. Ante una posible implantación del inglés, una reforma colonizadora del sistema educativo, y una re-historización de la isla bajo un modelo colonial estadounidense, a Juliá Marín no le queda otra opción que situarse en el campo de poder como agente (social, literario y político) de mediación y representación, y ser la voz cultural que afirme a Puerto Rico ante los EE.UU. Pero, a diferencia de Meléndez Muñoz –quien no enfatiza los aspectos sociales– Juliá Marín, en la construcción de una nación cultural, logra alinearse más con los intereses de la clase obrera incipiente.

Como todo autor que vive la autonomización de su carrera, Juliá Marín no cuestiona su rol de mediador sino sus posibles podios de enunciación: la novela o la crónica. Así como la fotografía cuestiona la pintura, la crónica pone en duda la función de la literatura en su capacidad para acoplarse al ritmo de los cambios sociales, políticos y económicos de la modernidad entre-siglos. Pero Juliá Marín cree en la actualidad y en el éxito de la novela, y en la hibridez de su periodismo y su literatura prepara la modernidad. El autor apuesta a la novela y cultiva así una autonomía aún mayor. Encuentra en *la división de trabajo intelectual* (Ramos) y en la especialización de su escritura cierta independencia y lealtad a la labor mediadora en su campo.

El autor interpela a una audiencia de lectores más amplia y afín con las exigencias de la modernidad. Es una audiencia que lee los periódicos, que les da un gran peso informativo y, al mismo tiempo, de entretenimiento; un público ya sazonado con diversos temas que pasan por opinión pública: la ruina del campo y del *habitus* del campesino, las luchas internas entre partidos, los desplazamientos sociales y la modernidad. El autor realiza una suerte de meta-mediación al presentar el periódico en sus novelas, no sólo como mercancía de lujo y artefacto de consumo de sus saberes sino también como instrumento para crear sus espacios de mediación. Julia Marín forma una sociedad de fieles lectores, escuchas y consumidores de su transmisión.

En el actual campo de poder, las grandes empresas con exención contributiva, las agencias crediticias, los bonistas y los líderes de opinión son los nuevos actores que agencian y crean las disposiciones. La dominación de dichos agentes es tanto estructural como relacional (*habitus*), y disponen de su capital económico, cultural, simbólico y, en particular, social. Los campos de poder continúan produciendo estas élites, que reproducen relaciones de poder, propulsan sus agencias, y se movilizan a través de los medios masivos de comunicación y de las redes sociales. Muchas de estas agencias privadas generan reportes en donde se "basuriza" la economía puertorriqueña como método de apropiación. Mientras los agentes públicos ya no funcionan de manera efectiva, cuando los estudiantes, los trabajadores públicos, las mujeres y los ambientalistas encuentran espacios para agenciar sus preocupaciones e intereses, se les acusa de ser malcriados. El Estado-nación, sin embargo, sigue perdiendo altura como soberanía real, y lo que le va quedando para legitimar su poder es recibir el voto del pueblo y re-dirigir la opinión pública de manera que se validen propuestas políticas útiles a las élites económicas.

Hemos visto, por ejemplo, que en los plebiscitos no se han formulado preguntas que realmente apunten a nuevas posibilidades de existencia. Las cuestiones que se han planteado durante estos procesos para el establecimiento de una opinión pública y un consenso se subordinan ante intereses políticos que manipulan abrumadoramente el significado de las respuestas, creando la idea ilusoria de que existe tal público, lo que Bourdieu llamaría el "efecto de consenso" ("Public Opinion" 125). O sea que el consenso vendría siendo algo ya pre-formulado y con un sistema de disposiciones ya establecido.

¿De qué vale, entonces, ofuscarse por lograr un "consenso nacional" y crear ciudadanía, cuando el concepto de democracia se va reduciendo al mero proceso electoral, y cuando cada vez menos existe un sentimiento de pertenencia y de justicia social entre los individuos que la componen? Si en parte la "opinión pública", maniobrada por portavoces de políticas partidistas, crea la ilusión en el pueblo de que éste aún tiene agencia y participación democrática, también tiene poder para convencerlo de que no sólo es él culpable de su propia crisis presupuestaria (en realidad, una crisis económica y fiscal) sino que, además, actúa de forma egoísta e insensata al supuestamente poner sus intereses por sobre los del resto del país, al exigir derechos (considerados ahora privilegios), y al no adherirse a la política de austeridad que tanto se sigue pregonado a nivel mundial. A quien se articule por fuera de los parámetros de este consenso regulado (ya sea mediante huelgas, paros y protestas) se le tilda de irresponsable. Sería refrescante para el puertorriqueño salirse del sentido común creado por el discurso político del gobierno, y situarse y pensarse en un espacio alterno de consenso que, primero, no dependa de los intereses de las élites económicas y, segundo, no reciba la etiqueta de sospechoso cuando desea preservar su singularidad.

En el caso de José Elías Levis, a pesar de contar el país con un fuerte régimen militar y de existir una notable apatía hacia la producción intelectual de los sectores marginalizados, es uno de los pocos autores, si no el único, en lograr publicar en 1899 y en 1901 en Puerto Rico. Su mediación busca hallar un lenguaje alterno que pueda dominar, representar y contener la modernidad que Ponce ya venía padeciendo desde mediados del siglo XIX. Con *Mancha de lodo*, el novelista intermedia entre el estado colonial norteamericano (innombrable ante la censura y la represión) y el proyecto alterno de país que representa Ponce, superando la relación independencia-libertad, narrando el reacomodo inmediato de la sociedad ponceña a la nueva situación, y seduciendo al invasor y al consumidor. Levis construye un nuevo podio en el cual se forja un Puerto Rico "más allá de la Nación"; libre, no en el sentido independentista-nacionalista sino según se va reacomodando a un nuevo espacio progresista y moderno, que garantice la libertad y la democracia que prometen los Estados Unidos y que la vieja España no puede ofrecer.

Levis se apoya en la dialéctica ciudad-ciudadanía de Ponce y en el personaje obrero de Carré para articular su posición discursiva y realizar sus alineamientos con el sector proletario. Por ser la suya una escritura representativa del dolor de la experiencia social urbana, su mediación resulta inquieta y se expresa mediante continuas mociones y emociones. Levis es un mediador inquisidor en busca de frases, con sus andares flâneurianos y siempre en pulsión por mantener la luz encendida para no dejar escapar la verdad. Su escritura aborda lo incontenible, contiene una confluencia de ideas, sensaciones y percepciones que hacen de Levis un artista sinestésico de la palabra. El autor cuenta con el artesano-obrero mulato Carré como su representante, como dispositivo capaz de modular su ansiedad, canalizar sus emociones y diseminar el mensaje de fraternidad que él entiende debe transmitirse a su audiencia. Su mediación es vista, sin embargo, a través de un filtro paternalista que sabotea hasta cierto grado su discurso alterno, haciendo que un dirigente político-social como Carré asuma los valores patriarcales de la clase profesional y que una prostituta, Pucha, se convierta en figura sacrificial para abrir paso a una nueva y curada versión del puertorriqueño. Nos muestra un Carré contemporáneo ante un Estado que va perdiendo los instrumentos para manejar los conflictos actuales, quien probablemente inste a la multitud a que revolucione y a que se transforme en una sociedad capaz de agenciar democráticamente, y de trascender los límites del orden, como dirían Hardt y Negri, "creando rupturas en la continuidad del control y llenando esos vacíos con nuevas expresiones culturales y formas de vida" (369). Se hablaría de un Carré que lleve la protesta a nivel de la insurgencia civil, con la cual la ciudadanía sepa asumir su responsabilidad, resolver y construir su destino individual y colectivamente. El cambio debe ser radical y la agencia ha de ser práctica, y esto requiere de una ciudadanía efectiva que no sólo conozca y ejerza sus derechos sino que también se haga responsable del desarrollo de su bienestar. Mientras la ciudadanía, en el contexto de la novela, muestra una cohesión social esperanzadora y emancipatoria que apenas comienza a forjarse, hoy en día ha entrado en una fase crítica en la que se desgastan las relaciones sociales y el ciudadano se ha reducido a un yo aislado. De hecho, habría que cuestionar si el término *ciudadanía* se adecúa a estos tiempos en los que ya no se asocia con el *demos* (González Díaz 3). Aun si la ciudadanía actual encontrara estrategias que la trasladaran a un plano más allá de lo estatal y de lo cultural, ¿de qué maneras podría ésta traspasar las élites económicas, que saben manejarse en las esferas políticas, y crear un sistema de disposiciones reconocible e interpretado en el espacio político-público (gracias a las redes sociales de comunicación)? Las cohesiones sociales hoy han de ser fluidas y móviles, liberadas de la sospecha, pensadas en espacios más amplios, abiertas, brutalmente honestas y transparentes a la hora de definirse cada individuo dentro de las mismas (aunque esta definición cambie con cada interacción y relación).

Luisa Capetillo representa nuestra intelectualidad alternativa. Con su feminismo, su sindicalismo, su anarquismo y su espiritismo es la única en apartarse del discurso patriarcal y clasista de identidad. Capetillo apela a la transformación de las bases de la vida común ya contenidas en la relación mujer-hombre y en el cuestionamiento del Estado mismo. Como lectores, nos percatamos de su desinterés por la identidad nacional y de género, y de su empeño en no fijar la representación a una localidad sino crear localidades temporeras que produzcan espacios naturales de relación. Capetillo no persigue representar a las clases populares ante el Estado colonial ni ante el norteamericano, ya que rechaza al Estado mismo y se desplaza hacia otras bases de vida cotidiana y de solidaridad social. Su mediación es transgresora, y alcanza múltiples niveles de interpelación, desde los átomos hasta el universo entero.

En la actualidad tenemos acercamientos geo-políticos para deshacer la colonialidad del poder y sus múltiples y entramadas jerarquías. El sociólogo Ramón Grosfoguel teoriza sobre maneras para descolonizar la economía política en un sistema-mundo jerarquizado globalmente, proponiendo, por ejemplo, "cambiar la geografía de la razón y mirar el mismo sistema-mundo desde otra geopolítica y corpopolítica del conocimiento" (Ruiz Trejo 1). Grosfoguel hace eco de Capetillo, ya que ambos estudian y se preocupan por las jerarquías raciales, de género, sexuales, espaciales, epistémicas y ecológicas que forman parte de la civilización. Es decir, el problema no es fundamentalmente económico sino de concepción y vivencia de civilización.

Tanto para Grosfoguel como para Capetillo, mientras se sigan reproduciendo el racismo, el sexismo, el clasismo, el nacionalismo y las muchas otras lógicas de dominación, no se resolverán los problemas de nuestra sociedad. Grosfoguel y Capetillo proponen, en dos tiempos distintos, crear una suerte de "mapa movedizo" en el que se establezcan relaciones desjeraquizadas. Ambos ansían un poder colectivo y ciudadano, listo para luchar por quienes no son reconocidos existencialmente. Para lograr una lucha antisistémica eficiente, Grosfoguel parte de un pensamiento decolonial, el cual se centra en organizarse de forma "interseccional", de manera que pueda moverse libremente por los diferentes espacios que vayan engendrando nuevos tallos de lógicas opresivas; también, en identificar y erradicar las líneas divisiorias entre las "zonas de ser" y las "zonas de no ser" (en términos de Fanon) en el mapa del sistema-mundo (Grosfoguel 4). Por su parte, la doctrina anarco-feminista de Capetillo propone desmontar las jerarquías, transformar la vida social y recartografiar el mapa; pero, a diferencia de Grosfoguel, la ensayista aplica elementos fundamentales del cristianocentrismo, una lógica que de por sí inferioriza a la mujer. He aquí una de las contradicciones en la escritura de Capetillo en su contexto epocal, el esfuerzo por negar una moral ya establecida introduciendo otra que la reemplace. Hoy, Grosfoguel acepta y asume todas las epistemologías posibles.

Otra diferencia marcada entre el pensamiento de Grosfoguel y el de Capetillo radica en su concepción del anarquismo, pues el no resolver el problema del Estado sino optar por aniquilarlo –como razona Capetillo– no representa para Grosfoguel una respuesta política viable en la actualidad. De hecho, Grosfoguel entiende que el anarquismo (así como el otro extremo, el estatismo) forma parte de una izquierda occidentalizada que no permite asumir epistemologías no-occidentales o decolonizar las opresiones de la sociedad.

Sobre la relación entre la sociedad humana y la naturaleza, recientemente se han hecho acercamientos como los que examina Duchesne-Winter en su artículo "Hacia una cosmopolítica" (2014), en el que aborda el tema de la extracción de la tierra como estructura dentro sistema global del capital (1). Duchesne-Winter se refiere no a una extracción de lo necesario sino al arrancamiento de todo aquello que no funciona dentro de la fórmula de acumulación de capital global. Una propuesta actual como la cosmopolítica se podría alinear más o menos con el planteamiento de Capetillo, ya que la extracción de la tierra ha sido un problema siempre existente y comparte la visión ecológica de la ensayista en el sentido de respetar las leyes y los ritmos naturales, y de saber ubicarse y entenderse uno como especie dentro de un gran ecosistema que, en fin, controla su evolución. La cosmopolítica, según explica Duchesne-Winter, ha sido una propuesta considerada por muchos como opción viable para disolver la barrera entre la naturaleza y la actual sociedad antropocéntrica moderna, ya que al no haber un afuera de la naturaleza se posicionan las sociedades y las culturas humanas dentro de la misma automáticamente ("Hacia una cosmopolítica" 4). Es decir, las sociedades humanas y todo lo que encierran las "colectividades mixtas e híbridas" interactúan en un mismo campo de agencia, algo que le parecería certero a Capetillo, quien estaría en *shock* ante las actuales prácticas de expropiación y aburguesamiento, ante la desarmonía y la devastación ecológica, y ante las consecuencias de las fuerzas destructivas neoliberales.

De estar presente en esta época, Capetillo continuaría su búsqueda de verdades que respondan a las crisis fiscal, económica y social; insistiría en determinar quiénes han tomado cuáles decisiones, cuánto capital se ha tomado prestado, con qué fin y cómo realmente se ha malversado lo que se ha tomado. Ella se cuestionaría, por ejemplo, la facilidad con la que las agencias gubernamentales han otorgado permisos y subsidios a corporaciones biotecnológicas para experimentar con transgénicos en terreno isleño, sin consultar con el pueblo y sin estudiar a fondo las consecuencias políticas y económicas y sus efectos (adversos en muchos casos) a largo plazo a la salud del ecosistema. Nuestra autora creyó en la ciencia y estaría a favor de las biotecnologías, siempre y cuando contribuyan éstas a la buena salud y a un ecosistema favorable y no a la modificación genética de la naturaleza.

Capetillo imaginaría un mundo anti-capitalista, como lo propone David Harvey, un sistema alternativo económico en donde se generen más propiedades comunes, en donde se produzcan valores de uso y disminuyan valores de cambio y en donde se le garantice el bienestar al ciudadano. Capetillo también abogaría por aquellos que no tienen la posibilidad de empleo; por quienes, aun habiendo contribuido durante gran parte de sus vidas en el ámbito laboral, temen perder su plan de retiro; y por los estudiantes, quienes representan una comunidad no consultada que lucha arduamente por una reforma universitaria democrática que se le niega. Se puede figurar a una Capetillo buscando en los EE.UU. aliados en movimientos en los que se entienda que hay que defender los derechos, tanto del ciudadano ante el problema del endeudamiento como del trabajador ante la crisis de la sociedad del trabajo. Se puede uno imaginar a Capetillo movilizando la ciudadanía con el fin de encontrar las verdades que la liberen de la depresión económica y cultural tan horrenda en la que se vive hoy en día. Su lucha sería no tanto contra el Estado, pues ya éste va careciendo más y más de poder y de respuesta política (Bauman 23), sino contra las agencias crediticias, contra las grandes corporaciones exentas del pago de impuestos, y contra los analistas y portavoces político-económicos, quienes no han respaldado los intereses del pueblo.

El paso del huracán María por Puerto Rico, el 7 de septiembre del 2017, levantó finalmente las capas opacas que por décadas encubrirían fallido mapa base de la isla. Este desenterramiento visibilizó parte de las realidades que nuestros autores estudiados trataron de ubicar en sus puntos, líneas, polígonos, elevaciones, y celdas narrativas. Como señala la reconocida periodista y activista en temas sobre los cambios climáticos, Naomi Klein, María –como fenómeno democratizante– visibiliza "los problemas del capitalismo del desastre" (Profesorxs Autconvocadxs 1). María saca a flote aquellos datos subyacentes y las relaciones encubiertas que por décadas se habían establecido en el mapa base: el endeudamiento de la clase media, el continuo y agudo empobrecimiento de las clases menos pudientes, la destrucción ecológica, la corrupción, y la ineficacia gubernamental. Salen a la superficie el desgobierno y la impotencia del paisano al verse éste obligado a desprenderse de su territorialidad y buscar otras geografías.

Klein exhorta al pueblo de Puerto Rico a solidarizarse bajo una visión común, a crear conciencia de los factores que han generado la crisis econo-ecológica manifestada tras el paso del María, y a movilizar a aquellas a entidades claves para que éstas generen su contra-narrativa y organicen un plan alternativo de resistencia. Dicho "proyecto nacional liberador" (2) requerirá un proceso de adaptación, tanto para quienes siguen desinformados, como para quienes se sienten impotentes ante el sistema. La creación de una geografía desde abajo, cartografiada por el pueblo y para el pueblo, requerirá que la sociedad isleña se sienta con derechos. tiene la posibilidad de generar soluciones concretas. El puertorriqueño actualmente vive un período crítico de cambio en el que debe tomar acción cívica, reconocer sus derechos y dejar de entenderse como ente opaco. Esto requerirá estar en constante vigilancia y resistir el inminente alojamiento de nuevas capas, filtros y efectos encubridores de realidad. De no ser así, se presenciarán nuevas representaciones cartográficas que no admitirán la transparencia.

Cada uno de estos autores importantes de la vuelta de siglo y de la transición de los regímenes coloniales (España-Estados Unidos) muestra, a su modo, la política cultural en la relación colonial, en la que actúan y se expresan relaciones de ambigüedad, inquietud y discordancia. Ante la opresión político-económica y la desigualdad de clases articuladas en la relación colonial con los Estados Unidos, estos mediadores intentan situarse, con el pueblo, en el "territorio no incorporado" que es Puerto Rico; o sea, apenas se empiezan a ajustar al nuevo concepto del país. Por un lado, parte de su discurso consiste en repudiar el dominio colonial, mientras que, por otro, expresa su dificultad de abandonar la reproducción de una colonialidad del poder al narrar la historia de sujetos subalternos, dado que la colonialidad y la subalternidad se articulan con procesos de modernización que ofrecen ciertas aperturas además de la dislocación testimoniada. En fin, tres de estos autores intentan *mediar* con la subalternidad, cuestionando y al mismo tiempo facilitando la consolidación de relaciones hegemónicas. En el caso excepcional de Capetillo, tenemos una intelectual no mediadora que no se suscribe al conocimiento o a los saberes constituidos por el Estado, ni los re-escribe, sino que supera los límites de la territorialidad no-incorporada de Puerto Rico, creando un discurso opositor y revolucionario radical que desdeña las estrategias de representación e identidad. Juliá Marín sí logra hasta cierto punto realizar la convergencia entre sujeto letrado y sujeto obrero, pero al final de los textos estudiados vemos que esa convergencia se disuelve en la insistencia en gestos patriarcales. Unos más que otros, y con la sola excepción de Capetillo, reproducen un discurso de identidad y representación que desembocará en la década del treinta en un discurso nacionalista culturalista.

Epiphytes (air plants) on electric lines, Puerto Rico. Real-photo postcard c. 1910. Colección de fotografías de Gleach/Santiago-Irizarry.

Bibliografía

Adorno, Theodor W., y Max Horkheimer. *La sociedad: lecciones de sociología*. Buenos Aires: Proteo, 1969.

Albizu Campos, Pedro. *Habla Albizu Campos*. Washington, DC: Smithsonian Folkways Recordings, 1975.

Alicea Ortega, Luz Milagros. *La formación de la clase obrera en Puerto Rico: aproximación teórico-metodológica (1815-1910)*. San Juan: First Book Publishing Inc., 2002.

Alegría, Ricardo E. *El Instituto de cultura puertorriqueña, 1955-1973: 18 años contribuyendo a fortalecer nuestra conciencia nacional*. San Juan: Instituto de Cultura Puertorriqueña, 1978.

Álvarez-Curbelo, Silvia. *Un país del porvenir: el afán de modernidad en Puerto Rico (siglo XIX)*. San Juan: Ediciones Callejón, 2001.

Amar Sánchez, Ana María. "Entrevista a Eduardo Lalo". *Revista Katatay* 6 (septiembre 2008): 38-41.

Anderson, Benedict. *Imagined Communities: Reflections on the Origin and Spread of Nationalism*. Nueva York: Verso, 1983.

Astol, Emilio. "El americanismo o la americanización." *La democracia*. 21 febrero 1905.

Ayala, César J. y Rafael Bernabe. *Puerto Rico in the American Century: A History Since 1898*. Chapel Hill: U of North Carolina P, 2007.

Bakhtin, Mikhail Mikhailovich. *The Dialogic Imagination: Four Essays*. Austin: U of Texas P, 1981.

Bakunin, Mijail A. *Dios y el Estado*. Madrid: Diario Público, 2009.

Barthes, Roland. *S/z*. Richard Miller. Nueva York: Hill and Wang, 1974.

Baudelaire, Charles. "Painter of Modern Life." *Baudelaire: Selected Writings on Art and Artists*. P. E. Chavet, trad. Cambridge: Cambridge UP, 1972. 390-436.

_____ *The Painter of Modern Life: And Other Essays*. Jonathan Mayne, ed. y trad. Londres: Phaidon, 1964.

_____ *Selected Writings on Art and Artists*. (1972) P. E. Charvet, trad. Cambridge: Cambridge UP, 1988.

Bauman, Zygmunt y Carlo Bordoni. *Estado de crisis*. Barcelona: Paidós, 2016

Beard, George M. *American Nervousness: Its Causes and Consequences; a Supplement to Nervous Exhaustion (Neurasthenia)*. Nueva York: G.P. Putnam's Sons, 1881.

Bell, David F. *Real Time: Accelerating Narrative from Balzac to Zola*. Urbana: U of Illinois P, 2004.

Benítez, Rojo A. *The Repeating Island: The Caribbean and the Postmodern Perspective*. Durham: Duke UP, 1992.

Benjamin, Walter. *The Arcades Project*. Cambridge: Harvard UP, 1999.

_____ "El Surrealismo". *Obras* Libro II Vol. 1. Jorge Navarro Pérez, trad. Madrid: Abadaba, 2007. 301-17.

_____ *Illuminations*. Hannah Arendt, ed. Londres: Pimlico, 1999.

_____ "La obra de arte en la época de su reproductibilidad técnica". *Discursos interrumpidos*. Madrid: Taurus Ediciones, 1982. 15-58.

_____ *Reflections: Essays, Aphorisms, Autobiographical Writing*. Peter Demetz, ed. Nueva York: Schocken Books, 1986.

_____ "Sobre algunos temas en Baudelaire". *Sobre el programa de filosofía futura*. Barcelona: Planeta, 1986. 89-124.

_____ et al. "Central Park." *New German Critique* 34 (1985): 32-58. <www.jstor.org/stable/488338>.

Beverley, John. *Essays on the Literary Baroque in Spain and Spanish America*. Woodbridge, UK: Tamesis, 2008.

Bhabha, Homi K. *The Location of Culture*. Londres: Routledge, 1994.

Bourdieu, Pierre. "El campo literario. Prerrequisitos críticos y principios de método". *Criterios* 25-28 (La Habana, enero 1989-diciembre 1990): 20-42.

_____ *Choses dites*. París: Éditions de Minuit, 1987.

_____ "Conclusión: clases y enclasamiento". *Distinción. Criterios y bases sociales del gusto*. México: Taurus, 2002. 477-94.

_____ *The Logic of Practice*. Stanford: Stanford UP, 1990.

_____ *Outline of a Theory of Practice*. Cambridge: Cambridge UP, 1977.

_____ "Public Opinion Does Not Exist." *Communication and Class Struggle* 1 (1979): 124-130.

_____ *Las reglas del arte: génesis y estructura del campo literario*. Barcelona: Anagrama, 1995.

_____ *El sentido práctico*. Buenos Aires: Ed. Siglo XXI, 2010.

_____ *The Social Structures of the Economy*. Cambridge: Polity, 2005.

Bourne Taylor, Jenny. *In the Secret Theater of Home: Wilkie Collins, Sensation Narrative and Nineteenth-Century Psychology*. Nueva York: Routledge, 1988.

Buck-Morss, Susan. "Aesthetics and Anaesthetics: Walter Benjamin's Artwork Essay Reconsidered." *October* 62 (1992): 3-41.

_____ *The Dialectics of Seeing: Walter Benjamin and the Arcades Project*. Cambridge: MIT Press, 1989.

Capetillo, Luisa. *Amor y anarquía: los escritos de Luisa Capetillo*. Julio Ramos, ed. Río Piedras: Ediciones Huracán, 1992.

_____ *Influencias de las ideas modernas*. Tipografía Negrón Flores, 1916.

_____ *Luisa Capetillo: obra completa: "Mi patria es la libertad"*. Norma Valle Ferrer, ed. San Juan: Departamento del Trabajo y Recursos Humanos, 2008.

_____ *A Nation of Women: An Early Feminist Speaks Out = Mi opinión sobre las libertades, derechos y deberes de la mujer*. Rodríguez F. V. Matos, ed. Houston: Arte Publico Press, 2004.

Carmeli, Yoram S. "From Curiosity to Prop-A Note on the Changing Cultural Significances of Dwarfs Presentations in Britain." *Journal of Popular Culture* XXVI/1 (1992): 69-80.

_____ "Text, Traces, and the Reification of Totality: The Case of Popular Circus Literature." *New Literary History* 25/1 (1994): 175-205.

Caroll, Henry K. *Report on the Island of Porto Rico*. Washington, DC: Government Printing Office, 1899.

Casanova Sánchez, Olga. *La crítica social en la obra novelística de Enrique A. Laguerre*. San Juan: Editorial Cultural, 1975.

Castillo, Juan E. "La Carretera Central." *Revista de Obras Públicas* 7/3 (1930): 68.

Castree, Noel y Derek Gregory. *David Harvey: A Critical Reader*. Malden, MA: Blackwell Pub., 2006.

Centeno, Añeses C. *Modernidad y resistencia: literatura obrera en Puerto Rico (1898-1910)*. San Juan: Ediciones Callejón, 2005.

Certeau, Michel. *The Certeau Reader*. Graham Ward, ed. Oxford: Blackwell Publishers, 2000.

Chatterjee. "Anderson's Utopia." *Diacritics* 29/4 (1999): 128-34.

Cuevas Molina, Rafael. "Nacionalismo, nación y continentalismo en América Latina". *Cuadernos de Trabajo* 23. Xalapa, México: Instituto de Investigaciones Histórico-Sociales Universidad Veracruzana, 2005.

Debord, Guy. *Society of the Spectacle*. Fredy Perlman y John Supak, trads. Detroit: Black and Red, 1973.

Deleuze, Guilles y Félix Guattari. *Anti Edipo. Capitalismo y esquizofrenia*. Madrid: Ediciones Paidós, 2005.

_____ *A Thousand Plateaus. Capitalism and Schizophrenia*. Minneapolis: U of Minnesota P, 2009.

Díaz Alfaro, Abelardo. "Ponce, la ciudad de Juan Ponce, la de la Virgen de la Guadalupe". *Revista del Instituto de Cultura Puertorriqueña* VIII/28 (1965): 5-8.

Díaz Quiñones, Arcadio. *El arte de bregar: Ensayos*. San Juan: Ediciones Callejón, 2000.

Duany, Jorge. "Nation and Migration: Rethinking Puerto Rican Identity in a Transnational Context." *None of the Above: Puerto Ricans in the Global Era*. Frances Negrón-Muntaner, ed. Nueva York: Palgrave McMillan, 2007.

Duchesne-Winter, Juan. "Hacia una cosmopolítica". *80 grados*. 18 abril 2014. <http://www.80grados.net/mas-alla-de-la-tierra-de-extraccion-hacia-una-cosmopolitica/>.

_____ "Introducción". Curso *Ensayo latinoamericano*. Universidad de Pittsburgh, Pennsylvania. 10 ene. 2009.

_____ "Puerto Rico". Curso *Ensayo latinoamericano*. Universidad de Pittsburgh, Pennsylvania. 2 feb. 2009.

Fernández Méndez, Eugenio. *Antología del pensamiento puertorriqueño (1900-1970)*. T.1 & T.2. Río Piedras: Editorial Universitaria, 1975.

Flatley, Jonathan. *Affective Mapping: Melancholia and the Politics of Modernism*. Cambridge: Harvard UP, 2008.

Foucault, Michel. *The History of Sexuality*. Nueva York: Pantheon Books, 1978.
Freud, Sigmund. *Inhibitions, Symptoms and Anxiety*. Neueva York: Norton, 1977.
Gadamer, Hans-Georg. *Verdad y método: fundamentos de una hermenéutica filosófica*. Salamanca: Ediciones Sígueme, 1977.
Gelpi, Juan. *Literatura y paternalismo en Pueto Rico*. San Juan: Editorial de la Universidad de Puerto Rico, 1993.
Giménez, Gilberto. "La concepción simbólica de la cultura". *Estudios sobre la cultura y las identidades sociales*. México: Intersecciones, 2007.
Glissant, Édouard. *Poetics of Relation*. Betsy Wing, trad. Ann Arbor: U of Michigan P, 1997.
_____ y María Teresa Gallego Urrutia. *Tratado del todo-mundo*. Barcelona: El Cobre, 2006.
Go, Julián. *American Empire and the Politics of Meaning: Elite Political Cultures in Philippines and Puerto Rico During U.S. Colonialism*. Durham: Duke UP, 2008.
Gómez Mendoza, Josefina, Julio Muñoz Jiménez, y Nicolás Ortega Cantero. *El pensamiento geográfico: estudio interpretativo y antología de textos (de Humboldt a las tendencias radicales)*. Madrid: Alianza, 1982.
González, Aníbal. "Modernismo and Journalism: The Crónicas." *A Companion to Spanish American Modernismo*. Woodbridge, UK: Tamesis, 2007. 24-52.
González, José Luis. *El país de cuatro pisos y otros ensayos*. San Juan: Ediciones Huracán, 1989.
González, Prada M. *Horas de lucha*. Callao: Tip. "Lux", 1924.
González Díaz, Emilio. "¿Ciudadanía sin polis, democracia sin demos?" *bordes* 8 (2001).
González Serrano, Urbano. "El Naturalismo artístico". *Revista Hispanoamericana* (1882).
Gouldner, Aldwin. *The Future of Intellectuals and the Rise of the New Class*. Londres: The MacMillan Press Limited, 1979.
Grosfoguel, Ramón. "La colonialidad del poder y el proceso de descolonización de las luchas políticas". *Sociólogos: Blog de sociología y actualidad*. 31 oct. 2013. <http://ssociologos.com/2013/10/31/

ramon-grosfoguel-sociologo-la-colonialidad-del-poder-y-el-proceso-de-descolonizacion-de-las-luchas-politicas/>.

Guattari, Félix. *Cartografías del deseo*. Gregorio G. Kaminsky, comp. Buenos Aires: La Marca Editora, 1995.

Hardt, Michael y Antonio Negri. *Commonwealth: el proyecto de una revolución del común*. Madrid: Akal, 2011.

Harvey, David. *The Limits to Capital*. Londres: Verso, 2006.

_____ *The Urbanization of Capital: Studies in the History and Theory of Capitalist Urbanization*. Baltimore: The John Hopkins UP, 1985.

Heidegger, Martin. *What Is Philosophy?* Nueva York: Twayne Publishers, 1958.

Hessel, Franz, Walter Benjamin y Friedrich Seidenstücker. *Ein Flâneur im Berlin*. Berlin: Das Arsenal, 1984.

Hurtado, Amando. *Nosotros, los Masones*. Madrid: Edaf, 2005.

Irizarry, Estelle. "Estudio crítico". *Las novelas: El estercolero* (1899); *Estercolero* (1901), de José Elías Levi Bernard. San Juan: Ediciones Puerto, 2008.

Jameson, Fredric. *Brecht and Method*. Londres: Verso, 2000.

_____ *Marxism and Form*. Princeton: Princeton UP, 1986.

Jenks, Chris. *Visual Culture*. Londres: Routledge, 1995.

Juliá Marín, Ramón. *La gleba*. Fernando Feliú Matilla, ed. Colección puertorriqueña. San Juan: Editorial Universidad de Puerto Rico, 2006.

_____*Tierra adentro*. Colección puertorriqueña. San Juan: La Editorial Universidad de Puerto Rico, 2006.

Jun, Nathan J. y Shane Wahl. *New Perspectives on Anarchism*. Lanham, MD: Lexington Books, 2010.

Kardec, Allan, y Gutavo N. Martínez. *El libro de los espíritus: Contiene los principios de la doctrina espírita*. Brasília: Consejo Espírita Internacional, 2008.

Kertzer, D. *Ritual, Politics and Power*. New Haven, CT: Yale UP, 1988.

Kirkpatrick, Gwen. "Technology and Violence: Casal, Darío, Lugones." *MLN* 102/2 (1987): 347-57.

Kropotkin, Piotr A. *La conquista del pan*. Valencia: Prometeo, n.d.

Lacan, Jacques. "La angustia". *El seminario de Jacques Lacan, libro 10*. Buenos Aires: Paidós, 2006.
Lalo, Eduardo. *donde*. San Juan: Editorial Tal Cual, 2005.
Lefebvre, Henri. *The Production of Space*. Donald Nicholson-Smith, trad. Malden, MA: Blackwell, 2007.
Levinas, Emmanuel. *Totality and Infinity: An Essay on Exteriority*. Pittsburgh: Duquesne UP, 1969.
Levis Bernard, José Elías. *Estercolero*. San Juan: La Editorial Universidad de Puerto Rico, 2008.
_____ *Mancha de lodo: novela*. Mayagüez: Imp. El Progreso, 1903.
_____ *Las Novelas: El Estercolero* (1899); *Estercolero* (1901). Estelle Irazarry, intro. San Juan: Ediciones Puerto, 2008.
Locke, John. *Ensayo sobre el gobierno civil*. Madrid: Aguilar, 1969.
Macquarrie, John, Edward Robinson, y Martin Heidegger. *Being and Time*. Oxford: Blackwell, 2006.
Maingot, A. P. "Cesar J. Ayala and Rafael Bernabe, Puerto Rico in the American Century: a History Since 1898." *Journal of Latin American Studies* 41 (2009): 804-05.
Manrique Cabrera, Francisco. *Historia de la literatura puertorriqueña*. Nueva York: Las Américas Publishing Company, 1956.
Marx, Karl, Miguel Vedda, Fernanda Aren, Silvina Rotemberg, y Friedrich Engels. *Manuscritos Económico-Filosóficos de 1844*. Buenos Aires: Colihue, 2006.
Matos Bernier, Félix.
Matthews, John T. *A Companion to the Modern American Novel 1900-1950*. Malden, MA: Wiley-Blackwell, 2009.
McDonald, Kevin. *Global Movements: Action and Culture*. Malden, MA: Blackwell Pub., 2006.
Meléndez, Muñoz M. *Cuentos de la Carretera Central*. Barcelona: Ediciones Rumbos, 1963.
_____ "La realidad del jíbaro". *Obras completas de Miguel Meléndez Muñoz*, Volumen III. Río Piedras: Instituto de Cultura Puertorriqueña, 1963.
Méndez, Eugenio Fernández. *Antología del pensamiento puertorriqueño, 1900-1970*. Vol. 1. San Juan: Editorial Universitaria, Universidad de Puerto Rico, 1975.

Metz, Christian. "Story/Discourse: Notes on Two Kinds of Voyeurism." *Movies and Methods: An Anthology*. Vol II. U of California P, 1985.

Mignolo, Walter. *Capitalismo y geopolítica del conocimiento: El eurocentrismo y la filosofía de la liberación en el debate intelectual contemporáneo*. Vol. 2. Buenos Aires: Ediciones del Signo, 2001.

Molina, Antonio J. *150 años de zarzuela en Puerto Rico y Cuba*. San Juan: Ramallo Bros. Printing Inc., 1998.

Monsiváis, Carlos. *Entrada libre. Crónicas de la sociedad que se organiza*. México: Biblioteca Era, 1988.

Negrón-Muntaner, Frances y Ramón Grosfoguel. *Puerto Rican Jam: Rethinking Colonialism and Nationalism*. Minneapolis: U of Minnesota P, 1997.

Olson, Lester C., Cara A. Finnegan y Diane S. Hope. *Visual Rhetoric: A Reader in Communication and American Culture*. Los Angeles: Sage, 2008.

Pabón, Carlos. *Nación postmortem: ensayos sobre los tiempos de insoportable ambigüedad*. San Juan: Ediciones Callejón, 2002.

Pedreira, Antonio Salvador. *Insularismo: Ensayos de interpretación puertorriqueña*. Mercedes López-Baralt, ed. Guaybo: Editorial Plaza Mayor, 2001.

Pérez, Louis A. *Lords of the Mountain: social Banditry and Peasant Protest in Cuba, 1878-1918*. Pittsburgh: U of Pittsburgh P, 1989.

Picó, Fernando. *1898: la Guerra después de la Guerra*. San Juan: Ediciones Huracán, 1987.

Platón. "Filebo o del placer". *Obras completas*. Madrid: Ed. Aguilar, 1969.

Profesorxs Autoconvocadxs. "Naomi Klein: Necesitamos una contra-narrativa que explique el plan alternativo de la gente". *80 grados*. 2 mar. 2018. <http://www.80grados.net/naomi-klein-necesitamos-una-contra-narrativa-que-explique-el-plan-alternativo-de-la-gente/>.

Proudhon, Pierre-Joseph. *Property Is Theft!: A Pierre-Joseph Proudhon Anthology*. Iain McKay, ed. Edinburgh: AK Press, 2011.

Pumarada O'Neill, Luis F. "Land Transportation in Puerto Rico c. 1508-1950." *National Register of Historic Places*. Department of Interior Form OMB No. 1024-0018. San Germán: Puerto Rico, 1994.

Quintero Rivera, A. G. *Cuerpo y cultura: Las músicas "mulatas" y la subversión del baile*. Frankfurt: Vervuert, Editorial Iberoamericana, 2009.

_____ *La clase obrera y el proceso político en Puerto Rico*. Río Piedras: Centro de Investigaciones Sociales, UPR, 1974.

_____ *Patricios y plebeyos: burgueses, hacendados, artesanos y obreros: las relaciones de clase en el Puerto Rico de cambio de siglo*. San Juan: Ediciones Huracán, 1988.

_____ *Ponce, la capital alterna: sociología de la sociedad civil y la cultura urbana en la historia de la relación entre clase, "raza", y nación en Puerto Rico*. Ponce: Ponceños de verdad, 2003.

Rama, Ángel. *Transculturación narrativa en América Latina*. Mexico: Siglo XXI, 1982.

_____ Saúl Sosnowski y Tomás Eloy Martínez. *La crítica de la cultura en América Latina*. Vol. 119. Caracas: Fundacion Biblioteca Ayacucho, 1972.

Rama, Carlos M. y Angel J. Cappelletti, eds. *El anarquismo en América Latina*. Caracas: Biblioteca Ayacucho, 1990.

Ramos, Julio. *Desencuentros de la modernidad en América Latina: Literatura y política en el siglo XIX*. San Juan: Cuarto Propio/Ediciones Callejón, 2003.

_____ Introducción. *Amor y anarquía: los escritos de Luisa Capetillo*. Luisa Capetillo. Río Piedras: Ediciones Huracán, 1992. 11-58.

Reale, Giovanni, Dario Antiseri y Jorge Gómez. *Historia de la filosofía*. Bogotá: Universidad Pedagógica Nacional, 2007.

Reclús, Elisée. *El hombre y la Tierra*. Anselmo Lorenzo, trad. y revisión de Odón de Buen. Introducción del Vol. 1. Barcelona: Editorial de la Escuela Moderna de Barcelona, 1914.

Ricoeur, Paul. *Del texto a la acción. Ensayos de hermenéutica II*. Pablo Corona, trad. México: Fondo de Cultura Económica, 2002.

_____ "Philosophical hermeneutics and theological hermeneutics." *Studies in Religion/Sciences Religieuses* 5/1 (1975): 14-33.

Ríos Ávila, Rubén. "Una profesía cómica". *80 grados*. 16 sept. 2011. <http://www.80grados.net/una-profecia-comica/>.

_____ *La raza cómica: del sujeto en Puerto Rico.* San Juan: Callejón, 2002.

Rivera, de A. J. *Literatura puertorriqueña: su proceso en el tiempo.* Madrid: Ediciones Partenón, 1983.

Rodríguez Escudero, Néstor A. *Historia del espiritismo en Puerto Rico.* 1979. Quebradillas: Rodríguez Escudero, 1991.

Romero Ferrer, Alberto. *El género chico: introducción al estudio del teatro corto fin de siglo (de Su Incidencia Gaditana).* Cádiz: Servicio de Publicaciones, Universidad de Cádiz, 1993.

Ronen, Ruth. *Aesthetics of Anxiety.* Albany: SUNY Press, 2009.

Ruiz Trejo, María. "¿Cómo luchar decolonialmente? Entrevista a Ramón Grosfoguel". *Diagonal.* 1 marzo 2013. <https://www.diagonalperiodico.net/saberes/como-luchar-decolonialmente.html>.

Sánchez, Gonzalo, et al. *Bandoleros, gamonales y campesinos: el caso de la violencia en Colombia.* Bogotá: El Áncora, 1984.

Scarano, Francisco A. *Puerto Rico: cinco siglos de historia.* San Juan: McGraw-Hill, 1993.

Shaffer, E S. *Knowledge and Performance.* Cambridge: Cambridge UP, 1992.

Schumann, Peter. "The Radicality of the Puppet Theatre." *TDR (1988)* 35/4 (1991): 75-83. JSTOR <www.jstor.org/stable/1146164>.

Simmel, Georg. *El individuo y la libertad: ensayos de crítica de la cultura.* Salvador Mas, trad. Barcelona: Península, 1986.

Spang, Kurt. *Géneros literarios.* Madrid: Síntesis, 1996.

Suárez Findlay, Eileen J. *Imposing Decency: The Politics of Sexuality and Race in Puerto Rico, 1870-1920.* American Encounters/Global Interactions. Durham: Duke UP, 1999.

Taussig, Michael T. *Mimesis and Alterity: A Particular History of the Senses.* Nueva York: Routledge, 1993.

_____ *The Nervous System.* Nueva York: Routledge, 2001.

Torrecilla, Arturo. *La ansiedad de ser puertorriqueño: etnoespectáculo e hiperviolencia en la modernidad líquida.* San Juan: Ediciones Vértigo, 2004.

Valle Ferrer, Norma. *Luisa Capetillo: historia de una mujer proscrita*. Río Piedras: Editorial Cultural, 1990.

Vanderwood, Paul J. *Desorden y progreso: bandidos, policías y desarrollo mexicano*. México: Siglo XXI, 1986.

Wagner, Peter. *A Sociology of Modernity: Liberty and Discipline*. Londres: Routledge, 1994.

Zeno Gandía, Manuel. *La charca*. Caracas: Fundación Biblioteca Ayacucho, 1978.

_____ *Higiene de la infancia al alcance de las madres de familia*. San Francisco: History Co, 1891.

www.ingramcontent.com/pod-product-compliance
Lightning Source LLC
Chambersburg PA
CBHW071406300426
44114CB00016B/2204